有一種智慧叫

退為進

全集

前言：美滿人生就在進退之間

人生就像一塊布，生活就像一把剪刀，就在這一進一退之間，剪出完美人生。

進？退？是成敗之中值得斟酌的抉擇。

進是開創，是參與，是勃發，是親身經歷，是奮鬥和堅持，它需要激情和勇氣。

退是革新，是思考，是自我反省，是隱忍和謀略，它需要果敢和智慧。

進，讓你走得更遠；退，讓你站得更高。退，讓你豁然開朗，讓你沉著大氣；進，讓你穩步前進，讓你起航更長遠的生命歷程。

生活是一門哲學，其中最難掌握的恐怕就是這進退之間的尺度，處理一件簡單的事情就能反映自己的進退哲學觀，人生最難的抉擇也就是進退的取捨，需要我們細心品味其中的智慧。人生並不是任何時候都需要一直往前，更多時候需要靈活地轉個彎！

人的一生當中不知道要經歷多少進與退的抉擇，進需要有足夠的勇氣，退則需要更大的勇氣和更多的智慧。從道家的「無為而治」到儒家的中庸之道，歷代先哲都以他們實踐的智慧告誡我們：過猶不及，做事不可激進。然而面對生活和工作上的種種選擇，人們總是習慣貿然向前衝，逞匹夫之勇，卻不知有時更需要以退為進的韜略。

下過跳棋的人都知道，跳棋必須在沒有阻礙的情況下，借助「橋梁」才能走步，如果眼睛一味向前盯著，也許能走一兩步；但若能為更長遠的走法做打算，透過後退、左右迂迴，就能走更多步。下跳棋

的感悟，淺顯的道理，我們的人生又何嘗不像在下盤跳棋呢？

勇敢地向前邁出一步，或許會收穫希望，但是你是否被這未知的希望所蠱惑，失去了理智的思考？只有懂得捨棄、後退，抗拒誘惑，積蓄力量，才能以無為的心態去追尋生命中真正的寶藏。是謂「失之東隅，收之桑榆」，人生中，當前進的腳步受阻時，不妨稍做退卻，等待下一次更為成功的前進。以退為進，進退結合，才能把握生命，造就完美人生。

人生在世，不可能一直勇往直前，總得有停住腳步的時候。正如布袋和尚所言「退步原來是向前」，記住：後退並不可恥，也不是懦弱無能、處處忍讓，不是徘徊不前、任人宰割，不是為自己失敗開脫的藉口，而是邁向成功道路上最好的迂迴戰術！引擎後退，反而引發更大的動能；空氣壓縮後，反而更具爆破的威力；軍人作戰，有時迂迴繞道、轉彎前進，才能勝利……許多時候，我們要想成就一件事情，必須低頭匍匐前進，才能成功。因此，一個人在世界上要想為人處世，必須要能謙恭禮讓，一個人要想成功立業，必須要懂得以退為進。

面對種種困境和波折，我們應當如何應對？其實人生路上有很多不進則退的情況，這不過是一次歷練自己能力的過程。不要總是以一種消極的態度去面對困境，應該珍視這難得的機會，堅信「天將降大任於斯人也，必先苦其心智，勞其筋骨」，讓自己在困難面前不失去繼續前進的鬥志。

其實，不管是大事還是小事，都有著相同的規律和道理。總是需要我們用冷靜的心態去面對，方能解決得得體有序。有些人總抱怨「事與願違」，卻不知道有時真的是「退一步海闊天空」。以退為進的做事方法和思維模式，能使生活和工作中的很多事情變得容易許多，達到事半功倍的效果。

人生如潮，總有潮起潮落。處在浪尖的時候，要做好被浪濤沖走的準備；不要因為暫時處在低谷和

困境中而灰心喪氣。我們需要明白，人生沒有永遠的低谷，正如沒有永遠的一帆風順一樣。現在處於谷底是為了將來有足夠的能力搏擊更高的天空，激起更美麗的浪花。

人生之路不會像百米跑道一樣筆直，只需要直線前進。當我們開始懂得把生活看成是一次馬拉松比賽的時候，會發現，有時走彎路甚至回轉也是在前進。生活中並不缺少敢闖敢拚的人，而是缺少懂得迂迴、善於調整行走方向的人。懂得以退為進，學會放棄未嘗不是一個好選擇。

前進的目標總是一個巨大的誘惑，人們往往在這巨大的誘惑面前失去清醒的心志，找不到更好的解決方法。懂得捨棄，能夠抗拒誘惑，才能以無為的心態去面對世間的成敗與得失，找到自己最恰當的生活定位。專注於一方的工作，成功終將到來。

人生追求的是圓滿自在，只知前進不懂後退的人，它的世界只有一半；懂得以退為進的人，人生才能完整。俗話說「退一步，海闊天空」，小草在寒風凜冽的秋冬會凋零，是一種退讓，為的是在明年春曖花開的季節更好地繁衍、生長；蜥蜴受到攻擊時會斷尾，是一種退讓，為的是更好地活著，「山重水複疑無路」的時候，如果懂得以退為進，轉個彎、繞個路，自然能「柳暗花明又一村」。

以退為進，是人生處世的最高哲理。

目錄

前　言：美滿人生就在進退之間

第一章　人生是一場馬拉松比賽

1・知難而退，獨闢蹊徑……10

2・追求，只為對的……12

3・厚積薄發，成功在望……15

4・恢復原本的「狼性」……17

5・堅持唱完自己的歌……19

6・放慢速度，穩步前進……22

7・善謀者，乃成者……24

8・人生中漂亮的迴旋……26

9・行走的態度決定路的長度……28

10・把本職做到一百零一分……31

11・學會駕馭彎道……32

第二章　以退為進是一種超越自我的態度

1・後退、助跑，成功得三級跳……36

2・不要怕說「幫幫我」……38

3・換位思考，解決問題之契機……40

4・失意了，別沮喪……43

5・成功需要的是耐力……45

6・在示弱中等待機遇……47

7・降低自己的要求……49

8・退讓，只為更好地前進……51

9・小心抬腳，謹慎向前……53

10・婚姻有如一場博弈……56

11・不辯解，因為我沒錯……58

第三章　後退幾步溝壑易越

1・欲取之，先予之……62

2・大局著眼，眼光放遠……64

3・智取才能成功……66

4・高調做事，低調做人……68

5・明辨時勢，應時而為……70

第四章　以退為進是一種更勝一籌的策略

12・捨小利才能逐大利……110
11・順水行舟，不與逆流相較量……106
10・低起點，高跳板……104
9・善戰者，亦守亦能攻……101
8・古董花瓶的障礙……99
7・給別人留個缺口……97
6・生活也是一場談判……94
5・功成身退，天之道也……92
4・欲速則不達……89
3・藏器於身，待時而動……88
2・將目光鎖定在現在……86
1・獎賞四顆糖……84

6・你的價格，由你決定……73
7・外重者內拙……75
8・有進有退，方能靈活自如……77
9・合理方法，折出人生的高度……79
10・想樣樣精，結果樣樣差……81

第五章　把缺陷轉化成優勢

11・成功先要自我定位……144
10・絕處逢生的智慧……142
9・堅持，堅持，再堅持……140
8・生命如船，別怕風浪……137
7・苦難，增加你生命的重量……134
6・做好哪怕是最卑微的事情……132
5・給自己一個合理的「定價」……130
4・仰望星空，腳踏實地……128
3・有點阿Q精神……126
2・失去是某種收穫……124
1・不幸，也是上帝的一種恩賜……122

13・鷹立如眠，虎行似病……112
14・成功不是直行路……114
15・智慧藏在腦袋裡就好……116
16・退一步，海闊天空……118

第六章 以退為進是一門等待時機的學問

1・勇於直視生活的苦難 …… 148
2・芳香的背後 …… 150
3・學習穩重之功 …… 152
4・面對衝突，要做紳士 …… 154
5・在夢想的舞臺上展翅高飛 …… 156
6・苦難是成功的推手 …… 158
7・有一天，你終將強大 …… 160
8・用和平的方式解決問題 …… 162
9・學會分解敵人力量 …… 164
10・蘑菇管理法 …… 167
11・面對失敗，也要感恩 …… 169
12・看清前路再前進 …… 172
13・「退一步」的智慧 …… 173
14・「變」則通，通則明 …… 175
15・大局著眼，小處著手 …… 177

第七章 人在谷底心在天空

1・信念決定成敗 …… 182
2・以逸待勞，養精蓄銳 …… 184
3・萬丈高樓起於平地 …… 186
4・「裝死」不等於怯懦 …… 188
5・成功沒有想像的難 …… 190
6・扮豬吃虎的妙招 …… 192
7・重複做最簡單的事 …… 195
8・學會退一步，才能擁抱更多 …… 198
9・保持沉著冷靜的心態 …… 200
10・停下來欣賞生命的美 …… 202

第八章 以退為進是一種勇於承擔的表現

1・忽略困難，大膽往前走 …… 206
2・試著掌握退一步的策略 …… 208
3・苦難中將帶來纍纍碩果 …… 210
4・磨刀不誤砍柴工 …… 212
5・勇者的三條路 …… 214

第九章　放開雙手擁有世界

1・魚和熊掌，如何取捨……234

2・簡單中的智慧……236

3・花開堪折直須折……238

4・忍一時，退一步……240

5・捨棄舊思維……242

6・掌控自己的生命……244

7・放不開手的結果……246

8・聰明反被聰明誤……248

9・當斷不斷定受其亂……252

10・斤斤計較失去更多……254

11・選擇遠方，就只顧風雨兼程……255

6・拿出你的溫柔和賢慧……216

7・上善若水，柔能克剛……219

8・給自己創造一個被發現的機會……221

9・說話多婉轉一分……223

10・留得青山在，不怕沒柴燒……225

11・退是成功的資質……229

第十章　以退為進是一種圓滿人生的智慧

1・放開了雙手才能擁抱世界……260

2・莫道緣分遠，且惜眼前人……262

3・當機立斷地選擇放棄……265

4・不安於室，勇敢選擇……267

5・觀念改變命運……270

6・放棄的別樣景致……272

7・別給自己太多選擇……274

8・大捨有大得……276

9・好鋼只用在刀刃上……277

10・有一種智慧叫放棄……279

11・丟了芝麻，撿到西瓜……281

12・工作不是生活的全部……283

13・學會放棄，收穫成功……285

第一章

人生是一場馬拉松比賽

「人生的路有多長?」一個失意的人問智者。

「你想要它有多長,它就有多長。」智者回答。

「我已經累了,一直拚命向前卻看不到終點。」

「你只是把人生當成一場直線賽跑,不論你再怎麼努力,前面總是有路。試著把人生當成一場曲折的馬拉松賽跑,你的終點就是起點。」智者說。

1·知難而退，獨闢蹊徑

如果說知難而進是一種勇氣，知難而退是一種智慧，那絕處逢生、獨闢蹊徑就是另一種詮釋！

機遇只會留給那些能夠發現它的人！

通往成功的路上，可能有很多障礙，競爭太殘酷，會讓你覺得總有一天自己承受不住。那你是否想過，放棄這條擁擠的道路，去開拓一條屬於自己的康莊大道？

在服裝設計界有這樣一條規律：一種事物，若很快就被人們接受並開始盛行，那麼這種事物終將很快被淘汰。商品經濟的今天，幾乎所有的競爭都是如此，人們蜂擁闖入同一個領域，也就決定了這個領域的競爭將會異常殘酷！

十九世紀中期，在美國傳出了加州有金礦的消息。一時間，大量的美國人帶著他們的黃金夢瘋狂地湧入加州。

二十歲的青年史蒂夫跟所有的淘金者一樣，也來到了加州，並開始他的淘金生涯。萬萬沒有想到的是，加州並沒有給他期盼的東西，更不能實現他的黃金夢想。因為來加州淘金的人太多、太多了。更糟的是，由於加州氣候乾燥，水源奇缺，許多淘金者不僅沒能如願以償地挖到黃金，而且還喪命於此。即使這樣，也沒能讓一心想要發財的淘金者清醒、覺悟，人們還是狂熱地湧入加州、不計代價地淘金。

史蒂夫與其他淘金者一樣，不僅沒有找到黃金，更差一點在飢渴中丟掉性命。一天，史蒂夫待坐在那裡，望著水袋中的一點點水，心中充滿恐慌。這時，他聽到周圍的人對缺水怨聲載道。突然，他靈機一動：為何不去賣水呢？

是啊，淘金的希望太渺茫了，還不如賣水呢！就是這種獨闢蹊徑的想法成全了他絕處逢生的希望。

史蒂夫拿起手中的工具。但這次，他不是繼續挖金礦，而是開始挖水井。經過幾天的努力，一股清澈的泉水從地下噴湧而出。他把水挑到山谷賣給那些飢渴的淘金者。當時很多人不理解他的做法，甚至嘲笑他胸無大志，千辛萬苦地來到加州只是賣水。但是史蒂夫堅定自己的信念，繼續著自己賣水這樁「胸無大志」的事情。

不久，越來越鼓的錢包證明了史蒂夫對淘金的放棄是正確的。雖然他沒能挖到黃金，但是卻得到了非常可觀的收入。最終的結果是大批的淘金者空手而歸，史蒂夫卻在短短的時間內賺到了六千美元。在當時這可是一個不小的數目。

能夠獨闢蹊徑是很多著名商人的共同特點。在《晉商興衰史》中記載著這樣一個故事：明代，鹽商的運銷實行開中制。所謂開中，就是政府控制鹽的生產和專賣權，根據邊防需要，定期或不定期出榜招商。應榜商人必須把政府需要的實物輸送到邊防衛所，才能取得販鹽的專賣執照「鹽引」，然後憑「鹽引」到指定的鹽場支鹽，並在指定的地區內銷售。

當時，銷量最多的是兩淮鹽。凡兩淮鹽商，須輸納實物（糧食等）到甘肅、寧夏等邊防衛所，然後領取「鹽引」，憑「鹽引」在兩淮鹽場支鹽。大約一引可兌鹽兩百斤。但是，由於官僚顯貴、勢豪奸紳上下勾結，豪強占據，一般鹽商持引也不能在鹽場及時支到鹽，有時要等數年或數十年。加之，輸納實物到邊防衛所有時會遇到戰事，還要向各級官僚饋贈賄賂，這使兩淮鹽商的利益大受影響，以致虧賠不支，被迫退出鹽商界。

一名叫範世逵的商人分析了整個鹽界的形勢後，認為輸糧換引「奇貨可居」。於是他放棄了世代經

營的農商業，開始進軍鹽業相關市場。他親赴關隴（今中國函谷關以西、隴山以東一帶）至皋蘭（今中國蘭州）一帶，往來於張掖、酒泉、姑臧（今中國甘肅武威）等地，瞭解地理交通。不過，他不去和鹽商競爭，而是在這一帶專門經營糧、草，或購進，或銷售，或囤積，生意做得很活絡，數年內獲利頗豐。

知難而退是一種智慧。因為很可能在你退後的那一剎那，偶然卻也必然會發現一種全新的機遇。

機遇總是留給那些能夠發現它的人。「山重水複疑無路，柳暗花明又一村」。人生的路上滿是荊棘，你是否曾想過換一種思維去面對呢？相信，那將是另外一種「披荊斬棘」的方式！放手一搏吧，相信你會得到意想不到的收穫！

智慧品人生

捨得，捨得，有捨才有得。拿出勇氣，捨棄眼前所有，獨闢蹊徑，說不定會走出一條比屬於自己更為寬廣的道路。

2．追求，只為對的

> 不想要的東西沒有必要去追求，否則只會給自己帶來生活的累贅。拋棄阻礙自己前進的累贅，追求，只為對的！

有一個人天天渴望機遇降臨，於是他一心專注於在大街上尋找機遇，對周圍的人和風景視而不見，

對身邊的事充耳不聞。原本，機遇之神化作一位老人，想要給他介紹一份具有挑戰性，但收入非常可觀

的工作，他卻嗤之以鼻，不屑一顧。二十年後，這人還在大街上尋找機遇，機遇之神再次化作老人，打

算給他一筆錢合夥做生意，他還是不屑一顧地拒絕。就這樣，直到他六十歲的時候，仍舊在大街上尋找

他所謂的「機遇」。

當機遇擺在你面前，你不懂得珍惜。等到失去，你所擁有的不過是「後悔」。雖然這只是個故事，

但你不覺得它跟現實中的某些人身上發生的某些事很像嗎？

這只是一個比喻。所以，奉勸那些追逐希望的人們，不要等到疲於奔命一輩子之後，才發現自己依

然一無所獲。有智慧的人懂得把握身邊的機會，更善於選擇那些對自己有利的機會。他們知道哪些是自

己需要的，哪些是沒有意義的。

在墨西哥海岸邊，一名美國商人坐在小漁村的碼頭上，看到一個正打算靠岸的漁夫，他的船上裝有

好幾尾大黃鰭鮪魚。美國商人對漁夫能抓到這麼高檔的魚先恭維了一番，然後問他花了多少時間才能抓

這麼多。

漁夫說：「一會兒工夫就抓到了。」商人再問：「你為什麼不待久一點，好多抓一些魚？」漁夫洋

洋得意地說：「這些魚已經足夠我一家人生活所需啦！」商人又問：「那你一天剩下那麼多時間都在幹

什麼呢？」

漁夫解釋：「我每天睡到自然醒，出海抓幾條魚，回來後跟孩子們玩一玩，再跟老婆睡個午覺，黃

昏時晃到村子裡喝點酒，跟哥兒們玩玩吉他，我的日子過得可充實呢！」

商人搖搖頭，笑道：「你應該每天多花一些時間去抓魚，到時候你就會有錢去買條大一點的船，捕

更多的魚，再買更多的漁船。然後你就可以擁有一個漁船隊。到時候你就不必把魚賣給魚販，而是直接賣給加工廠或者自己開一家罐頭工廠。如此你就可以控制整個生產、加工處理和行銷環節。然後你可以離開這個小漁村，搬到墨西哥城，再搬到洛杉磯，最後到紐約，在那裡經營你不斷壯大的企業。」

漁夫問：「這要花多少時間呢？」

商人回答：「十五到二十年。」

「然後呢？」漁夫又問。

「然後你就可以在家當皇帝啦！時機一到，你就可以宣布股票上市，把你的公司股份賣給投資大眾。到時候你就發啦，你可以幾億幾億地賺。」商人大笑著說。

「然後呢？」漁夫又問。

商人回答：「到那個時候你就能退休了。可以搬到海邊的小漁村居住，每天睡到自然醒，出海隨便抓幾條魚，跟孩子們玩一玩，再跟老婆睡個午覺，黃昏時晃到村子裡喝點酒，跟哥兒們玩玩吉他！」

漁夫說：「哈哈，你說的不就是我現在擁有的嗎？」

不同生活的人，有著不同的追求。美國商人認為應該先創業，然後享受過程的纍纍碩果，而漁夫的簡單想法卻讓他不費吹灰之力就實現了美國商人終極的心願。不得不說兩者有著實質性的區別。但是，你能說清楚他們誰對誰錯嗎？追求，只為適合的，適合的就是對的！

智慧品人生

放棄安逸的生活，可以成就事業；放棄事業的成功，可以贏得快樂的生活。人生沒有定式，選好自

3‧厚積薄發，成功在望

成功，是長時間能量累積後的爆發。成功的人，是懂得蓄勢的高手！

人們總是喜歡問怎樣才能成功，怎樣才能得到收穫。殊不知，成功是一個慢慢累積的過程，沒有量的累積，何來質的變化？

有這樣一則寓言：

一隻熊在溪邊苦等了一天，終於捕到一條小魚。

小魚可憐兮兮地對熊說：「熊啊，我太小了，根本不夠你塞牙縫。放我回溪中吧，過幾年我就長成一條大魚，那時我才肥美，也能夠讓你飽餐一頓。」

熊並沒有上當，回答道：「你知道我為什麼能長得這麼高壯嗎？因為我不會為了一個大而無望的機會，而丟掉手上擁有的小利益。」

我們走向成功的過程亦如熊捕魚的過程，把握一點點的進步，才能一點點走向成功。不要幻想一夜成名，因為一夜成名的背後，更有「台上一分鐘，台下十年功」的付出。若非要給成功總結出一條方法，那麼就是一步一個腳印地走好每一步。紀昌學箭的故事就說明了這個道理。

古時候，有個射箭能手名叫飛衛。他射箭的本領十分高超，百發百中，是遠近聞名的神射手。只要他一拉弓，野獸就伏在地上，飛鳥就掉下來。

有個叫紀昌的青年，很想學得射箭的本領，就來到飛衛家拜他為師。飛衛剛開始並沒有傳授具體的射箭技巧，而是對紀昌說：「練射箭不能怕困難，首先要練好眼力，能夠盯著一個目標，眼睛一眨也不眨才行。你回去練吧，練好了再來見我。」

紀昌回到家裡，認真地練起了眼力。他躺在妻子的織布機下面，用眼睛盯著穿來穿去的梭子，一練就是一天。他就這樣日復一日地練了兩年，已經練到了就是有人用針刺向他的眼睛，他也能做到眼都不眨的地步了。

紀昌高高興興地去見飛衛，告訴他自己的眼力已經練得差不多了，可以學習射箭的技術了。飛衛卻說：「還不夠，你還要繼續練眼力，直到能把小的東西看大了，然後再來見我。」

紀昌又回到家裡，用一根頭髮拴住一隻螞蟻，把它掛在窗口，每天站在窗前，緊緊地盯著那隻螞蟻。日復一日地看了三年，螞蟻換了無數隻，終於，他把螞蟻看得像是車輪那麼大。

於是，紀昌又去找飛衛。飛衛點點頭說：「現在可以教你射箭的本領了。」

飛衛開始教紀昌怎樣拉弓、怎樣放箭。紀昌又苦苦地練了幾年，終於成了一位百發百中的神射手。

練好眼力是學好射箭的基礎，但是作為射箭技術的基本功，眼力的訓練不能收到立竿見影的效果，容易被人們忽視。生活中的其他事情也是一樣，越是基礎的東西越不能馬上看到效果。所以，只有那些堅持不懈的人才能獲得成功。當你不經意間發現某人已經成功時，不要驚訝，他背後的艱辛付出，你又知道多少呢？

16

與其費盡心思尋找成功的捷徑，不如腳踏實地走好每一步。成功永遠不可能一蹴而就，只能是一個漫長艱辛的過程，努力地做好每一件應該做的事情，總有一天，成功會來敲門。

4·恢復原本的「狼性」

清晨，又一匹年輕的狼站在懸崖長嚎破曉，即將踏上拼搏的道路。因為不怕廝殺、不怕鮮血，所以牠們永遠是森林中的強者！

「寶劍鋒從磨礪出，梅花香自苦寒來」。不經歷生活的磨礪就難迸發出人性中最堅強的火花，相信每個人都明白這樣的道理，但是真正能做到者有多少？或許你根本沒有意識，其實安逸的生活正在悄無聲息地消滅你的意志。這一點，你意識到了嗎？

有這樣一則寓言：

龍蝦和寄居蟹都生活在海裡，但是牠們卻選擇了不同的生活方式：一個具有堅硬的外殼，而一個只能靠躲在別人的外殼下生活。

一天，牠們在深海中相遇，寄居蟹看見龍蝦正把自己的硬殼脫掉，露出嬌嫩的身軀。寄居蟹非常緊張地說：「龍蝦，你怎麼可以把唯一保護自己身軀的硬殼放棄呢？難道你不怕有大魚一口把你吃掉嗎？

以你現在的情況來看，連急流也會把你沖到岩石上去，到時你不死才怪！」

龍蝦氣定神閒地回答：「謝謝你的關心，但是你不瞭解，我們龍蝦每次成長，都必須先脫掉舊殼，

只有這樣，才能生長出更堅固的外殼。現在面對的危險，是為了在將來生長出更堅硬的外殼保護自己。」

寄居蟹細心思量一下，自己整天只找可以避居的地方，活在別人的蔭護之下，如果哪一天不再有避居的

地方，自己該怎麼辦？能自我保護嗎？

中國著名作家魯迅曾說過：「生活太安逸了，工作就容易被生活所累。」很多成大事的人，往往喜

歡「自找苦吃」，給自己製造逆境，讓自己在磨煉中成長。而安逸的生活只能讓我們喪失鬥志，平庸地

生活。

一位剛畢業的大學生順利地考進了公家機關，大家都認為這是一件很不錯的事情，別人都羨慕他有

好運氣。但是工作一段時間後，他卻毅然離開了政府部門，投身商海。

很多人不解他為什麼要作這樣的決定。面對別人的不解，他只是說：「我不想做一個失去野性的

『狼』。」原來，二十二歲時，他大學畢業，按照原先的計畫順利地進了政府部門，每天一杯茶一張報紙

地在單位混日子，他覺得這日子過得還不錯。有一回，他到鄉下探親，看到親友竟然把一頭狼像狗一樣

養在家裡看家護院。他驚問其故。親友告訴他，這狼自幼就與狗一起馴養，久而久之，這狼連長相都有

些像狗，更別提狼性了。

他當時看著那狼，想想自己，頓時有些心驚。沒多久，他就在別人一片惋惜聲中毅然辭職去了都

市。雖然在商場的打拼中，他吃了不少苦頭，摔了不少跟頭，但是他一直堅信，是狼就應該在野外的環

境中磨礪自己，不能讓自己的狼性被磨滅。經過一番艱難的打拼，現在他已經有了一家資產過億的公

5 · 堅持唱完自己的歌

努力做事，不畏艱難。拿出勇氣，堅持唱完自己的歌。

人生中任何風風雨雨都是對我們最好的磨煉。如果你想成為一隻威風凜凜的「狼」，就要學會接受任何風險的考驗，讓自己在風雨中磨煉狼性，以不辜負自己的狼性血統。

勇敢地闖蕩出屬於自己的事業。

真正的狼是在野外的風雨中成長起來的，如果堅信自己是「狼」，那就必須得面對職場上的風風雨雨，

戰，但這樣的職業又有多少？每年成千上萬的人擠破頭去考公務員，到頭來卻發現與自己的理想不符。

現在，很多大學畢業生都希望像這個人一樣，一開始就能夠得到一份安逸的工作，不想去接受挑

司，終於成為一隻在商場上威風凜凜的「狼」，盡顯其風采。

商場如戰場，敢於上這一「戰場」的人，都是有勇氣的人。與真正戰場不同的是，這一「戰場」拼

殺的不是敵人，而是人們堅持做事、不畏艱難的勇氣。

在商場上打拼遊刃有餘的業務員寶拉，可謂春風得意。很多初入職場的人都向她請教如何穩健發

展、做得出色的方法。但寶拉給他們講了她初入職場的一次經歷。

當時公司裡年輕人多，一幫男同事總是有事沒事地哼上幾句流行歌曲。她也是一個追星族，對各種流行歌曲也愛得欲罷不能。不過，她是屬於那種五音不全的女孩子，只能在獨處時將變調的歌唱給自己聽。

有一次，公司接待一位大客戶，老總決定讓所有人員傾巢而出，在市內最高檔的餐廳招待客戶，然後又到KTV去續攤。出發前，公司的男同事紛紛選取當晚的演唱曲目，大有「歌不驚人誓不休」的架勢。當他們問她準備了什麼時，她腦子裡一片茫然，不曾想自己也要「獻醜」。

那位大客戶是一名年輕有為的男士，對公司請他去唱歌的安排欣然接受。客戶的嗓音非常棒，歌聲簡直可以勝過天王巨星。在聽到她的誇獎後，客戶順水推舟地說：「那寶拉小姐的歌喉一定像樂壇天后一樣出色吧！」此時她只是禮貌地說自己不善唱歌，讓他聽她的同事唱。

在一幫男同事開心地放聲歌唱後，老總也上去試了一把。最後，所有人都把期待的目光轉到全場唯一的女孩子寶拉身上。她知道，再繼續拒絕顯然是不合適的。於是，在申明自己五音不全會製造噪音後，她選了一首情歌。

當她放開嗓子去唱的時候，偷偷環顧了一下四周，發現老總和客戶的眉頭不經意地皺了一下。由於過度緊張，她這次的發揮比以前任何一次都差勁。剛才還陶醉在曼妙音樂中的男同事頓時鬧哄哄地議論了起來，有個同事甚至口無遮攔地說：「求求妳別唱了，放我們的耳朵一條生路吧！」說完，其他男同事一起哄笑開了，老總也做了個阻止的手勢。

伴奏還在繼續，但她不準備就此停下。「請聽我唱完這首歌！」在被奚落後，她反倒變得堅定了。

她知道這首歌也許是當晚唱得最差的一首，但她還是堅持唱到結束。最後，客戶給了她掌聲……

客戶離開的時候，留給老總一句話：「貴公司的寶拉小姐不卑不亢，能夠堅持自己所追求的東西，我希望她能作為我們合作專案的負責人，希望老總大人成全。」她出乎意料地得到了重用，而這一切只因為不會唱歌的她在噓聲中堅持唱完一首情歌。

就這樣，她不僅得到了一個升職的機會，更明白了一個做事情的真諦：不要畏懼別人的批評，堅持做自己認為重要的事情，以足夠的毅力投入到工作中才能獲得成功。

身在職場，人們總是會遇到各種各樣的困難，但是無論什麼困難，請拿出足夠的勇氣面對，堅持唱完自己的歌，你會發現，奇跡會出現！

智慧品人生

面對別人的奚落，面對工作的困難你會做出怎樣的反應呢？會被嚇倒嗎？其實生命中的一切困難都和那些嘲笑一樣，只要你不把它放在心上，就有勇氣唱完屬於自己的一首歌。工作中需要的不是悠揚的歌聲，而是敢唱的勇氣。

6・放慢速度，穩步前進

累積與成功，並非一朝一夕，懂得穩住腳步的人才是能夠走向成功的人。

當你懷揣夢想，想要成功的時候，是否在心底謹記「欲速則不達」的古訓？當你滿懷希望，向充滿陽光的大道奔去的時候，是否忽略了某些細小但至關重要的事情？

清朝順治七年冬天，一個書生想從小港港進入鎮海縣城去參加科舉考試，吩咐小書僮用木板夾好已捆紮的一大疊書跟隨著。這個時候，偏西的太陽已經落山，傍晚的煙霧縈繞在樹頭上。書生望望縣城還有約兩里路，便問那擺渡的人：「還來得及趕上南門開著嗎？」那擺渡的人仔細打量了小書僮，回答說：

「慢慢地走，城門還會開著，急忙趕路城門就要關上了。」

急著趕路的書生聽了有些動氣，認為他在戲弄人。快步前進剛到半路上，小書僮摔了一跤，捆紮的繩子斷了，書也散亂了，小書僮坐在地上開始哭泣。等到把書整理捆好，前方的城門已經下了鎖。

書生這時才醒悟，想到那擺渡人說的話蘊含了深奧的哲理。天底下那些因為急躁魯莽而阻礙了自己到達目的地的人，大概就像這樣吧！

《論語》上也記載著類似的故事：

子夏一度在莒父作地方首長，他來向孔子問政，孔子說：「無欲速，無見小利。欲速則不達，見小利則大事不成。」告訴他為政的原則就是要有遠大的眼光，百年大計，不要急功近利，不要想很快就能拿成果來表現，也不要為一些小利益花費太多心力，要顧全整體大局。

「欲速則不達」是孔老先生一直強調的。在我們的生活中，不論是自然界還是人都不能超越規律的制約，急於求成只能適得其反。一個人只有擺脫了速成心理，積極努力，步步為營，才能達到自己的目的。

有一個小孩，喜歡研究生物，很想知道蛹是如何破繭成蝶的。一次，他在草叢中看見一隻蛹，便帶回家天天觀察。幾天後，蛹出現了一條裂痕，裡面的蝴蝶開始掙扎，想抓破繭殼飛出。艱辛的過程達數小時之久。小孩看著有些不忍，想要幫幫牠，便拿起剪刀將蛹剪開，蝴蝶破蛹而出。但他沒想到，蝴蝶掙脫蛹以後，因為翅膀不夠有力，根本飛不起來，不久便痛苦地死去了。

毛毛蟲破繭成蝶的過程原本就非常艱辛，但只有經歷過才能換來日後美麗蝴蝶的翩翩舞姿。外力的幫助違背了自然規律，反而讓愛變成了害，最終讓蝴蝶悲慘地死去。將自然界中這一微小的現象放大至人生，意義深遠。

欲速則不達，急於求成會導致最終的失敗。做人做事都應放遠眼光，注重知識的累積，厚積薄發，自然會水到渠成，達到自己的目標。任何事業的成功都有一個痛苦掙扎、拼搏奮鬥的過程。擺好心態，穩住腳步，給「成功」一個展現自我的機會！

智慧品人生

欲速則不達，做事最忌諱的就是急於求成。想成就一番大事業就必須經歷苦難的洗禮，一步一個腳印，紮實穩妥地走好每一步，才能收穫成功。

7·善謀者，乃成者

現代商場上的激烈競爭中，拼得不僅僅是勇氣，更是謀略。

西元前三五三年，魏國派精通兵法的龐涓率兵圍攻趙國都城邯鄲（今中國河北），趙國向齊國求救。齊王派該田忌為將，孫臏為軍師，出兵援救趙國。田忌率軍直趨邯鄲，孫臏獻計說：「要解開雜亂的結就不應該生拉硬拽，要勸阻別人打架就不能一塊兒動手。避開強勢，攻擊空虛部位，利用有利於我方的形勢迫使他們不得不停止，事情就會自然解決，我們也無須費力氣。

現在魏國攻打趙國，精銳部隊都在外面，留在家裡的都是些老弱殘兵。將軍不如率領軍隊直接攻打魏國首都大梁，那麼魏國必然撤軍自救，這樣我們便一舉解了趙國之圍而且還可坐享以逸待勞之利。」

田忌接受了孫臏的建議，魏國果然撤軍，回救大梁。齊軍在龐涓回師必經之地桂陵（今中國河南長垣西北）伏兵截擊，大敗魏軍。

「圍魏救趙」變攻堅為擊虛，變被動作戰為以逸待勞，變擊敵有備為出其不意，比直趨邯鄲參戰高明得多。從此留下了三十六計中「圍魏救趙」的經典計謀。

隨後，西元前三四九年，魏國與趙國聯合進攻韓國，韓國向齊國求救。齊國以田忌、田嬰、田盼為將，孫臏為軍師，仍採取攻其必救的戰法，率軍直趨大梁，迫使攻打韓國的魏軍回救。

與桂陵之戰不同的是，魏以太子申為上將軍，龐涓為將，率兵十萬，東出外黃（今中國河南蘭考東南），不但決心擊敗齊軍，而且確定了乘勢吞併營地的戰略。

孫臏對田忌說：「魏國的軍隊向來自恃強悍勇猛而輕視齊軍，認為齊軍膽怯懦弱。善於用兵的人就應利用其驕傲情緒，使之朝著利於自己的方向發展。兵法上說：『急行百里與敵人爭利，主將就有受到損折的危險；急行五十里與敵人爭利，部隊就會只有半數兵力趕到。』」

因此，孫臏定下了「減灶增兵」的計策。齊軍進入魏境後首壘築十萬個鍋灶，第二天壘築五萬個鍋灶，第三天壘築三萬個鍋灶。龐涓率軍回國後，追趕齊軍走了三天，非常高興地說：「我本來就知道齊軍怯懦，進入我境才三天，他們的士兵就已逃亡過半了。」於是，他丟下步兵，率領精銳騎兵晝夜兼程地追趕齊軍。

孫臏計算了龐涓的行程，料定他天黑時應當到達馬陵。馬陵道路狹窄，兩旁多為險崖峭壁，可以埋伏部隊。孫臏命齊軍刮去一棵大樹的表皮，在其露白之處寫下「龐涓死於此樹下」字樣。同時，田忌派遣萬名士兵持弓箭伏於道路兩旁砍倒的樹木之後，約定夜裡看見火光亮起，萬箭齊射。

龐涓於天黑時追到馬陵，站在那棵樹下，發現樹幹露白之處寫有字跡，便讓人點燃火把照亮寫字處。他還未讀完，齊軍驟然萬箭齊發，魏軍頓時亂作一團，彼此失去聯繫。此時龐涓知道自己中了敵人誘兵之計，失敗已成定局，羞憤之下自殺而死。

歷史上很多事例告訴我們，戰爭，不是兵力強大就能獲勝，關鍵在於統率者如何調動自己的軍隊，輾轉迴旋，攻敵虛處。對待工作、面對敵人，你是一個直闖硬拼的勇者，還是一個懂得分析、善於借助大腦智慧解決問題的人？希望「圍魏救趙」的故事能讓你有所獲益！

孫臏的軍事謀略告訴我們，獲勝並不是全靠勇敢，更要靠謀略。達到目的不一定只有一條直行的路，找到一條更方便走的「小路」，遠遠勝過於在直行的大路上艱難前行。先示弱，誘敵深入，出其不意，攻其不備，不失為獲勝的一條捷徑。

8・人生中漂亮的迴旋

人的一生，不如意如影形隨，痛苦與計較能讓自己得到什麼嗎？

既然得不到，那何不換種心態？

成功的過程，亦是一個克服各種困難完善自己性格和心態的過程。不知道你有沒有聽過「不幸的事情總會不斷重演，直至有所領悟為止」這樣的諺語。是的，如果一個人喜歡怨天尤人，對任何事情都抱有消極悲觀的心態，那麼不幸就會像諺語中說的那樣——不斷重演！

有這樣一則寓言：

有一天，素有森林之王之稱的獅子，來到了天神面前：「我很感謝您賜給我如此雄壯威武的體格、如此強大無比的力氣，讓我有足夠的能力統治整個森林。」

天神聽了，微笑地問：「但是這不是你今天來找我的目的吧？看起來你似乎為了某事而困擾呢。」

獅子輕輕吼了一聲，說：「天神真是瞭解我啊！我今天來的確是有事相求。因為儘管我的能力再好，但是每天雞鳴的時候，我總是會被雞鳴聲嚇醒。神啊！祈求您，再賜給我一種力量，讓我不再被雞鳴聲嚇醒吧！」

天神笑道：「你去找大象吧，牠會給你一個滿意的答覆的。」

獅子興沖沖地跑到湖邊找大象，還沒見到大象，就聽到大象跺腳發出的「砰砰」聲。

獅子加速跑向大象，看到大象正氣呼呼地直跺腳。

獅子問大象：「你幹麼發這麼大的脾氣？」

大象拚命搖晃著大耳朵，吼著：「有隻討厭的小蚊子，總想鑽進我的耳朵裡，害得我都快癢死了。」

獅子離開了大象，心裡暗自想著：原來體型這麼巨大的大象，也會怕那麼小的蚊子，那我還有什麼好抱怨的呢？畢竟雞鳴也不過一天一次，而蚊子卻是無時無刻不騷擾大象。這樣想來，我可比他幸運多了。

獅子一邊走，一邊回頭看著仍在跺腳的大象，心想：天神要我來看看大象的情況，應該就是想告訴我，誰都會遇上麻煩事，而天神無法幫助所有人。既然如此，那我只好靠自己。反正以後只要雞鳴，我就認為雞是在提醒我該起床了，如此一想，雞鳴聲對我還算是有益處呢！

獅子從遇到的煩惱中學到了該如何處理生活中不如意的事情。的確如此，不論是多麼強大，總會遇到不如意的事情，與其為那些小事斤斤計較，倒不如換一種心態去看待。

正如日本著名企業家松下幸之助曾寫道：「你要感激欺騙你的人，是他增加了你的見識；你要感激斥責你的人，是他在強化你的能力；你要感激絆倒你的人，是他教導你應自立；你要感激遺棄你的人，是他

是他增長了你的智慧。所有的一切，你都應該能夠從中學習到好處。」

將抱怨變為感激，將憤慨化為前進的動力不是更好嗎？如果你正在為某件事情煩惱鬱悶，那趕緊換一種心態試試吧！

智慧品人生

生活中難免有不如意的地方，關鍵在於我們以什麼樣的心態去面對。困難是上天的一種恩賜，每一個困難背後都隱藏著一個生活的真諦，在等待我們去發現。

9 · 行走的態度決定路的長度

地上本沒有路，走的人多了也便成了路。道路的形成，關鍵在於人們行走的過程。

沒有行走的過程，哪來的路？

俗語說：「笨鳥先飛早入林。」那是因為鳥知道，飛到樹林是有一段距離的，不論何時起飛都要飛過那段路程，如果不想被餓死，別無選擇，只有先於別人飛過去。而那些不「笨」的鳥為什麼不也飛早一點呢？大概是因為牠們驕傲，太過高估自己的實力了！

美國有一個年輕人，二十多歲時就在商業場上有了自己的一席之地。他不僅擁有豐厚的資本，更有

28

非同一般的商業才幹。很多人對他很感興趣，因為在他的背後沒有龐大家族財團的支持，他所擁有的一切都是靠自己的努力獲得的。

當人們問他怎樣才能快速地擁有如此多的財富時，他笑笑說：「我的商業活動並不是一蹴而就的，只是我開始得比較早而已。」

這位青年在美國南部的農莊長大，很小就為農場工作，每天可以賺到二十五美分。他的父親很注重培養他的商業才能，沒農活時，便鼓勵他找些「副業」來做。

他的第一項商業活動開始於五歲賣煮花生，那也是他第一次接觸農場以外的世界。花生成熟的季節，他推著小車到農地裡收花生，然後運回家，處理洗淨，在鹽水裡泡上一夜。

第二天早上，天剛濛濛亮，他就開始工作了。花生要煮半個多小時，要入味但不能變軟。最後再把花生撈出、濾乾，半斤一袋，分裝二十多袋。每週六他起床更早，因為週末生意好，要準備四十袋。一切就緒，他把所有的袋放進大筐，騎上小自行車去普萊恩斯賣。

如果生意好，花生到中午就能賣光，這時他的口袋裡就多了一美元。回家途中他必須經過一個加油站。普萊恩斯有幾個老兵，在一戰中受過傷，政府按月發給撫恤金。因為不需要工作，他們白天就坐在加油站外閒聊、喝酒。見他有賣不掉的花生，他們也會買幾包，但作為代價，他必須收拾他們丟在地上的垃圾並容忍各種惡作劇。

老兵中有個人尤其喜歡捉弄他。八歲時的一天，生意不太好，剩下不少花生。那人讓他按他手指活動的方向邁步，如果他能做到準確無誤，就買下他全部的花生。

他同意後，聚精會神地盯著老兵的手指，前進、後退、向左、向右……突然腳心一陣刺痛，原來

老兵故意讓他踩上一個未熄的菸頭，因為他沒穿鞋（直到十三歲上國中才開始穿鞋），所以他疼得跳起來，眾人捧腹大笑。因為他們都是他的顧客，於是他只好忍著怒火，一聲不吭地離開了。

那年，棉花的價格跌到最低，五美分一斤，二十五美元一包（五百斤）。批發商積壓了夠賣兩年的貨物。他的父親帶他找到一個批發商，他用三年賣花生攢下的錢買了五包棉花，存在後院的小倉庫裡。

幾年後，棉花價格漲到十八美分一斤，他賣了存貨。剛好附近農莊的承包人去世，他便買下他名下的五間農房，轉租給農場雇工：兩間小房月租兩美元；兩間大房五美元；另外一間二點五美元。也就是說，他的投資每天都有三十多美分的收入。他的投資比過去更大了，收入也更多了。

他經常去拜訪房客，有時一個月好幾次，直到收齊房租為止。他進入海軍學院後，這項工作由父親代勞。一年後，他賣掉了那五間農房，價格是買時的三倍。

就這樣，年僅十六歲的他已經有了一筆可謂豐厚的資產，然後他繼續做自己的生意，並開始從事房地產、金融等商業活動，逐漸成了商場上一顆年輕的新星。

不論是財富的累積，還是能力的培養，都需要一個過程，成功的人都避免不了要經歷一個累積的過程。人們對這位商場奇少年的欽佩不僅僅是因為他的財產，更是因為他一步一個腳印執著且踏實的行走過程。

智慧品人生

成功，人們多是看到它光鮮耀眼的一面，其實在其光鮮的背後是一串串默默無聞的足跡。「臨淵羨魚，不如退而結網」，仰頭望著遠遠的成功，不如靜靜地守住成功前的寂寞，低下頭一步一個腳印，默默地走向它。

10・把本職做到一百零一分

機遇會垂青那些竭盡全力的人。

比滿分多一分，你擁有的可能是一個難以用數字衡量的機會。

身處在競爭激烈的社會，很多人都在為找到一份滿意的工作發愁、奔走、麻木、機械的行動，讓他們忽略了該如何提升自身的素質和能力。是黃金在哪兒都會閃亮，而那些大力吹噓和標榜自己的人，名不符實，或許能得到人們一時的認可，但是大浪淘沙，沒有任何實際本事的人終歸還是要被淘汰掉的。

只有那些擁有真才實學的人，只有那些懂得努力的人，才有發光的機會。因為他們會主動將工作做到一百零一分。

大學生凱妮斯畢業後，到一家銀行工作。一天，一位打扮斯文的中年男子來取一筆大額存款。凱妮斯一看支票發現那張定期存單沒多久就要到期，提前領取將損失一大筆利息，於是提醒了這位儲戶。

但這位儲戶說自己實在沒辦法，因為他預訂的房子已到了交款的期限。於是她問清了他訂房的地段，按照這個建商的付款方式及相關政策，為他設計了一套更合理的交款辦法，不但解決了他的燃眉之急，也讓他獲得了一大筆利息收入。

儲戶驚異於凱妮斯如此年輕，卻有這麼精明的理財頭腦。同時，凱妮斯的服務也是絕對的熱情周到，為儲戶想的辦法很周全。凱妮斯也感到很開心。後來，她似乎已經將這件事情遺忘了，仍然繼續做著自己的本職工作。突然有一天，一家報社的記者撰寫一篇關於她的報導登上了報紙，這篇報導在當時引起了很大的反響。

11・學會駕馭彎道

成功，沒有筆直的康莊大道，更多的是曲折和彎道。

如果你善於駕馭彎道，那麼，恭喜你掌握了更有效的成功方法！

智慧品人生

能夠正視自己，俯下身子做好（哪怕是最為卑微的事情），你才具備合格的資歷。因此，無論你是誰，無論你處於什麼位置，都要拿出謙遜、認真的工作態度，認真做好每一件本該屬於你的事情。

的本職工作，竭盡全力，當你將工作做到一百零一分時，說不定機會已經向你招手微笑了！

成功的時候是需要機遇的，但是機會是自己創造的。如何創造，並沒有捷徑，只有踏實做好自己

客，就是一種積極進取的人生態度，機會是無處不在的。

是認真做好自己的工作，為儲戶著想。這件事成為她事業的轉捩點，並讓她深刻體會到：善待工作和顧

其實接待那位報社主編時，凱妮斯並沒有把他當做特殊的客戶，更沒有想到這是一個機會，她只

名字命名的理財工作室，順應社會上開始出現的投資理財的新需求，也為銀行創造了頗豐的收益。

原來，那個急著取錢的人是那家報社的主編。銀行主管順勢而為，利用她的知名度，組建了以她的

不論是工作還是生活，很多事情看起來很難辦，必須採用得當的方法，才能通向成功。有時這是一個漫長的過程，不能急躁。直截了當不能解決的問題，不妨試著轉幾個彎，採用更為靈巧的方式解決。

相傳在一個山區，有一次，幾頭豬逃跑了。這幾頭豬跑到山裡之後，經過幾代的繁衍變異，不僅數量上有了很大的增加，這些豬還越來越凶悍，變成了野豬，經常威脅過路人。

一些經驗豐富的獵人想捕獲牠們，但這些野豬狡猾得很，從不上當，還傷害了幾個獵人。生活在當地的村民對這些野豬都沒有辦法，野豬成了這一帶的禍害。

正當人們束手無策之時，一天，一個老人駕著一輛馬車，進入野豬出沒的村莊，車上裝的是木料和穀粒。人們好奇地問他是來做什麼的，老人告訴村民說他是來幫助他們抓野豬除害的。聽完後，人們都哈哈大笑起來，因為沒有人相信一個年過花甲的老人，能夠制伏連年輕力壯的獵人們都沒有辦法制伏的野豬。

但是，老人不顧別人的嘲笑，趕著他的馬車進了山。兩個月後，老人又回到村莊，告訴村民們，野豬已經被他關在山頂的圍欄裡了。所有人都驚呆了，很奇怪老人是怎麼抓到野豬的。

老人是這樣向村民們解釋他是如何捉到野豬的：「我做的第一件事，就是找野豬經常出沒吃東西的地方，然後在空地上放少許穀粒當誘餌。那些野豬起初不敢靠近，最終還是忍不住出來把誘餌吃掉了，這時我就知道我能捕到牠們。

第二天我又多加了點誘餌，並在幾尺遠的地方豎起一塊木板。那塊木板暫時嚇退了牠們。不過白吃的午餐很有吸引力，不久牠們又回來吃了。那些野豬並不知道，牠們已經是我的獵物了。

此後，我要做的就是每天在誘餌旁邊多釘幾塊木板而已。每次我加進一些東西，牠們就會遠離一陣

子，但最後都會再來『白吃午餐』。圍欄做好了，陷阱的門也準備好了，而不勞而獲的習慣使牠們毫無顧忌地走進圍欄。這時我就出其不意地『關上門』，這樣就把牠們捕捉了。」

智慧品人生

瞧，成功是不是有些美妙呢？如同一條通幽曲徑，別有韻味。所以，當你遇到困難時，假如直截了當地解決不能奏效，那就試一試多轉幾個彎，換一種方式吧！

第二章

以退為進
是一種超越自我的態度

成功有時是需要機遇的，
要常常記住，如果做好本職是一百分，
你就要做到一百零一分，
這樣成功的機遇就是你的。

1・後退、助跑，成功得三級跳

後退幾步，加上助跑，你會發現這樣可以跑得更快，跳得更高。

擁有自己的一番事業，並在自己的事業中做出卓越成就是很多職場中人的夢想。可是成功並非一兩天的事情，需要一個過程。而這個拚搏的過程大多是艱辛的奮鬥，更多的時候這個過程是一種生活方式，是一場超越自己的智慧博弈。

因此，我們面臨一件不是很容易辦到的事情時，不妨試試後退幾步，加上助跑，你會發現這樣可以跑得更快，跳得更高。

選擇職業是每個人都要面對的事，現在的畢業生，對工作大多很挑剔，既要高薪又要有高職位，最好還要專業相符，或者是從事喜歡的工作。但是在現在這樣一個人才濟濟的社會，你根本沒有什麼優勢可言，只是一個初出茅廬、無比稚嫩的年輕人而已。能夠直接找到適合自己的工作固然很好，但是如果一時找不到，聰明的人則會選擇放低姿態，從低處做起，先給自己找個表現的機會。

曾經有一個留學美國的電腦博士，想在美國找一份工作，但是要想找到一份與自己學歷相稱的工作著實不容易。去了很多家公司面試都沒能被錄用。思前想後，他決定他收起所有的學歷證書，開始一份程式輸入員的工作。

對於他來講這份工作簡直是太容易了，他不僅能快速地完成自己的工作，還能發現程式中的錯誤。他突出的表現就受到了老闆的關注，這時他才拿出學士學位證書。很快，老闆提升、並重用了他。

在做這份與自己專業相符的工作時，他常常能提出一些獨到的見解，有一次又被老闆發現了，這時他又拿出了碩士學位證書，並再次得到了老闆的提拔。

又過了一段時間，老闆發現他還是表現得比一般工作人員要傑出，似乎他的身上還有未被開發的能量，於是對他進行了詢問，這時他才拿出博士學位證書。老闆終於知道了他的真實身分，所以毫不猶豫地把他升到了一個重要的位置。

很多時候就是這樣，不要一味地去看自己是多麼有實力，有多麼高的學歷。要先解決的問題是怎麼樣才能給自己展示才能的機會。不妨先「委身」從低處做起，拿出自己的真實本領。學會後退，進而助跑。你會發現，原來成功並不遙遠。

智慧品人生

適當地放低姿態，從低處做起，才能給自己創造展示才能的機會。往「低處」走，找到適合並能充分發揮才華的基層工作，在基層的崗位上努力奮進，於接受磨煉和考驗之後，必能走出一條康莊大道。

2·不要怕說「幫幫我」

坦誠地說出自己的困難，並懇請他人幫助，雖然看起來有些笨拙，但是卻能更快地到達成功的對岸。更何況，No one is an island! 我們都會需要外在力量的幫助。

在生活中，我們經常會遇到一些力所不能及的事情。有人奉行「萬事不求人」的處世原則，認為向別人求助很丟臉，也許還會招來別人的譏諷。因此，他們寧願一人默默承擔，也不開口求助。這種追求獨立的想法可以理解，但它無助於事情的解決，有時，一味地遮遮掩掩只會使自己事倍功半。聰明的方法是坦承說出自己的困難，懇請他人幫助。這雖然看起來有些笨拙，但是卻能更快地到達成功的對岸。

陶德是大學中文系的學生，畢業後進入一家藝術類的報社工作。一天，他正校對稿件，突然接到編輯部主任的電話。主任對他說，今天晚上在市立美術館有一個國際平面設計展的開幕式，屆時一些業內的頂尖設計師將到場。由於報社專門負責平面設計工作的記者正在外地出差，所以編輯部決定派他去採訪展覽，並趕寫一篇三千字左右的稿件，第二天早上交稿。還沒等陶德回答，主任就掛了電話。

陶德遇到了難題，他不是學美術的，對平面設計一竅不通。他去資料室找了幾本平面設計類的雜誌，才看了幾頁，就有一種昏昏欲睡的感覺。對一個門外漢來說，怎麼可能寫出專業水準的文章呢？他想找個藉口拒絕，但是剛才主任的口氣是那樣堅決，況且，這是他第一次獨自外出採訪，第一次接任務就臨陣逃脫會引來其他人的嘲笑。於是當天晚上，他只好硬著頭皮來到了市立美術館。

美術館裡人潮湧動，其他媒體的老記者們和那些設計師正聊得起勁。陶德則怯生生地在館裡獨行，每遇見設計師就趕緊躲得遠遠的，生怕對方發現自己是一個外行。時間一分一秒地流逝，一些老記者已

經完成了採訪任務，踏上了回家的路，而陶德卻連一點頭緒都沒有。他想，照這樣下去，報導肯定是寫不出來了，這怎麼向主任交代呢。一時間，他不知如何是好，急得差點哭出來。

就在這時，他看見一個與他年紀相仿、掛著採訪證的女孩逕自走到一位設計師身邊，對設計師說：

「您好，我是一位實習生，對這個行業不太瞭解，您能不能介紹一些相關的情況。」那位設計師非常和藹地向她介紹了業內的發展動態，並給她引見了一些設計師。

陶德眼前一亮，原來那女孩也是一個實習生。她都敢坦然地承認自己「無知」，壯著膽子去採訪，自己為什麼不行？於是，陶德鼓起勇氣走到一位面容和藹的設計師身邊，向他自我介紹，說明了自己面臨的困難，坦誠地向他求助。他說：「實際上，我是在請您給我指點怎麼寫這篇文章。我想，您是會幫助我這名新手的吧！」那位設計師望著他，笑了笑，便滔滔不絕地講了起來。

打開了沉默，接下來的採訪就順利得多了。陶德也像那些老記者一樣，奔走於設計師之間，既坦誠地說明自己的情況，也大膽地向他們提出問題。很快，他的採訪本上就記錄了許多設計師的觀點，報導的角度也變得越來越清晰。閉館前，他已經有了比較成熟的草稿。一回到家，他馬上坐在電腦前，將構思好的文章精心撰寫了出來。

第二天早上，他按時把稿子交給了主任。主任看後，連連誇獎陶德的採訪能力。下午，陶德的文章就刊登在他們報紙的專欄上。幾天後，陶德才知道主任把那個任務交給他，就是想考驗一下他處理難題的能力。現在看來，他已經順利通過這一關了。

後來，陶德不斷地運用第一次採訪的成功經驗進行採訪，加之他的刻苦鑽研，寫出了許多很有分量的報導。不到半年的時間，他便成為負責報社平面設計新聞的專職記者。幾年後，他成了設計界公認的

平面設計資深評論員。

陶德之所以成功，在於他在遇到困難時能大膽地向他人求助。常言道：一個籬笆三個椿，一個好漢三個幫。每個人都會遇到自己難解決的問題。當困難降臨時，大膽說出自己的難處，誠懇地尋求幫助，原本很難的事情，說不定就迎刃而解了。

智慧品人生

今天的無知，是為了鋪墊明天的智慧。凡事不能一味逞強，自己做不好的事情向別人請教，不是可恥的事情。坦率地承認自己的「無知」，才能得到別人的「幫助」，才能更出色地完成工作。更有價值的是，你已經從中得到了受益匪淺的知識。

3・換位思考，解決問題之契機

遇到令你惱怒的事情時，不要急著發火，退一步，站在對方的立場去想想，才能得到想要的結果。

當別人的行為影響了你的生活或者工作，你會怎麼辦？直接斥責阻止，還是想一個兩全其美的策略，使問題解決得更漂亮？應該先從對方的角度去想一想，你有沒有想過，他為什麼會做這樣的事情？

再從對方立場出發，分析問題，當然，有的時候還需要一點以退為進的迂迴策略。

一位美國退休老人因為患心絞痛搬到了加州的一個小鎮靜養。剛開始的日子裡，一切都過得很美好，聽著鳥語花香，看著日出日落，感受著鄉村生活的寧靜，老人的身體也好了很多。

但是好景不長，鄉村生活的寧靜被一群頑皮的小男孩打破了。每天早晨六點鐘的時候，總是有一群小男孩準時在老人居住的小屋不遠處踢易開罐。

「喀啦……喀啦……」的聲音使居住在這個小鎮的居民心煩意亂，休息不好，更何況是患心絞痛的老人呢？

雖然經常有人去斥責那些頑皮的孩子，但過不了一會兒，那煩人的踢易開罐的聲音又會重新在街道上響起，為此老人很是苦惱。他靜靜地想了很久，終於想出一個絕妙的辦法。

第二天早晨很準時，六點鐘又響起了踢易開罐的聲音。老人走出小屋，將那些踢易開罐的小男孩叫到自己的身邊，對他們說：「你們踢易開罐的聲音簡直是太悅耳了，我很喜歡每天一醒來就能聽見你們踢易開罐的聲音。你們可不可以每天來我這裡踢一個小時的易開罐，我每天付給你們每個人一美元。」

那些小男孩聽了很開心。他們想：踢易開罐只是為了玩，想不到還能賺到錢，這豈不是兩全其美？於是便一口答應了。

就這樣，那群頑皮的小男孩，每天準時六點鐘來到老人的小屋前，開始他們的「工作」，非常盡職。過了一段時間，老人找到那些小男孩，對他們說：「我的退休金減少了，所以不能再像以前一樣，付給你們那麼多工錢了，不得不把你們的工資減少一半，可以嗎？」

男孩子們商量了一下，雖然很不願意，但還是有工錢的，便答應了老人。因此他們還是每天準時就

來，但是踢得已經不像以前那樣賣力了。

又過了一段時間，老人對那群小男孩講：「由於我的退休金又降了，所以我不能繼續支付你們的工錢了，你們還願意繼續為我踢易開罐嗎？」這次，那些男孩們想：都沒有工錢了，誰還會為你踢易開罐呀？

就這樣，那些小男孩從此再也不來老人的屋前踢易開罐了。老人又開始了他悠閒的靜養生活。如果這位老人也像其他鄰居一樣，抱怨和責備這些頑皮的孩子們，結果會怎樣呢？肯定會更激起他們踢易開罐的興致。退一步，採取更理智的做法才能達到預期的目的。生活中其實有很多這樣的事情，遇到令你惱怒的事情時，不要急著發火，退一步，站在對方的立場去想想，也許能得到想要的結果。

智慧品人生

在生活和工作中我們會遇到各種各樣不如意的事情。遇到這種事情時，不要急於發洩你的不滿，不如冷靜下來想想有什麼好的方法可以阻止對方的行為。生命本身是一個風雨的過程，無論工作還是生活，總會遇到不如意的事情。這個時候正是考驗我們行為與智慧的時候，與其抱怨、憤慨，不如冷靜下來，想一想解決且行之有效的方法。不是所有的反抗都是針鋒相對的，退一步，也許你已經戰勝了對方。

4・失意了，別沮喪

請別在失意的時候沮喪，說不定它正在醞釀一場前所未有的歡喜。

人的一生中做什麼事情也不會是簡簡單單、一帆風順的，命運之神會在你成功之前給你安排很多考驗。不要為自己的一時失意而跌入絕望的深淵不能自拔。也許再等等，你就會發現，這一時的失意只是成功之前必須經歷的一段等待與磨煉的過程。

曾經看到過這樣一個寓言故事：

老奶奶在自家的房子周圍種了一些玉米。收穫的季節臨近，玉米開始變得越來越飽滿。其中一個最為突出，隔著它那翠綠的外衣，都可以看到裡面已經顆粒飽滿。

「我一定是被老奶奶第一個摘走的，因為我是這裡長得最好的玉米……」那個最好的玉米滿懷信心地說道，其他玉米也附和著誇讚它。

終於到收穫的季節了，老奶奶來摘玉米。最好的玉米十分激動地等著老奶奶把它摘走，可是老奶奶只是看了看它，就去摘別的玉米了。

「老奶奶今天肯定是沒看好，明天我一定會被她摘走的……」最好的玉米這樣安慰著自己。

第二天，老奶奶又來到了玉米地，這次連看也沒看那個最好的玉米，而是把其他的玉米全都收走了。「明天老奶奶還會來的，她一定會把我摘走的，一定就在明天……」最好的玉米依然這樣安慰著自己。

智慧品人生

第三天老奶奶沒有來，第四天、第五天……老奶奶依舊沒有來，最好的玉米漸漸地感到了一絲絕望。它很傷心，一直不停地追問自己，我是這裡長得最大最好的，為什麼、為什麼老奶奶就不把我摘走呢？還是我真的就是那麼倒楣註定會被遺忘在這片玉米地裡呢？

日子一天天地過去，最好的玉米發現自己身體上的變化，原來顆顆飽滿的玉米粒，由於每天烈日暴曬已經變得乾癟堅硬，讓它覺得自己的身體很脹，有種快要炸開的感覺。它開始覺得自己並不是什麼最好的玉米，甚至還不如一般的玉米。它想越難過，甚至都要哭了。當早晨第一縷陽光刺痛它已經腫脹的眼睛時，老奶奶的身影映入了它的眼簾。

老奶奶輕輕地撫摸著這個已經變得堅硬的玉米，臉上露出了滿意的微笑，自言自語地說道：「這是今年長得最好的玉米呀，用它作種子，明年一定會長出更多更好的玉米。」然後輕輕地把這顆玉米摘了下來抱回家裡。

這時最好的玉米才明白，為什麼自己這麼久一直不被摘走，原來是有更重要的任務等著它去完成，它要成為種子，將孕育更多飽滿的果實。

在生活中，我們經常會遇到像這個玉米一樣的問題，總是覺得自己很有才，是最好最棒的，但是卻總得不到應有的重用，於是就耐不住等待的寂寞了。其實很多時候，這是命運之神對我們的考驗。千萬不能妄自菲薄，要始終堅信，自己就是最好的，失意只是一時的，踏踏實實地成長，努力做好每一件事，早晚會被人發現和重用。

5‧成功需要的是耐力

成功如同修行，沉下心來，方可領悟生活的真諦。

成大事者，必有耐得住寂寞的定力。急躁的人永遠不能參透生活的真諦，永遠也不會擁有大徹大悟的智慧。沉下心來，別讓生活的真諦擦身而過。

少林寺五乳峰中峰上，有一處著名的景點──「達摩洞」。據傳，釋迦牟尼的第二十八代佛徒菩提達摩，在此參悟佛法十年不曾出洞。

魏孝明帝孝昌三年（西元五二七年），菩提達摩漂洋過海來到中國，途經廣州、南京，然後北渡長江來到少林寺。在這裡，達摩並沒有急於傳授他的佛法，而是先瞭解熟悉環境。

他發現少林寺的五乳峰中峰的上部，離峰頂不遠，有一個天然石洞，這個石洞高寬不過三公尺，長約兩丈。方方的洞門，向陽敞開，冬暖夏涼，空氣清爽。洞前有一小塊草坪，周圍濃蔭蔽日，不見天空。真是：「此地無盛夏，空山聽鳥鳴。」很適合做參悟佛法的地方。於是達摩毅然入洞，一心參悟佛

法真諦。

達摩在這個石洞中，整日面對石壁，盤膝靜坐，不說法，不持律，默然終日面壁參悟佛法，雙眼緊閉，五心朝天，在「明心見性」上下工夫，在思想深處「苦心練魔」。洞內靜若無人，萬籟俱寂，「入定」後，連飛鳥都不知道這裡有人，竟在達摩肩膀上築起巢來了。「入定」就是指坐禪坐到一定程度，思想高度集中，排除一切惡念、雜念，外界的一切，對他沒有干擾。這是形容高僧修禪的高度造詣。「開定」後，他站起身來，活動一下四肢，鍛煉一下身體，待緩解疲倦後仍繼續坐禪，那時達摩的規律是「上班坐禪，困倦打禪，饑餓吃飯。」這樣，入定、開定，日復一日，年復一年，從西元五二七年到五三六年，整整面壁十年。達摩大師對佛法的認知有了長足的進步，終於成為一代佛學大師。這就是佛教史上有名的「達摩面壁」的傳說。

達摩在石洞裡面壁十年，當他離開石洞的時候，他坐禪面對的那塊石頭上，竟然留下了一個達摩面壁的形象，衣裳褶紋，隱約可見，宛如一幅淡淡的水墨畫。人們把這塊石頭稱為達摩面壁影石。

達摩在少林寺修行多年，並於北魏天平三年傳法於慧可，從此創建了不同於傳統透過辯論來提高佛法認知的獨特參禪之方法，開創了佛教禪宗的新局面，使得少林寺聞名於世。人生本來就是禪悟，只要能沉下心，只要擁有耐得住寂寞的定力，一定會禪悟到什麼的。

智慧品人生

暫時停住腳步，不是對自己的放任，而是為自己積蓄更多的力量。耐得住生活的寂寞，在快節奏的生活中，放慢自己的腳步，多一些時間充實自己，才能走得更快、更遠。

6．在示弱中等待機遇

強者有強者的方式，弱者有弱者的對策。
懂得變通，善於掌握策略，即使處在不利的地位又何妨？

當我們處於不利地位或者時機還不成熟的時候，採取一些變通的策略，以退為進地保全自己，才能為自己保存實力，贏得機遇。

中國古代先哲就早已明白這個道理，指出做事情應該厚積而薄發，切勿輕舉妄動。兇悍的猛獸在襲擊獵物之前總是匍匐在周圍的草叢中隱藏自己，在獵物放鬆警惕時才開始進攻。適時地掩飾自己，不要鋒芒畢露才能為自己爭取作戰的有利時機，才能增加勝利的把握。切勿輕舉妄動、打草驚蛇。

魏明帝去世時，即位的太子曹芳只有八歲，魏明帝臨終前為防止日後有人權傾朝野，威脅曹芳的政權，命司馬懿與曹爽共同輔佐年少的曹芳，使他們兩股勢力相互抗衡。但曹爽的勢力不斷擴大，他廢置中壘、中堅營，把兩營兵眾統交他的弟弟曹羲率領，曹爽兄權傾朝野共同掌管禁軍，又用何晏、鄧揚、丁謐之謀把太后遷至永寧宮加以控制，形成專權的局面。他們並在朝中多樹黨羽，屢改舊制，處處排擠司馬懿的勢力。由於曹爽兄弟在朝野中的地位過於強大，其篡權的野心顯而易見。司馬懿對其非常不滿，兩個人結下了不可和解的矛盾，但是司馬懿並不能阻止曹爽的狂野行徑。

正始九年三月，司馬懿開始裝病，以使曹爽對其放鬆警惕。曹爽不知司馬懿是真病還是裝病，派河南尹李勝去試探司馬懿。司馬懿上演了一出好戲。他假裝病重，讓兩個侍婢扶持自己，要拿衣服，拿不穩，掉在地上，還指著嘴說渴。侍婢獻上粥來，他用口去接，湯流滿襟。李勝說：「眾卿謂明公舊風

發動，何意尊體乃爾！」司馬懿故意上氣不接下氣地說：「年老枕疾，死在旦夕。君當屈並州，並州近

胡，善為之備。恐不復相見，以子師、昭兄弟為托。」李勝說：「當還忝本州，非並州。」司馬懿故意錯

亂其辭：「君方到並州。」李勝又說：「當忝荊州。」司馬懿說：「年老意荒，不解君言。今還為本州，

盛德壯烈，好建功勳！」李勝回來對曹爽說：「司馬公屍居餘氣，形神已離，不足慮矣。」過幾天，他

又跟曹爽說：「太傅不可複濟，令人愴然。」《晉書·宣帝紀》，曹爽等從此便不再防備司馬懿。

司馬懿裝病，實際上暗中布置，準備消滅曹爽的勢力。

終於等到嘉平元年，曹爽兄弟陪同曹芳離開洛陽去祭掃魏明帝的墳墓。司馬懿乘機接管曹爽的軍

營，上奏太后請廢曹爽，又上奏皇帝，列舉曹爽篡權之罪行，司馬懿終以謀反的罪名，殺曹爽及其黨羽

何晏、丁謐、鄧揚、畢軌、李勝、桓範等，並滅三族。從此曹魏的軍政大權完全落入司馬懿的手中，為

司馬氏取代曹魏奠定了基礎。同年二月，皇帝封司馬懿為丞相，司馬懿為避免鋒芒太露，辭丞相之職，

但是暗中一直在擴大自己的勢力。為日後司馬氏竊取曹魏政權做了充分的準備。

司馬懿的裝病故事，讓我們知道：當我們處於不利的地位或者時機還不成熟的時候，採取一些變通

的策略，以退為進地保全自己，才能戰勝敵人贏得機遇。

智慧品人生

以退為進是一種韜晦之計，在特定的形勢下，學會用偽裝的方法將自己的真實意圖隱藏起來，才能

在對手對你不設防的情況下，保全和發展自身的勢力。

48

7・降低自己的要求

提出容易讓別人滿足你的要求，是實現自己更多需要的跳板，善於利用這塊跳板，懂得退讓的人，更容易得到成功。

在我們的生活中，許多時候，我們都需要得到別人，尤其是陌生人的幫助，那麼我們怎樣才能更好地達到我們的目的呢？有這麼一個發人深省的小故事：

在一個狂風肆虐、雷雨交加的傍晚，有個幾天都沒吃飯的乞丐無處藏身，渾身衣服都被雨水淋透了。又冷又餓的他，到了一個富人家的大門口，想進去討一碗飯吃。

他用勁敲了敲富人家的門，富人家的僕人出來應門。

「快點滾開！」這個僕人看到敲門的是一個穿戴破爛的乞丐，就冷冰冰地說，「煩人，不要來打擾我們，這裡沒什麼好施捨給你的。」

乞丐可憐兮兮地說：「行行好吧，我不敢向您討吃的，只要您讓我進去，在火爐邊烤烤衣服、暖和，我就滿足了。」

勢利的僕人沒有想到這個乞丐提出的要求竟會這麼簡單，想想這又不會讓自己花費什麼，還算做了一件善事，於是就讓他進去了。

乞丐在廚房的火爐邊烤衣服，待了一小會兒後，又可憐兮兮地請求廚娘給他一個可以燒飯的鍋，以便他「煮點石頭湯」喝。

「石頭湯？」廚娘驚奇地說，「我很想看看你怎樣用堅硬的石頭做成美味的湯。」於是她就爽快地答

應了。

乞丐到院子裡揀了幾塊石頭，洗乾淨後放在鍋裡煮。

「可是，你總得放點鹽吧！」廚娘自言自語著。她給他拿了一些鹽，自然又給了他豌豆、薄荷、香菜，甚至把可能收拾到的碎肉末都幫乞丐放在了「石頭湯」裡……

最後呢？這個乞丐把湯裡的石頭撈出來，扔到了一邊，美美地享受了一鍋美味的肉湯。

如果這個乞丐一開始就對僕人說：「行行好吧！請給我一鍋肉湯，讓我暖暖身子吧。」等待他的會是怎樣的結果呢？對於過高的要求，別人會很反感，但是如果你的要求很低，還是有人願意幫忙的。可能要求不是很高，如果你把它再分解為幾個小的要求，雖然顯得麻煩一些，但是成功的概率會變得更高。對於高的要求更需要這樣，你需要學會為自己的高要求尋找合適的跳板，然後借力發力，循序漸進，問題自當迎刃而解。

智慧品人生

在客觀條件的限制下，我們通常難以一步實現自己的目標。因此，我們要學會如何有效利用現有條件，在進與退之間打一場漂亮的迂迴戰，從而巧妙實現自己的目的。總之，智者，更善於利用退的方式取得勝利。

8・退讓，只為更好地前進

投降並不只是懦弱的表現，有時候，更是一種保全自己實力的權宜之計。

多數時間，人們搞不清自己的處境，從而犯了冒失的過錯。有的人能夠及時發現自己的錯誤並立即改正，有的人卻始終看不見自己的錯誤。當然最好是一開始就對自己的狀況有清醒的認識，採取正確的行動。當自己的力量不如別人的時候，不如暫時退讓，保全自己以做日後的打算。

春秋時期，一直稱霸南方的吳王闔閭，在與越國的一次戰役中因為輕敵，不僅輸掉了戰爭，還喪失了性命。臨終前，闔閭留下遺言，要兒子夫差一定要報殺父之仇。

夫差自此時時不忘越國的殺父之仇，在伍子胥和伯嚭的協助下，操練兵馬，準備攻打越國。

過了兩年，吳王夫差親自率領大軍去打越國。范蠡對勾踐說：「吳國練兵快三年了，這回決心報仇，來勢兇猛。咱們不如守住城，不要跟他們作戰。」

但是勾踐不同意，他低估了夫差在仇恨的驅使下磨礪出的吳國軍隊。他認為連馳騁沙場、大敗楚國的闔閭都敗在了越國軍隊的手裡，區區一個夫差又何足懼。戰爭打響，勾踐親率大軍前往，兩國的軍隊在太湖一帶展開大戰，結果越軍大敗。

最後越王勾踐只剩下五千殘兵敗將逃到會稽山上，被吳軍圍困起來。

勾踐被弄得一點辦法都沒有。還好他及時發現自己的錯誤，並採取了彌補的措施，找到了當初勸他的大夫范蠡。他跟范蠡說：「懊悔沒有聽你的話，弄到這步田地，現在該怎麼辦？」

范蠡說：「為今之計只能去求和了。」

這次，勾踐聰明地聽從了范蠡的謀略，他派文種到吳王那裡去求和。文種在夫差面前把勾踐願意投降的意思說了一遍。吳王夫差想同意，可是伍子胥堅決反對。

文種回去說了一遍。打聽到和伍子胥一起操練兵馬的伯嚭是個貪財好色的小人，就把一批美女和珍寶私下送給伯嚭，請伯嚭在夫差面前講好話。

經過伯嚭對夫差勸說，吳王夫差不顧伍子胥的反對，答應越國的求和請求，但要勾踐親自來吳國。

文種回去向勾踐報告了。此時，勾踐已經完全認清了擺在自己眼前的局勢，知道此時保全越國的實力，保住自己的性命才是最重要的。勾踐把國家大事託付給文種，自己帶著夫人和范蠡到吳國去了。

勾踐到了吳國，夫差讓他們夫婦倆住在闔閭大墳旁邊的一間石屋裡，叫勾踐替他餵馬，只讓他們睡在柴草上，范蠡也跟著做奴僕的工作。夫差每次坐車出去，勾踐就替他拉馬。勾踐一切遵從夫差的指令，受盡各種屈辱，但是他心中懷著重回越國，東山再起的決心，一直沒有表現出來。這樣過了兩年，夫差認為勾踐真心歸順了他，就放勾踐回國。

勾踐回到越國後，立志報仇雪恥。他唯恐被眼前的安逸消磨了志氣，在吃飯的地方掛上一個苦膽，每逢飯前，都先嘗一嘗苦味，還自問：「你忘了會稽的恥辱嗎？」他還把席子撤去，用柴草當席子。這就是後人傳誦的「臥薪嚐膽」。

勾踐決心要使越國富強起來，他親自參加耕種，叫他的夫人自己織布來鼓勵生產。因為越國遭到亡國的災難，人口大大減少，他訂立獎勵生育的制度。他重用文種管理國家大事，重用范蠡訓練人馬，自己虛心聽從別人的意見，救濟貧苦的百姓。越國上下齊心協力終於再度強大起來，最終打敗了稱霸南方

的吳國，成了南方新的霸主。

就這樣，越王勾踐從一個敗國的君主變成了稱霸南方的霸主。倘若勾踐在會稽山上，沒有聽從范蠡的建議，與吳國硬拚到底，恐怕早已葬身會稽山，歷史上也不會留下「臥薪嘗膽」的佳話了。投降並不一定是懦弱的表現，有時候也是保全自己實力的權宜之計。以退為進，方可步步為營。

智慧品人生

在危急存亡的時刻，怎麼樣才能取得最後的勝利？我們不能一味地拚命進攻，現實是真實的，不會因為你的自不量力而改變。不如暫且退避一時，以保全自己的實力，為日後的東山再起做好準備。

9・小心抬腳，謹慎向前

> 路在腳下，希望在前方，如果在懷抱希望的同時，不忘踏踏實實地走好眼前的每一步，早晚會夢想成真。

人生的旅程中，難免會遇到迷茫、失去方向的時候，前方看不清的風景讓你害怕、恐慌、沮喪……那你有沒有想過，假如看不清就不去眺望，將眼光放得稍微近一點，是不是會好些呢？

有志向、有夢想說明你是一個積極上進的人，這非常值得肯定。但是過於遠大的志向，往往離我們

較遠，遙遠的東西總是很難觸摸，所以也總是讓人產生「前途渺茫」、「看不清前方的路」這樣消極、迷茫的情緒。

英國有一位年輕的醫科畢業生威廉‧奧斯勒爵士（Sir William Osler），在面臨畢業時，雖然他的成績並不差，但他整天愁容滿面，思考著如何才能通過畢業考試，明天要做什麼事情，畢業後要到哪裡去找工作，工作如果不稱心怎麼辦，怎樣才能維持生活……這些問題就像蛛絲一樣纏繞著他，使他充滿了憂慮。他想了許多辦法，都沒有擺脫這些困擾。有一天，他在書上讀了一句話：「不要去看遠處模糊的東西，而要動手做眼前清楚的事情。」自從看到這句話後，他徹底改變了自己的人生，脫離了那種虛無縹緲的苦惱，腳踏實地一步步開始了創業歷程，最終成為英國著名的醫學專家，他還被牛津大學聘為客座教授，這是英國醫學界的最高榮譽。

也許，威廉‧奧斯勒爵士開始的心境我們許多人都經歷過。實際上，在生活中，我們常會不自覺地給自己戴上望遠鏡，盯著遠處若隱若現的地方，製定長期發展的宏偉目標。這讓我們總是去遙望遠處模糊的風景，而忘了欣賞近在眼前的風光。萬丈高樓平地起，空中樓閣那只是一個實現不了的夢。有時候，也許我們已實現了當初自己訂定的目標，但我們在望遠鏡裡看到的永遠是下一個目標。我們不停地努力著，卻永遠也趕不上前面的風景。為此，感到沮喪，感到理想離自己越來越遠，感歎人生非常艱難。當有一天我們有所感悟，放下強加給自己的望遠鏡，不再拚命追趕的時候，才發現自己忽略過的地方陽光明媚、鳥語花香——這才是真正的遺憾。

有個美國青年，小時候賣過報紙，做過雜貨店夥計，還當過圖書館管理員，日子過得很拮据。幾年後，他下定決心，要用五十美元開創基業。一年後，他果真有了幾萬美元，當他雄心勃勃準備大幹一場

時，他存錢的那家銀行一夜之間破產倒閉了，他也隨之一貧如洗，還欠了兩萬美元的外債。萬念俱灰的他，得了一種奇怪的病，全身潰爛，醫生說他的生命只剩三個禮拜的時間了。絕望的他只好寫了遺囑，準備一死了之。就在這時，他突然看到了一句話，使他翻然醒悟。於是他立即調整心態，拋開憂慮和恐懼，安心休養，身體也慢慢恢復，還能拄著拐杖走路。後來他不僅沒有死，反而有精力工作了。幾年後，他成了一家企業的董事長。當時他看到的那句話是：「生命就在你的生活裡，就在今天的每時每刻中。」

是的，生命只在今天，不要為明天憂慮。是的，人的欲望永無止境，但不要給自己戴上望遠鏡，要欣賞自己眼前的每一點進步，享受每一天的陽光，為自己的今天喝采。「不積跬步，無以至千里。」放棄你的「宏圖大志」，放棄沉溺於失敗之中的痛苦，拋掉你終日為前途迷茫、苦惱的情緒，抬起腳，走好眼前的每一步，當你不經意間抬頭，說不定原本遙不可及的夢想就真的實現了！

智慧品人生

生活這幅長篇畫卷，是由今天的每一筆色彩描繪出來的。今天的休憩，是為了明天能夠更好地作畫。不要因為自己一時的失落而痛苦不堪，停滯不前，那只會使你浪費眼前珍貴的美好光陰。

10 · 婚姻有如一場博弈

婚姻是墳墓還是宮殿，關鍵在於我們如何對待，如果認為婚姻是愛情的墳墓，更不想承認婚姻就是一場兩性的戰爭。一椿婚姻可能像戰爭一樣血雨腥風，也可能平平和和攜手終老。關鍵在於當事人怎麼對待。

有人說過「結婚的頭幾年是雙方的博弈期」。彼此相愛的人不想承認婚姻是愛情的墳墓，更不想承認婚姻就是一場兩性的戰爭。一椿婚姻可能像戰爭一樣血雨腥風，也可能平平和和攜手終老。關鍵在於當事人怎麼對待。

婚姻不是愛情，愛情是無法設計、無法預料的，而婚姻卻是可以經營的，並且需要我們時時刻刻細心呵護。這便是婚姻和愛情的不同。古代人迷信地認為，洞房夜裡誰先說話就會先死，其實這反映了古代婚姻的狀況，雙方沒有感情基礎，所以婚姻就像是一場戰爭，自然雙方第一想到的就是誰是這場博弈最終的勝利者。如同戰爭需要一定的戰術一樣，婚姻這場博弈也不例外，也需要心思的較量。雖說是「狹路相逢勇者勝」，但是在柴米油鹽的生活中，「以退為進」不失為一種迂迴的方法，是一種「難得糊塗」的智慧。

婚姻就像是手裡的沙子，我們握得越緊，就越容易從手裡溜走。這句話是真實生活的經驗，對我們每一個處在婚姻中的人都有借鑒意義。在婚姻中，我們意圖把任何一方據為己有都是在給自己製造悲劇，不管是愛情還是親情，除了第三者，其實生活的真相是可能還有第四者、第五者，會在不同的情境、不同的空間出現。要給對方適度空間，婚姻關係才會有彈性，彼此的呼吸才會更暢快，心靈的感覺也才會

56

更自由。

中東地區有一則故事。一位婦人的婚姻發生了嚴重問題，她的丈夫常常外宿不歸，只顧自己尋歡作樂。於是這位婦人為了挽回她的婚姻，就去神廟裡找先知，希望他能幫助自己，讓丈夫重新回到家庭的懷抱。

她對先知說：「尊敬的先知，我的丈夫背叛了我和家庭，我該怎樣才能讓他回到我的身邊呢？」

先知說：「夫人，為了顯示你的誠意，在幫助你之前你要先從活獅子身上拔三根毛給我，我才能告訴你。」

婦人離開了神廟，心想獅子怎麼會等我去拔毛呢，一不小心，把獅子惹怒了，我恐怕連性命都沒了。但是拿不到獅子毛，我就不可能重新和丈夫重拾以往的恩愛，我該怎麼辦呢？

第二天早上，婦人牽了一隻小羊，來到獅子常出現的地方。當獅子出來之後，婦人就把小羊送到獅子口邊，獅子對送到嘴邊的美味，自然是來者不拒。之後，婦人每天都牽一隻小羊去給獅子，漸漸地，獅子開始接納她，婦人試著輕輕地撫摩獅子的背，獅子竟然沒有反抗。一段時間以後，婦人終於贏得了獅子的「信任」，順利地從獅子身上拔下了三根毛。

婦人興奮地拿著三根獅子毛去找先知。

「你是如何得到的？」先知驚訝地問。

於是婦人得意地敘述了她如何拿到獅子毛的經過。

先知微笑著對婦人說：「用你馴服獅子的辦法馴服你的丈夫吧！只要運用得當，相信他會回心轉意並終生愛你的。」

婦人這樣去做了，實現了先知的話。這個寓言說明，要想得到獅子的三根毛，強硬去奪，必然會成為獅子的腹中之物。反而是緩一步，卻達到了自己的目的。

以退為進，在婚姻中亦是如此。掌握婚姻博弈中的技巧，並不是要爭得勝負，婚姻的最高境界就是兩性的和諧。把握好婚姻的尺度，好好經營你的婚姻吧！

智慧品人生

一個人的成功，不僅僅包括事業上的成功，更需要家庭上的成功。家庭不同於事業，雙方沒有直接的利益關係，但卻是一輩子的夥伴，所以更需要注意雙方交往的策略，更需要細心地經營。

11・不辯解，因為我沒錯

> 當你發覺無路可走，與其強行通過，不如學得大方些，後退一步。一個轉身，也許就是希望的轉角。

《菜根譚》中說：「人情反覆，世路崎嶇。行不去處，須知退一步之法；行得去處，務加讓三分之功。」退一步往往是你已經發覺無路可走的時候，這時與其強行通過而損失慘重，倒不如退一步，一個轉身，也許就是希望的轉角。

58

二十世紀五〇年代初，蘇聯駐聯合國代表維辛斯基在聯合國大會上發表了抨擊西方國家的長篇演

說。演講中，荷蘭外交大臣突然插話，指出維辛斯基講話中的一處錯誤。「謝謝您的指正，」維辛斯基很

有禮貌地說，「既然您到現在才指出我的失誤，這說明您認為我前面的話沒有錯誤。」那位多嘴的荷蘭外

交大臣頓時啞口無言。

如果維辛斯基直截了當地進行解釋或者辯駁，無論他怎樣解釋恐怕都會讓聽眾認為他是為被戳穿而

掩飾，進而使整個論述陷入僵局，使自己陷於被動。而他卻先把錯誤承認下來，以柔克剛，使把握在別

人手中的那柄利劍輕而易舉化解開來，然後再反守為攻，反使對方啞口無言。當人處於困境，遇到麻煩

的時候，總是慌忙地為自己辯解，但是這樣只能讓人抓住話柄不放。有句話叫做「越描越黑」，不無道

理。而不辯解不等於坐以待斃，而是退一步，換種方式去表白自己，讓對手的居心昭然若揭地顯露出來。

明代武宗時期，宸濠發動叛亂，形勢嚴峻，還好有王守仁及時領兵出面平定了這場叛亂。他活捉了

宸濠，並將其暫時囚禁在浙江。當時剛好遇到武宗南巡，中官為了討好皇上，獻計讓王守仁將剛活捉的

宸濠重新放回江西，然後等武宗出征時親手把那個逆賊擒獲。他還私下派了兩名宦官到浙江省去傳達這

一荒唐的命令。王守仁聽到這個消息非常的生氣，心裡想到「這等事關國家安危的大事怎麼能這麼兒戲

呢？」於是用嚴厲的言辭斥責了中官。中官也知道是自己理虧，覺得這件事確實不太合理，也就沒再說

什麼。此事暫告一段落。

但一波未平，一波又起。王守仁有個部下叫江彬，此人生性忌妒，他見王守仁抓獲逆賊宸濠要立大

功，不由忌妒心起，於是開始了他的陰謀計畫。他先私結了一批不服氣王守仁的部下，然後散布謠言，

說：「王守仁其實根本不是大英雄。他很早就私下和宸濠一起策劃謀反，可是沒想到後來東窗事發，朝

廷分派了大軍親征江西，王守仁為了脫開自己的罪責才決定背叛同夥，逮捕了宸濠。他所做的事情對皇帝不忠，對朋友不義，真是大逆不道。」江彬等人的謠言說得繪聲繪色，一心想乘機誣陷王守仁，置他於死地，將平叛逆賊的大功據為己有。武宗信以為真，非常生氣。王守仁此時所處的地位很危險，但他卻沒有慌亂地解釋，而是鎮定地看待這一切，決定退一步來面對。他和總督軍門的張勇商量決定：先把抓獲的宸濠交給張勇，然後再上表報捷說總督軍門已經抓到叛賊，請求皇上不要再去江西了。王守仁也稱自己生病要在淨慈寺修養一段時間。這樣一來就把捉叛賊的功勞全歸功於張勇了。

張勇到京城面見武宗時極力稱讚了王守仁的忠誠，並且把王守仁讓功避禍的做法和整個事實真相告訴了武宗。武宗這時才恍然大悟，馬上制止了對王守仁的指控。王守仁終於用「以退為進」的大智慧度過了危機，再次贏得武宗的信任。當你遇到危機的時候，與其辯解，不如退一步，用更智慧的方式說話，免得讓事情越弄越糟。

智慧品人生

在人生的困境和低谷中，衝動和慌亂才是我們最大的敵人。

第三章

後退幾步溝壑易越

有一天，老禪師帶他的一個徒弟去行腳，一條約三公尺寬的水溝擋住了他倆的去路。武功深厚的老禪師抬腳就過去了，徒弟卻往後退了許多步，才趁著衝勁跳過溝。

老禪師說：「你知道你剛才為什麼要往後退幾步才能跳過水溝嗎？」徒弟說：「因為我的功力還不夠，後退幾步再往前跑就能產生衝力，只有這樣以退為進，我才能跳過水溝。」

1・欲取之，先予之

勝利是需要講究方法的，需要有勇，更需要有謀。講究「欲取之，先予之」的謀略。

《孫子兵法》中云：「逼則反兵；走則減勢。緊追勿迫，累其氣力，消其鬥志，散而後擒，兵不血刃。」講的是在戰爭中逼得敵人無路可走，他就會反撲；讓敵人逃跑則可消減其氣勢。追擊敵人時緊緊跟隨而不逼迫，以消耗敵人的體力，瓦解其鬥志，待敵人潰不成軍時再捕捉，可以不費吹灰之力。

這種欲擒故縱之計非但只有兵法上有，欲擒故縱、以退為進地處理問題，已經成為了一種思維方式，巧妙地運用，總是能夠事半功倍地解決問題。

東漢時，揚州陵陽縣發生一起殺兄案。

一天早晨，一個女子在房中揪住自己的小叔，大呼大叫：「這可怎麼得了啊！小叔要強姦嫂子，把他哥哥殺死啦！」聞聲來了許多看熱鬧的人。只見她的丈夫果然倒斃在血泊中，小叔身上沾滿了血跡，面無人色，語無倫次。

接著，這女子到縣衙門告官。縣官將小叔抓來，刑訊幾個回合，受不了刑罰之苦的小叔很快就供認：自己圖謀姦嫂，殺了哥哥。又加之有滿身血跡為證，所以立即被打入死牢裡。

揚州刺史莊遵，這天到陵陽縣察訪，正巧遇上此案。問清了案子的來龍去脈後，決定升堂重新審問。

在堂上，先是女子照舊哭訴一番，然後莊遵問其小叔有什麼可申訴的。小叔說：「我起床發現嫂子

62

與別人私通，準備謀害我的哥哥，我就闖進兄嫂的房間去捉姦，沒想到一進房門就被嫂子揪住，她用手蘸起我哥哥的血就往我身上塗抹，又喊又叫誣賴我要姦汙她，還殺了哥哥。我一時氣昏，有口難辯。縣衙大堂，刑罰太狠，無法忍受，才招認了姦嫂殺兄，求青天大老爺做主。」

莊遵聽罷，覺得案情並不簡單，一時真偽難辨。於是當眾宣布：「這個小叔真是大逆不道，應依法處置，先監禁起來，可將其嫂子放回。」

然後，莊遵密令差役在半夜時分，潛藏在女子窗外牆下偷聽。當夜，果然有姦夫到來。他走進屋子就問：「這位刺史大人審問小叔後，有什麼疑心嗎？」

女子笑著說：「一點疑心都沒有。」說罷，兩人大喜，相互嬉戲。差役當即闖進屋去，將姦夫姦婦擒拿歸案。由此，使得那個小叔免去了不白之冤。

做事情的時候，不要把問題抓得太緊，如此反而適得其反。想進攻，且不失手，就要學會先放任其行，再獲，則不費吹灰之力。

智慧品人生

欲擒故縱，以退為進的思維，總是能夠為我們省去不少的麻煩。當事情不容易直接解決的時候，不妨換一種思維模式，逆向考慮問題，或許能簡單得多。

2‧大局著眼，眼光放遠

巧妙地運用以退為進的思維，總是能夠事半功倍地解決問題。

在軍事思想中，很重要的一點就是攻心為上，戰爭如此，其他亦然。從心理上征服對手，才能解決不必要的麻煩，達到長久的穩定。

放對手一馬，不等於放虎歸山，目的在於讓對手鬥志逐漸懈怠，體力、物力逐漸消耗，最後伺機全殲，達到目的。諸葛亮七擒七縱，絕非感情用事，他的最終目的是在政治上利用孟獲的影響，穩住南方；在地盤上，次次乘機擴大疆土。

諸葛亮七擒孟獲，是軍事史上一個「攻心為上」的絕妙戰例。蜀漢建立之後，定下北伐大計。當時西南夷酋長孟獲率十萬大軍侵犯蜀國。諸葛亮為了解決北伐的後顧之憂，決定親自率兵先平孟獲。蜀軍主力到達瀘水（今中國金沙江）附近，誘敵出戰，事先在山谷中埋下伏兵，孟獲被誘入伏擊圈內，兵敗被擒。

按說，擒拿敵軍主帥的目的已經達到，敵軍一時也不會有很強的戰鬥力了，這時乘勝追擊，自可大破敵軍。但是諸葛亮考慮到孟獲在西南夷中威望很高，影響很大，如果讓他心悅誠服，主動請降，就能使南方真正穩定。不然的話，南方夷族各個部落仍會侵擾，進行北伐的時候，後方就難以安定。

因此諸葛亮決定對孟獲採取「攻心」戰，斷然釋放孟獲。孟獲表示下次定能取勝，諸葛亮笑而不答。孟獲回營，拖走所有船隻，據守瀘水南岸，阻止蜀軍渡河。諸葛亮乘敵不備，從敵人不設防的下游

偷渡過河，並襲擊了孟獲的糧倉。孟獲暴怒，要嚴懲將士，激起將士的反抗。於是將士相約投降，將孟獲綁赴蜀營。諸葛亮見孟獲仍不服，再次釋放。

後來孟獲又施了許多計策，都被諸葛亮識破，四次被擒，四次被釋放。最後一次，諸葛亮火燒孟獲的藤甲兵，第七次生擒孟獲。這次終於感動了孟獲，他才心悅誠服。他真誠地感謝諸葛亮七次不殺之恩，誓不再與蜀國發生戰事。諸葛亮巧妙地運用了欲擒故縱的方法，不僅從軍事上征服了孟獲，而且使得孟獲心悅誠服。從此，蜀國西南安定，諸葛亮才得以舉兵北伐。

「擒」和「縱」是矛盾的。軍事上，「擒」是目的，「縱」是方法。古人有「窮寇莫追」的說法。實際上，不是不追，而是看怎樣去追。古代戰術上講圍攻城郭時，只圍住敵人城池的三面，留一面給敵人。如果四面都圍上，把敵人逼急了，他們只得集中全力，拚命反撲。不如暫時放鬆一步，使敵人喪失警惕，鬥志鬆懈，然後再伺機而動，殲滅敵人。

兩晉末年，幽州都督王浚企圖謀反篡位。晉朝名將石勒聞訊後，打算消滅王浚的部隊。王浚勢力強大，石勒恐一時難以取勝。他決定採用「欲擒故縱」之計，麻痺王浚。他派門客王子春帶了大量珍珠寶物，敬獻王浚，並寫信向王浚表示擁戴他為天子。信中說，現在社稷衰敗，中原無主，只有你威震天下，有資格稱帝。王子春又在一旁添油加醋，說得王浚心裡喜滋滋的，信以為真。就在這時，王浚有個部下名叫游統，伺機謀叛王浚。游統想找石勒做靠山，石勒卻殺了游統，將他的首級送給王浚。這一招，使王浚對石勒絕對放心了。

西元三一四年，石勒探聽到幽州遭受水災，老百姓沒有糧食，而王浚不顧百姓生死，苛捐雜稅，有增無減，民怨沸騰，軍心浮動。石勒親自率領部隊攻打幽州。這年四月，石勒的部隊到了幽州城，王浚

還蒙在鼓裡，以為石勒來擁戴他稱帝，根本沒有準備應戰。等到他突然被石勒的將士捉拿時，才如夢初醒。王浚中了石勒之計，身首異處，美夢成了泡影。

勝利需要一定的方法，知道什麼是真正的勝利，更是需要思考的問題。凡事須從大局著眼，不為一時的利弊蒙蔽，深謀遠慮才能取得最後的勝利。

智慧品人生

不管是戰爭中的攻心為上，還是韜略上的欲擒故縱，都需要敢於「放棄」的勇氣和智慧。在我們的生活和工作中也一樣，凡事從大局著眼，將眼光放遠。置身於一個寬廣的視角，才能作出正確的選擇。

3・智取才能成功

成功不是一條筆直順暢的大道，而是九曲十八彎的小徑。因此，以什麼樣的方式去行走這條路就成了關鍵。

在市場競爭中，有時不能朝著目標一直走過去，競爭是需要用些謀略的。

以可口可樂為例，一八八六年藥劑師約翰・彭伯頓（John Pemberton）在製作一種可以提神的藥物時，無意中發明了「可口可樂」這種飲料。當時人們根本就不知道可樂這種飲料。基於可口可樂是一種

新的產品，約翰‧彭伯頓進行了一系列的宣傳活動，逐步讓人們認識並瞭解可口可樂。

第一年，可口可樂每天平均銷量只有九瓶，約翰‧彭伯頓相當於僅賣出了二十五加侖的飲料，賺了五十美元，而廣告的費用卻高達七三‧九六美元。這一年可口可樂是賠本了。但是如果不是當年的那七三‧九六美元的宣傳費用，人們也許將永遠不知道有種叫「可樂」的飲料，又怎麼會有可口可樂後來的發展呢？

現在，可口可樂已經成為一個家喻戶曉的品牌，但可口可樂公司仍然沒有放鬆對其產品的宣傳。因為可口可樂公司明白，激烈的市場競爭中，沒有足夠的宣傳還是會被擠出名牌行列的。在宣傳上的投入雖然有時不能立竿見影地獲得收益，但那卻是獲得收益必須走的一步。

還有這樣一個故事：

有兩個報童在同一個地區賣同一份報紙，顯然他們是競爭對手。A報童嗓子很好，每天沿街叫賣，剛開始的時候，生意很不錯，比B報童的生意好很多。但是慢慢地，B報童的生意居然超過他了。原因在於，B報童不僅沿街叫賣，還到一些固定的地方去發報紙，過一會兒再去收錢。跟這些固定地方的人混得越來越熟，就這樣，B報童就比A報童多一部分固定的客戶了。

其實，在賣報的過程中就蘊含了很多的銷售謀略。首先，B報童先到一些固定的地方發了報紙，那些拿到報紙的人就不會再去買別人的報紙了，相當於搶占了市場。他發得越多，對手的市場也就越狹小。其次，根據報紙的特點，報紙的價格很低廉，在購買時有很大的隨意性，而且不會有人賴帳不給錢。B報童就這樣根據報紙的特點，找到了適合自己發展的方式，最後在市場競爭中取得了勝利。

在前進的道路中，堅持、不服輸固然重要，但是在勇往直前拼搏的同時，更需要注重謀略的運用。

學會根據事情特點採取巧妙而有效的措施，做到不冒進、講方法地走好前進的道路，這樣，成功才會離我們越來越近。

智慧品人生

也許，成功與我們只有一牆之隔，我們需要做的是繞行，而非硬撞。

4．高調做事，低調做人

做人不可以鋒芒畢露，肆意張揚，只會給自己招來無謂的傷害。

人難免會犯自視甚高的錯誤，喜歡在人前賣弄自己的聰明或者勇敢。可是這種賣弄不僅很難得到別人的認同，甚至還會招來別人的反感。卡內基在《卡內基成功學經典：人性的弱點》中寫到過：人的天性之一，就是不會接受別人的批評，總是認為自己永遠是對的，喜歡找各種各樣的藉口為自己辯解。

在《大藏經》裡有這樣一個故事：有一名比丘，心浮氣躁，老是想出人頭地，總是喜歡沒深沒淺地向其他比丘講經說法，或者在其他比丘面前顯示他的禪門武功，但經常失口失手，甚至當場獻醜。幾乎所有的比丘都不喜歡他，不願意與其交談。老禪師點化他多次，提示他還得精心深造，好好修業，他就是不聽。

有一天，老禪師帶他去行腳，一條寬三公尺多的水溝擋住他倆的去路，武功深厚的老禪師抬腳就過去了。比丘卻往後退了許多步，才趁著衝勁跳過溝去。

老禪師說：「你知道你剛才為什麼要往後退幾步才能跳過水溝嗎？」

比丘說：「因為我的功力還不夠，後退幾步再往前跑就能產生衝力，我才能跳過水溝。」

老禪師說：「你剛才說的話裡有一句禪意深邃的偈語，領會後你將有大的發展和進步。」

比丘終於言下開悟，不再急著出風頭，而是靜下心來致力於文武禪修，終成一代文武雙全的高僧。

比丘在功力還不夠的時候，應該潛心修佛練功。做人也是如此，需要常常自省自己的行為，但是「木秀於林風必摧之」，即使我們真的有超世的才華或勇氣也不能太過張揚。掩藏自己的智慧，是保護自己的最好辦法。

據《史記》載：在魯哀公十一年那場抵禦齊國進攻的戰鬥中，右翼軍潰退了，孟之走在最後充當殿軍，掩護部隊撤退。進入城門的時候，他用鞭子抽打馬匹，說道：「不是我敢於殿後，是馬跑不快。」

孟之這樣謙遜的態度，表面上看是掩飾自己的功勞。但是，到底是馬跑不快，還是孟之主動選擇殿後，任何人心裡都清楚。這樣一來，不僅他的功勞沒被埋沒，而且更顯示了他謙遜的品德。

此外，更重要的是，由於孟之的掩飾，使得那些跑在前面的人不至於為自己的懦弱而慚愧，保全了大家的面子。倘使孟之邀功自傲，當然他會得到應得的獎賞，但與此同時，他所得到的獎勵，也是對那些跑在前面的人的羞辱。因為得到一點小小的獎勵，而得罪這麼多人，實在是不值得，所以孟之明智地掩飾了自己的功勞。

有一句話叫「出頭的椽子先爛」，看起來這是一種畏首畏尾的怯懦，但是換一個角度看來，其實是

很有道理的。做人不可以鋒芒畢露，肆意張揚，否則只會給自己招來無謂的傷害。做人應該始終保持謙遜的態度，不一定什麼事情都據理力爭。學會偶爾退讓幾步，多謙遜一些，可以為你營造一個很好的人際關係，從而減少成功路上的阻礙。

明智的人，會在適當的時候稍微掩蓋自己的鋒芒。轉個身、退一步，你會發現，你的退讓已經為你累積了能量，掃清了障礙。凡事少與人爭，記住退而修行。

5·明辨時勢，應時而為

要想在激烈的市場競爭中坐穩一席之地並非易事，因此要提前制定好周密的計畫和策略，並學會當進時則攻，當退時則守。

二十一世紀是資訊時代的社會，而資訊社會中最重要的是什麼？當然是資訊。為什麼資訊會有如此巨大的價值？資訊的價值不在於其本身，而在於人們根據得到的資訊所作出的決策。隨機應變，分清時勢，才能作出正確的抉擇。

透過幾個寓言故事來明白資訊的重要性：

古時候，有兩個南方商人，他們各自帶了一大批雨傘到北方去賣，因為南方的傘品質好而且便宜。

但到了北方，他們發現北方人很少用傘，因為那裡的天氣常年乾旱少雨，兩個商人都陷入了困境。

一個月後，兩個商人在回家的路上相遇，一個垂頭喪氣，一個卻志得意滿。

「看你這樣子是把傘都賣了，賺了不少的錢？」

「是啊，都賣了。」

「北方不常下雨，誰用雨傘啊，我都為此而破產了，你是怎麼賣掉的？」

「傘還是那些傘，我只是賣的時候把『雨傘』的名字改成了『陽傘』，傘可以擋雨，難道就不能遮陽嗎？」

一樣的雨傘相同的銷售環境，結果卻有天壤之別。事在人為，沒有不能解決的問題，關鍵要有一種因時因地而採取不同策略的意識。做什麼事情都不能一根筋，需要更多的反向思維。遇到困難或者阻礙，要學會多動腦筋，學會變通，一味地冒進，面臨的將是失敗。

失敗，往往不是我們的實力不夠，主要的原因在於我們沒有明辨時勢。

宋代沈括所著《夢溪筆談‧權智篇》中，講了這樣一個故事：北宋名將曹瑋有一次率軍與吐蕃軍隊作戰，初戰告勝，敵軍潰逃。曹瑋故意命令士兵驅趕著繳獲的一大群牛羊往回走。牛羊走得很慢，落在了大部隊後面。

有人向曹瑋建議，「牛羊用處不大，又會影響行軍速度，不如將牠們扔下，我們才能安全、迅速地趕回營地。」曹瑋不接受這一建議，也不作任何解釋，只是不斷派人去偵察吐蕃軍隊的動靜。吐蕃軍隊狼狽逃竄了幾十里，聽探子報告說，曹瑋捨不得扔下牛羊，致使部隊亂哄哄地不成隊形，便掉頭趕回

來，準備襲擊曹瑋的部隊。

曹瑋得到這一情報，便讓隊伍走得更慢，到達一個有利地形時，便整頓人馬，列陣迎敵。當吐蕃軍隊趕到時，曹瑋派人傳話給對方統帥：「你們遠道趕來，一定很累吧！我們不想趁別人勞累時占便宜，請你讓兵馬好好休息，過一會兒再決戰。」

吐蕃將士正苦於跑得太累，很樂意地接受了曹瑋的建議。等吐蕃軍隊歇了一會兒，曹瑋又派人對其統帥說：「現在你們休息得差不多了吧？可以上陣打一仗啦！」於是雙方列隊開戰，只一個回合，就把吐蕃軍隊打得大敗。

這時曹瑋才告訴部下：「我扔下牛羊，吐蕃軍隊就不會因殺回馬槍而消耗體力，這一去一來的，畢竟有百里之遙啊！我如下令與遠道殺來的吐蕃軍隊立刻交戰，他們會挾奔襲而來的一股銳氣拼死一戰，雙方勝負難定；只有讓他們在長途行軍疲勞後稍微休息，腿腳麻痺、銳氣盡失後再開戰，才能一舉將其消滅。」

智慧品人生

無論是進是退都不是憑藉決策者主觀臆斷出來的，而應該根據情況，明辨時勢，採取應時之為。市場經濟中尤其表現為對市場的預測，以及對競爭對手的估計。商場如戰場，根據形勢變換對策才能立於不敗之地。

6・你的價格，由你決定

做人做事都一樣，不要讓自己處於卑微的位置。

大多數人都會認為做行銷工作的業務員就得處處委屈自己迎合顧客的態度；對自己的業務十分精通，無所不知，能夠回答顧客提出的任何問題。但是在一個專門的業務員培訓課堂上，老師卻為同學們上了這樣兩堂課：

第一堂課，面對你不知道的問題，笑而不答。

業務員對於自己的全部業務也不是都十分瞭解。當你遇到不知道或不懂的問題時，最好的辦法不是真誠的道歉，而是一個恰到好處的微笑。你的這個微笑，有五種理解：

1 問題太簡單了，認為沒必要回答。

2 認可。因為微笑的沉默等於肯定。

3 初次相識，不便說。

4 性格內向，不善言詞，卻又不失禮貌。

5 可能是個新手，還不熟悉業務。

對方在猜測你的這個微笑時，往往會先排除第五種可能。因為在人們的習慣思維裡，認為不懂業務，豈敢上門推銷？而這個微笑就恰到好處地解決了你的窘境，它勝過千言萬語。

第二堂課，業務員不是乞丐，而是「天使」。

大多數人都認為業務員的工作就是靠顧客的購買來獲得利潤，是在賺顧客的錢。但是換一個角度，我們推銷成功，是因為客戶需要。事實上，我們不僅僅從客戶身上獲得了收益，同時也為他們解決了一些問題。培訓老師舉了這樣一個例子：

一天一個業務員去商場推銷自己公司的商品。進入經理辦公室的時候，經理只是埋頭做自己的事情，沒有停下手中工作的意圖。他只是淡淡地問了一句：「你是哪個公司的？來推銷什麼東西？」

這個業務員先不忙著遞名片和報公司名稱，而是不慌不忙地說明來意：「陳經理，商場銷售的旺季到了，我是來幫忙的。」

「幫忙？」那個經理沒有想到這次來的業務員居然是來當幫手的，就停下手中的工作，抬頭看著他。

「是的。你看旺季到了，你的花色品種比較單調，我來幫你補充新的樣式和顏色。」業務員繼續說道，講明自己的來意。

「是呀。」

「那你就說說你能幫我什麼忙吧！」

「那你就說說你能幫我什麼忙吧！」

「幫你提高營業額，增加利潤呀！」

「是嗎？」經理頗有興致地問。

「那請給我看看貴公司的產品有什麼特色吧！」

業務員這時才遞上名片和宣傳單，並進一步說：「像這個品項，在其他縣市已經為商家帶來了很可觀的利潤。」

「嗯……」

7・外重者內拙

> 我們不能讓每件事情都能成功，我們要做的是全力以赴，而不是自我逼迫。

《莊子・達生篇》中有這樣一段話：「以瓦注者巧，以鉤注者憚，以黃金注者殙……其巧一也，而有所矜，則重外也。凡外重者內拙。」大意就是：博奕者用瓦片作賭注時，技藝可以發揮得淋漓盡致，而換成黃金，就會大失水準，這就叫做「外重者內拙」。做事情不能給自己太大的壓力，全力以赴即可，

商業合作是雙贏的事情，不要讓自己處於卑微的境地。不妨在適當的時候學習做一個「傲慢」的業務員，身價是自己抬上去的，不是別人施捨的。

這樣簡簡單單的幾句話，既先定下了幫經理贏利的基礎，又為自己的業務談判埋下了伏筆，而且，在以後的銷售過程中，也少了許多沒必要的麻煩。

這堂培訓課講的其實是談判中的「以退為進」戰術。不要總覺得自己有求於對方，其實合作雙方都能獲利的項目才有合作的基礎。不要只是強調自己公司的優勢，而是要確認對方的需要，你們的產品能給對方帶來什麼。做人做事都一樣，不要讓自己處於卑微的位置。

如過於緊張，倒不如以輕鬆的心態去應對。

心理學上有一個所謂「目的顫抖」的原理，講的也是同樣的道理：在給小小的縫衣針穿線的時候，你越是全神貫注地努力，線越不容易穿入，倒不如放鬆地去穿針。生活中的很多現象都不例外，有時候目的性越強，反而越不容易成功。

道家喜歡從生活中、從自然中把握生活的真諦，發現生活的智慧。有這樣一個例子：當把水龍頭開到最大的時候，永遠也接不到滿滿的一盆水。巨大水流的衝擊力總是把盆子裡的水沖到外面去。要想接到滿滿的一盆水，你必須把水龍頭開關調小，雖然速度慢了，卻可以接到滿盆的水。

卡爾·瓦倫達（Karl Wallenda）是一個著名的特技表演者，有人稱讚「他有一雙在鋼索上如履平地的腳」。他一生中以精湛的技術、出色的表演，贏得了無數的掌聲。然而在某次演出中卻發生了令人難以置信的一幕：在所有應邀而來的親朋好友的注視下，在所有人都準備為他精湛的表演喝彩時，這位名揚千里的特技大師，居然從鋼索上掉了下來。

事後有人問他：「憑您的技術，怎麼會出這樣的意外呢？」他說：「那天，心裡總是想，請了那麼多親戚、朋友來捧場，一定要表演得很出色，千萬不能出錯。誰知表演時一走神，就出事了。」

在這種心態下，這位雜家大師「鬼使神差」地犯了原本不該也不會犯的失誤。這就是心理學上著名的「瓦倫達效應（Wallenda Effect）」。瓦倫達那次的失敗，被賦予了深刻內涵，使人們從中得到更多的反思。

從表面上看，很多失手都是偶然的，其實卻有其必然性。因為，當你過於重視某件事情時，你會加倍小心，這種心理會形成一種緊張情緒，在緊張情緒的影響下，就會出現心跳加速、精神分散、動作失

8・有進有退，方能靈活自如

生活中有兩位主角，一是人，一是事；
事情的發展依人的做法而變，因此，靈活應對至關重要。

每一個問題都有與之相對應的答案，關鍵是透過什麼方法找到這個答案，使事情順利發展。其中一個最為有效且值得稱讚的辦法就是以退為進攻略法。小則化解誤會干戈，大則解決政治危機。

據說，德國的末代皇帝威廉二世很愛吹牛，總是信口開河。有一次，他到英國訪問，在歡迎儀式等公開場合中，他興奮起來，便忘乎所以，又吹起牛來。他聲稱他是唯一對英國友好的德國人。有了他，

所謂「無欲則剛」，做任何事情的時候都不要給自己太大的壓力，適當的壓力可以發揮激勵的作用，但是過大的壓力會把人壓垮，因此要學習在適當的時候給自己一個自由發揮的空間。

因此，做事情時要放下包袱，輕裝上陣，不要在心裡暗示自己事情的重要性，避免在做事時給自己增添不必要的壓力。

調等不利於事情良性發展的反應，從而導致失敗。

智慧品人生

英國人才沒有被俄國和法國踐踏；也是因為有了他，英國才打敗了南非的波耳人。這些難以置信的話，威廉二世作為皇帝卻大言不慚到處宣揚，很快便引起了歐洲各國的抨擊和批評。英國人對此尤其憤怒。

對於來自外界的強烈反應，德國政治家們驚慌失措，不知如何應付。

當威廉二世聽到外界的反應時，也意識到自己的失言。但皇帝的尊嚴使他沒有勇氣站出來承認自己的錯誤。於是找來大臣布羅親王，想讓他當替罪羊，便授意布羅親王，讓他承認是他建議皇帝那樣說的。

布羅親王一聽，心裡自然生氣，於是表示拒絕。威廉二世為此非常氣憤，拍案而起，對布羅親王吼道：「你認為我很愚蠢嗎？會犯下你所不能犯的錯誤嗎？」氣氛一時變得非常緊張。

布羅親王見談話的氣氛變得緊張了，也知道硬碰硬是不行的。於是，布羅親王平靜而緩慢地對威廉二世說：「微臣沒有資格說剛才的話。陛下許多的成就，都使微臣萬分佩服，無論是軍事知識還是自然科學都是如此。」

布羅親王說到這裡稍停了停，看了威廉二世一眼，見他怒氣漸消，正在認真地聽，便話鋒一轉，接著說：「可是，微臣正好懂些歷史方面的知識，這可能對政治有用，尤其在外交方面。」

布羅親王這麼一說，威廉二世的怒氣消失了，又高興了起來，笑了笑對布羅親王說：「我不是常常跟你講嗎，我們是最佳搭檔嘛！我們應該永遠在一起！我相信，這是能做到的！」這樣，氣氛又馬上緩和下來了。布羅親王和威廉二世的關係依然交好。

布羅親王因為靈機一動，及時調整自己的策略，而避開了和皇帝的針鋒相對。而後對其大加讚美，這就是以退為進。因為以退為進，布羅親王使快要崩潰的君臣關係起死回生。

9・合理方法，折出人生的高度

合理規劃你的人生，才不至於讓你的人生變成一堆沒有高度的廢紙。

對待生活，有的人喜歡慎重規劃，合理地分配時間，有的人卻喜歡隨遇而安，因為他們覺得世間萬物隨時變化，再周密的計畫，在現實面前也會顯得蒼白無力。但是一樣的努力，卻沒有方向，拚命進取，卻不知道什麼才是奮鬥的目標，這又怎麼能夠成功？

心理學上有這樣一個有意思的遊戲：

想像一下，如果有一張足夠大的白紙，要把它折疊五十一次。那麼折完五十一次之後，它會有多高呢？又會是什麼樣子的呢？

有人回答：一個冰箱那麼高？一層樓那麼高？或者一棟台北 101 摩天大樓那麼高？答案千奇百怪，回答多高的都有。只有很少的人會說：那是一個無法想像的高度，簡直有天高，因為那是紙的厚度乘以二的五十一次方，你可以試試看。

但是你再想一下，如果是將五十一張白紙疊在一起呢？

這個對比讓我們感到震驚。沒有方向，沒有規劃的人生，不就如同將白紙簡單地疊在一起嗎？今天做做這個，明天做做那個，每次努力之間並沒有聯繫。這樣一來，即便每份工作都做得非常出色，它們對你的整個人生也不過是簡單的疊加而已。

可是人生的寓意似乎要比這個遊戲複雜得多。有些人，一生認定一個簡單的方向並堅定地做下去，他們的人生最後達到了別人不可企及的高度。譬如，有個人，他人生的奮鬥方向是英語，於是他經過數十年的努力，僅單詞的記憶量就達到了十幾萬，在這一點上達到了一般人無法企及的高度，從而有了自己的成就。

也有些人，他們的人生方向也很明確。譬如開公司做老闆，他們需要很多技能——專業技能、管理技能、溝通技能、決策技能等。他們可能會在一開始嘗試做做這個，又嘗試做做那個，沒有一樣是特別精通的。但最後，開公司做老闆的這個方向將以前這些看似零散的努力統合起來，就形成了一種複雜的人生折疊。就像將紙張折疊五十一次之後，由釘書機釘上，再寫上文字，那麼它就已經不是一堆紙的疊加而變成了一本深厚的書籍。

有時候，計畫並不能完全付諸實踐，但有規劃的行動會讓你的行為趨於一致，讓你的努力不至於付諸東流。雖然不是所有的努力都能得到回報，但合理規劃你的人生，才不會讓你的人生變成一堆廢紙。

智慧品人生

心理諮詢師說得好，「透過規劃，利用現有的能力，遠比挖掘所謂的潛能更重要。」與其費盡心機思考還有什麼是沒有嘗試過的，還不如仔細想想現有的知識技能該如何合理地運用。

10 · 想樣樣精，結果樣樣差

不要試圖去抓住身邊的所有機會。
找到選擇的道路就不要再觀望路旁的花朵，否則只能重複這山望著那山高的悲劇。

一條街上有兩家賣老豆腐的早餐店。一家叫「潘記」，另一家叫「張記」，兩家店是同時開張的。

剛開始，「潘記」生意十分興隆，吃老豆腐的人心須排隊等候，來得晚就吃不到了。

潘記的特點是：豆腐做得很結實，口感好，給的量很大。相比之下，張記老豆腐就不一樣了，首先是豆腐做得軟，軟得像湯汁，不成形狀；其次是給的豆腐少，加的湯多，一碗老豆腐半碗湯。因此，有一段時間，張記的門前冷冷清清。

一天早上，一位姓董的老師起床晚了，只好來到張記的豆腐店吃早餐。吃完一碗老豆腐，老闆走過來，笑著問他豆腐怎麼樣。董老師實話實說：「味道還行，就是豆腐有點軟。」老闆笑了笑，竟有幾分滿意的樣子。董老師說：「你怎麼不學學潘記呢？」老闆看著他說：「學他什麼呀？」他說：「把豆腐做得結實一點呀！」老闆反問他：「我為什麼要學他呢？」沉思了一下，老闆又說：「我知道了，你是說來我這邊吃豆腐的人少，是嗎？」董老師點點頭。老闆建議他一個月以後再來，看看是不是會有變化。

大概一個多月後，張記的門前居然真的排起了長隊。董老師很好奇，也排隊買了一碗。碗裡的豆腐和以前沒什麼兩樣，依然是稀稀的湯汁，吃起來，也是從前的味道。老闆臉上仍然掛著憨厚的微笑，董老師也笑著問：「能告訴我這其中的奧妙嗎？」老闆說：「其實，我和潘記的老闆是師兄弟。」董老師有些驚訝：「那你們同門做的豆腐怎麼不一樣呀？」老闆說：「是不一樣。我師兄──潘記做的豆腐確

實好，我確實比不上，但我的豆腐湯是加入好幾種大骨，再配上調料，經過十二個小時熬製而成的，師兄在這方面就不如我了。」

董老師還是有些不解，老闆繼續解釋：「這是師傅特意傳授給我們的。師傅說，生意要想做得長遠，就必須有自己的特長。師傅還告訴我們，『吃』的生意最難做，因為眾口難調，人的口味是會不斷變化的，即使是山珍海味，經常吃也會煩，因此師傅傳給我們不同的手藝。這樣，人們吃膩了師兄的結實豆腐，就會到我這裡來喝湯。時間長了，他們還會回到師兄那裡，再過一段時間，又會來我這裡。這樣，我們師兄弟的生意就能比較長遠地做下去，並且互不影響。」

董老師試探地問：「你難道就不想跟師兄學做豆腐嗎？」老闆卻說：「師傅告訴我們，能精通一件事就不容易了。有時候，你想樣樣精，結果樣樣差。」

不要試圖去抓住身邊的所有機會。目標是高山，找到選擇的道路直奔而上，就不要再觀望路旁的花朵，否則只會重複這山望著那山高的悲劇。

智慧品人生

人的精力和財力都是有限的，不可能面面俱到做好每一件事情。各個方向都出擊，不如明智地選擇退出其中的幾項，只專注地做好某一項。放棄其他是為了把一條路走得更遠。

第四章

以退為進 是一種更勝一籌的策略

不要把「退」視為一種單向思維，

「退」的實質是「進」，「退」不是懦弱，

更不是膚淺的一味苦苦相讓，

而是一種將目的、策略推向成功的有效方式。

1・獎賞四顆糖

在對別人進行教育的時候不能過於強硬，循循善誘，才能收到好的效果。

在教育心理學上有這樣一個理論：在對別人進行教育的時候不能過於強硬，循循善誘，才能收到好的效果。不論我們做什麼工作，經常需要面對一些情況，比如說服他人，給別人提出建議。什麼樣的方式比較好呢？下面一則故事告訴我們遇到這種情況該怎麼辦。

陶行知先生是二十世紀著名的人民教育家，他和魯迅一樣，是深受人民愛戴的教育改造家，是改革教育的旗手。他創造了適合中國國情的「生活教育理論體系」，其中內容包括「生活即教育」、「社會即學校」、「教學做合一」。與別人不同的是，他的教育方式常常反其道而行。

當年陶行知先生任育才學校的校長。一天，他看到一名男生用磚頭砸同學，遂將其制止，並責令他到校長室等候。

男孩站在校長室門口，心裡惴惴不安。他深知陶校長平時和藹，但遇到有違原則之事則是非常嚴厲的。想著想著，男孩扭著衣角的手已滲滿了汗。他咬了咬嘴唇，心想畢竟自己是事出有因，如果陶先生責備，就大聲把事實說出來，讓他評判。

陶先生回到辦公室，見男生已在等候。陶先生掏出一塊糖遞給他：「這是獎勵你的，因為你準時到了。」男孩愣住了，猶豫著該不該去接那塊糖。還未等作出反應，陶校長又掏出一塊糖給他：「這也是獎勵給你的，我不讓你打同學，你立即住手了，這說明你很尊重我。」男生本能地伸出手，半信半疑地

接過糖果，他還完全不明白發生了什麼。陶先生又說：「據瞭解，你打同學是因為他欺負女生，說明你有正義感。」陶先生遂掏出第三塊糖給他。這時男生恍然大悟，忍不住哭了：「校長，我錯了，同學就算不對，我也不能採取這種方式。」男生明白了，陶先生不是遲到，而是去瞭解事情的始末了。而且，陶先生從來沒有打算冤枉他。他淚眼婆娑地看見陶先生和藹的面孔揚起一絲微笑。這讓他羞愧地垂下了頭，狠抹了幾下眼淚。

陶先生又拿出第四塊糖說：「你已認錯，再獎你一塊，我們的談話也該結束了。」

就這樣，陶行知先生巧妙地用了四塊糖，讓一名犯了錯誤的孩子意識到了自己的錯誤。以退為進，循序漸進地對那個男生進行規勸，使得他不只是表面上屈服於老師的責備，承認自己的錯誤，更是從根本上認識到了自己的錯誤，這種教育方式很好地達到了教育的目的。

智慧品人生

批評不能直言不諱。就像魚入網，魚只知道一股勁地逆江水而上，碰到漁網也不後退，繼續遊，這樣一來，網就越收越緊，直到最後被網套得牢牢地不能脫身。適時而退、以退為進，從反方向入手，常常可以收到令人滿意的結果。

2・將目光鎖定在現在

能夠從別人的困局中跳出來，是一種了不起的本事，
但是跳出之後，能夠走出一條屬於自己的道路更了不起。

對我們來說，最重要的東西不是「得不到」和「已失去」，而是現在擁有。不要整日幻想「如果我有什麼多好」，而是要思考「現在我正擁有什麼」。與其幻想一些不實際的東西，不如好好計劃一下現在擁有的事物應該如何安排。

一位老和尚，身邊聚集一幫虔誠的弟子。這一天，他囑咐弟子每人去南山打一擔柴回來。弟子們便匆匆行走，當行至離山不遠的河邊時，人人目瞪口呆，只見洪水從山上奔瀉而下，休想渡河打柴了。無功而返，弟子們都有些垂頭喪氣。唯獨一個小和尚與師父坦然相對。師父問其故，小和尚從懷中掏出一個蘋果，遞給師父說：「過不了河，打不了柴，我也沒有辦法。不過我看見河邊有棵蘋果樹，就順手把樹上唯一的一顆蘋果摘來了。」後來，這位小和尚成了師父的衣缽傳人。

世上有走不完的路，也有過不了的河。過不了的河掉頭而回，也是一種智慧。但真正的智慧是還要在河邊做些可以做的事情：放飛思想的風箏，摘下一個「蘋果」。飽覽古今，抱定這樣一種生活信念的人，最終都實現了人生的突圍和超越。人之所以痛苦，在於捨棄了身邊已有的東西去追求一些遙不可及的夢。

能夠跳出困局，是一種了不起的本領；但是跳出之後，還能走出一條自己的路才是最了不起的。能做到這點，我們必須有的一個條件則是逆向思維，以退為進。看清眼前的形勢，開闊自己的思維，才能

走出自己的路，做真正的主宰者，主宰自己的事業，主宰自己的人生。

主修財經的凱洛琳，畢業之後來到一家證券公司當一名理專。但是不知道怎麼回事，部門主管總是看他不順眼。比如邀請大家下班後聚餐，總是落下他。凱洛琳給自己打氣的方式是，大吃喜愛的甜點，比主管和同事們還享受！主管要給他難堪，哪知他更得意！而主管分配給他的基金，老是冷門商品，很難有業績上的表現，他也不生氣，總是兢兢業業去完成。

後來他離開了那家證券公司，到了一家公司的行銷企劃部工作。企劃部的工作，他做起來如魚得水、遊刃有餘，不久便被提升為部門經理。而談到他在證券公司的工作時，他總是說：「還好他那樣對我，讓我得到了歷練，否則我現在只能作研究分析，真的謝謝他的造就。」

生活就是這樣，換個角度，你就是贏家。人的胸襟有多大，成就就有多大，知難而退並不是一件壞事，爭一時不如爭千秋。更何況，你怎麼知道上天的布局不是要讓你扛起更大的責任呢？忍一時之氣，反倒處處是出路，別把精神能量虛擲在不值得的人身上。

智慧品人生

知難而退是一種智慧，而後退的同時找到另外一條路，更是一種難能可貴的智慧。關鍵在於無論是退是進，都要找到適合自己通向彼岸的路。

3・藏器於身，待時而動

如果處在這種既被猜疑而又遭受忌恨的惡劣環境中，
絕對不可鋒芒畢露地刻意表現出自己的才華和節操。

在權力角逐中，任何時候都不能掉以輕心。即使你一直潔身自好，沒有什麼過失，也很難避免權力的爭鬥。因為有才德而又能淡泊明志的人，也有可能會遭受到那些熱衷於名利之人的懷疑；一個言行謹慎而處處檢點的真君子，難免會遭受邪惡之徒的嫉恨。所以，如果處在這種既被猜疑而又遭受忌恨的惡劣環境中，固然不可以改變自己的操守和志向，但也絕對不可鋒芒畢露地刻意表現出自己的才華和節操。

漢武帝時，丞相公孫弘年輕時家貧，後來位居丞相依然不改艱苦樸素的作風，生活上一直保持節儉，每餐只吃一道葷菜，睡覺依然蓋著普通的棉被。因此大臣汲黯向漢武帝參奏公孫弘，說他位列三公有豐厚的俸祿，卻依然每餐只吃一個葷菜，蓋最普通的棉被，實際上是沽名釣譽，為了騙取樸素廉明的美譽。

漢武帝便問公孫弘：「汲黯所說的都是真的嗎？」公孫弘沒有忙著為自己辯解，而是回答道：「汲黯所說的一點沒錯。滿朝大臣中，他與我交情最好，也最瞭解我。今天他當著眾人的面指責我，正是切中了我的要害。我位列三公而只蓋棉被，生活水準和普通百姓一樣，確實是故意裝得清廉以沽名釣譽。

如果不是汲黯忠心耿耿，陛下怎麼會聽到對我的這種批評呢？」

就這樣，公孫弘和汲黯兩個人的形象就鮮明地擺在漢武帝面前了，一個人來給清廉的人告狀，說他沽名釣譽；一個人直言不諱自己的做法，而且還誇讚對方忠誠。誰忠誰賢，已經很明瞭，不需要再進行

辯解。公孫弘這一招很厲害，不僅保全了自己，而且也使得汲黯的形象在漢武帝的眼中大打了折扣。本來在這場較量中，公孫弘是屬於防守的一方，但是他沒有正面地去保護自己，而是以退為進地承認自己的錯誤，實際上無形中已經將汲黯推向了嫉賢妒能的境地。這不僅攻擊了對手，而且無懈可擊。

在防範別人的時候，合理的退讓能發揮事半功倍的效果，在展示自己才華的時候也不應該急於求成。對於自己的才華，有時候是需要拿捏的，要運用一點賣弄的技巧，才能得到適當的待遇。

中庸之道是永恆的真理。面對別人的攻擊，不要急於為自己辯解，應先承認自己的所謂過錯，再委婉地證明自己的清白。施展才華的時候也不必鋒芒畢露，找好機會，才能更好地嶄露頭角。掌握好以退為進的本領才能永遠不被打倒。

4・欲速則不達

> 全力以赴，用最大的代價去爭取，有時並非明智之舉，棄而求次說不定更容易得到。

一名優秀的管理者總是求賢若渴的，但是廣納賢才也是一件很有學問的事情，有時候還需要一點迂迴婉轉的智慧。

西元前六五五年，秦穆公派公子縶到晉國代自己去求婚。晉獻公把大女兒許配給秦穆公，還送了一些奴僕作為陪嫁，其中包括虞國的亡國大夫百里奚。

百里奚很有才能。晉獻公本想重用他，但百里奚卻寧死不從。這次，有個大臣對晉獻公說：「百里奚不願做官，就讓他做個陪嫁的奴僕吧。」於是晉獻公決定把他作為陪嫁的奴隸送給秦穆公。

公子縶帶著百里奚等回秦國時，從道上百里奚卻偷偷逃走了。

秦穆公和晉獻公的大女兒結婚後，在陪嫁奴僕的名單中發現少了百里奚，就追問公子縶。公子縶說：「一個奴僕逃走了，沒什麼了不起。」朝中有個從晉國投奔過來的武士叫公孫枝，把百里奚介紹了一番，認為他是個了不起的賢才。於是，秦穆公一心想找到百里奚。

再說百里奚慌亂中逃到了楚國的邊境線上，被楚兵當做奸細抓了起來。百里奚說：「我是虞國人，有錢人家看牛的，國家滅亡了，只好出來逃難。」

楚兵見這個六、七十歲的老頭子一副老實相，不像個奸細，就把他留下來看牛。他還是有一套牧牛的本領，把牛養得很肥壯，大家給他送了個雅號——「放牛大王」。楚國的君主楚成王知道後，就叫他到南海去牧馬。

後來秦穆公總算打聽到百里奚的下落，準備了一份厚禮，想派人去請求楚成王把百里奚送到秦國來。公孫枝說：「這可萬萬使不得。楚國讓百里奚看馬，是因為不知他是個賢能之士。如果您用這麼貴重的禮物去換他回來，不就等於告訴楚王，你想重用百里奚嗎？那楚王還肯放他走嗎？」秦穆公問：「那你說怎樣弄他回來？」公孫枝答道：「應該按照現在一般奴僕的價錢，花五張羊皮把他贖回來。」

一位使者奉命去見楚王，說：「我們有個奴隸叫百里奚，他犯了法，躲到貴國來了，請讓我們把他

90

贖回去辦罪。」說著獻上五張黑色的上等羊皮。楚成王想都沒想，就命人把百里奚裝上囚車，讓秦國使者帶回去了。

百里奚拜見秦穆公後，秦穆公想請他當相國。百里奚推薦了自己的朋友蹇叔和蹇叔的兒子西乞術、白乙丙。秦穆公拜蹇叔為右相，拜百里奚為左相。沒多久，百里奚的兒子也投奔到秦國來，被秦穆公拜為將軍。此後，這些難得的賢士為秦國嘔心瀝血，殫精竭慮，秦國的勢力與日俱增。

秦國以五張羊皮卻換來五位賢人的事，從此成為千古佳話。

商業銷售或者談判中也有這種心理的較量，越是想得到的東西越不能顯示出自己想要的意圖，透過展開斡旋才能獲得更好的收益。

智慧品人生

全力以赴未必能得到圓滿的結果，做事情的時候，不要急於付出最大的努力，欲速則不達，有時更需要我們運用大腦的智慧，轉個小彎兒，才能得到最佳效果。

5・功成身退，天之道也

適時隱退，不僅是為自己找退路，更是人生新境界的開拓。

《老子》中講：「功成身退，天之道也」。很多時候人們就是不能明白這個道理，執迷於功名利祿，不肯放棄一些東西，這種人往往失去的將更多。縱觀歷史長河，我們會找到很多這類的正反例證。尤其是為人臣子者，所在的位置就決定了他們只是統治者利用的工具。中國有句古話：「狡兔死，走狗烹；飛鳥盡，良弓藏」。敵國破，謀臣自然也就沒有用了，而且越是足智多謀的謀士存在身邊，對於統治者更是一種威脅。不能主動退出的人，還能有什麼好的下場嗎？

就以人們所熟知的李斯為例，他憑藉過人的才華，為秦始皇定出吞併六國統一天下的大計，並付諸行動，幫助秦國在短短的十年時間裡就結束了春秋戰國時期的分裂狀況，建立了中國第一個統一的中央集權國家。秦國建立後，李斯被封為丞相，又透過建議以郡縣制代替分封制、統一文字、主持修建棧道等手段幫助秦國鞏固了統一的局面。

西元前二一○年，秦始皇死後，李斯為保全自己的既得利益，附和趙高偽造遺詔，立少子胡亥為帝。趙高篡權後又施展陰謀，誣陷李斯「謀反」，將其腰斬於市，並夷滅三族。在臨刑前，李斯對他的兒子講：「吾欲若復牽黃犬，逐狡兔，豈可得乎？」直到臨死前，李斯才終於明白了自己的錯誤，想重新過起貧民的生活，但是後悔太晚，已經是不可能的事了。

在治國方略上，李斯是個很厲害的政治家，但是他在自己生活路途選擇上，犯了一個巨大的錯誤，

不僅自己丟掉了性命，而且還連累三族。

在這方面，范蠡就比李斯要聰明得多。

范蠡追隨越王勾踐二十多年，苦其心志，運籌謀劃，終於幫助勾踐滅了吳國。勾踐稱霸諸侯後，范蠡也被封為將軍。但范蠡深知勾踐為人，只可同患難，不可共安樂，於是急流勇退，攜妻將子，揚帆過海，祕密離開了越國。范蠡輾轉到了齊國，改名換姓，自稱為鴟夷子皮，在海邊定居下來。從此，率子整治家業，開發經營。范蠡記得曾在會稽山上與另一位謀臣——計然說：「要打仗就要備戰，備戰就要與貨物打交道。只有知道貨物的生產季節和社會需求關係，才算是知道貨物。季節和需求關係能夠明確，則天下所有貨物的供需行情，就能夠看得清楚了。」計然給勾踐出過不少計謀，使戰敗的越國很快富了起來。

范蠡從中得到啟示：「計然的策略共有七項，越國只用了五項就能如願以償。他的策略對於治國行之有效，如果用於治家，我想必有收益。」范蠡依計而行，果然，沒多久，便累積了數十萬財產，富甲齊國。齊國人看他賢能，又善於理財，便請他出來為卿相。范蠡喟然長嘆：「在家能積聚千金，外出能官至卿相，對於普通人這是再高興不過的事了，但長久地享受這些尊榮和名聲並不吉利啊！」於是，他又辭了卿相，把大部分財產分給親朋好友和鄰里鄉黨，只隨身藏著些珍貴的珠寶，悄悄離開齊國，到達宋國的都城——陶。范蠡看到陶位於天下的中心，與諸侯各國四通八達，來往貨物都在此交易，認為此地經營很容易致富，便在陶定居下來，自稱陶朱公。從此，父子刻苦節儉，親自耕種畜牧，兼營商業。由於他們對商品的囤積或脫手，善於看準行情，把握時機，在販進賣出之中，獲取了豐厚的利潤，沒幾年，就累積了上億的家產，成為天下都知道的陶朱公了。

做人就應該像范蠡一樣，看清自己的位置，做出正確的抉擇。昔時和他一同輔佐勾踐的文種就不懂得功成而身退的道理，結果自刎。退與不退的不同選擇造成了范蠡和文種截然不同的兩種結局。人始終應該記得《老子》那句「功成身退」，適時引退，不僅是為自己找退路，更是人生新境界的起點。

功成身退，是多少人以血的代價為我們總結出的經驗教訓。千萬不能迷戀於功名利祿，被其所累。

該退時則退，才能保全自己，為自己開拓新的人生路作準備。

6・生活也是一場談判

進是一種目的，而退就是進的方法和技巧。以退為進，退則是進。

談判桌上唇槍舌劍的背後，實質是雙方利益需求的較量，是一場談判雙方的心理對抗。能夠坐在談判桌的雙方一定都有自己的利益需求。談判的關鍵則在於瞭解對方的利益需求，深入分析對方的形勢，這樣才能確定戰略安排，在談判中獲得更大的利益。

用「退出」來要脅對手以達到目的是常用的一種方法，但是有些人卻不太敢用這種方法，害怕生意會談不成。其實如果情況可以，採用這種方法不失為很不錯的方法。一定不要忘了你的對手肯和你坐在

談判桌上談，是因為對你有利益需求，不是來施捨的，一定不能把自己的地位放得太低。

美國一家航空公司想要建造一個航站樓，對為他們供電的電力公司提出優惠電價的要求，遭到電力公司的拒絕，談判一度陷入僵局，看似很難再進行下去。航空公司透過分析雙方的形勢以及對方的利益需求，明確電力公司談判的目的在於獲得最大的利潤，但是如果航空公司不找這家電力公司提供電力，電力公司將一點利益也不能獲得。

於是航空公司假裝要退出談判，並聲稱自己要建發電廠。電力公司眼見一筆到手的大生意就要泡湯，只好主動找航空公司商談，並答應給與優惠的電價。航空公司則憑藉此時自己的優勢地位，把價格一壓再壓。

以退為進是一種很好的談判方法，但是退與進的時機與方式是很難把握的。有的時候，談判中拒絕只是一種假象，實質上是為了打破談判的僵局，為自己在談判中贏得優勢，以獲得最大利潤。任何時候，退只是一種方法和技巧，「進」才是最終目的。以退為進的道理理解容易，但是實際操作起來卻存在一定難度。

美國前總統羅斯福在開鑿巴拿馬運河這件事上，就為我們樹立了以退為進的好榜樣。巴拿馬運河最初並不是由美國開鑿。十九世紀末，法國一家公司跟哥倫比亞政府簽訂了一份協定——於巴拿馬境內開鑿一條通往大西洋與太平洋的運河。由於對巴拿馬的地形不夠瞭解，工程進度十分緩慢，資金也開始短缺，公司陷入了窘境，只得把專案轉手。他們把目光投向了美國，因為美國一直想開鑿一條連通大西洋和太平洋的運河。在這種情形下，法國公司的代理人布里略訪問了美國，提出以一億美元的價格出售巴拿馬運河公司。面對這麼好的機會，美國人沒有急於簽訂契約，而是故作姿態，以壓低價格。時任美國

總統的羅斯福指使美國海峽運河委員會提出報告，證明在尼加拉瓜開鑿運河更省錢。因為在尼加拉瓜開鑿運河費用不到兩億美元，而巴拿馬運河的開鑿費用雖然只有一億美元，但加上另外要支付收購法國公司的費用後，全部支出達二點五億美元。從支出費用上來看，當然是在尼加拉瓜開鑿運河的想法，如果那樣，法國將一分錢也收不回來。於是主動提出削價出售，只要四千萬美元就可以了。

布里略看到這份報告後相當震驚，沒想到美國有在尼加拉瓜開鑿運河的想法，如果那樣，法國將一分錢也收不回來。於是主動提出削價出售，只要四千萬美元就可以了。

這樣羅斯福又故技重施，指使國會通過一個法案，規定美國政府如果不能在規定時間內與哥倫比亞政府達成協議，就不在巴拿馬開鑿運河，而轉向尼加拉瓜。

這樣一來，談判還沒開始，美方就掌握了絕對的優勢，哥倫比亞政府不得不主動找美國國務卿海約翰簽訂協定，同意以一百萬美元的價碼長期租給美國運河兩岸各寬三公里的「運河區」，美國每年需要另付十萬美元的租金。

羅斯福就這樣運用以退為進的謀略，輕而易舉地獲取了巴拿馬運河的開鑿和使用權。有的時候，也許在談判中我們並不屬於具優勢的一方，但是只要善於謀略，瞭解對方的利益要求，也能巧妙地運用以退為進的方法。

智慧品人生

許多時候，我們不是真的坐在談判桌旁，但實質上這也是一種談判。這時我們不需要急於與對方達成共識，一定要沉得住氣。巧妙地運用以退為進，才能取得優勢的地位，獲得更大的利益。

7．給別人留個缺口

留個缺口給他人，並不說明自己的能力不強。

實際上，這是一種管理的智慧，是一種更高層次且全面性的圓滿。

管理學上有這樣一個小故事：

要買鸚鵡的人，看到店內一隻鸚鵡前的標牌上寫道：此鸚鵡會兩種語言，售價二百元。另一隻鸚鵡的標牌則是：此鸚鵡會四種語言，售價四百元。該買哪隻呢？兩隻都毛色光鮮，非常靈活可愛。這人一直猶豫不決，拿不定主意。結果突然發現一隻老又掉牙的鸚鵡，毛色暗淡散亂，標價八百元。這人趕緊將老闆叫來問道：「這隻鸚鵡是不是會說八種語言？」店主說：「不。」這人奇怪地問：「那為什麼又老又醜，又沒有能力的這隻鸚鵡會值這個價格呢？」店主回答：「因為另外兩隻鸚鵡叫這隻鸚鵡『老闆』。」

這故事告訴我們，真正的領導者，不一定自己能力有多強，只要懂信任，懂放權，就能團結比自己更強的力量，從而提升自己的身價。相反許多能力非常強的人卻因為過於追求完美，事必躬親，覺得什麼人都不如自己，最後只能做最好的公關人員、銷售代表，成不了優秀的領導者。

雖是一個小小的笑話，卻意味深長，讓人不禁想到什麼是管理？怎樣才是一個好的管理者？一個知名的管理學教授曾經說過，現在有一個很普遍的現象：大公司裡的老總往往只是一個具有大學本科系學歷的人，而他公司裡的員工則很多具有碩士學歷，甚至還有的是博士學歷。為什麼呢？因為一個好的管理者不等於一個研發專家，也不需要太高的專業技能，只需瞭解一般的基本知識就夠用了。一個管理者

真正需要的技能是如何激發員工的潛能，讓員工的能力最大限度地發揮。

一位著名企業家演講，台下聽眾問：「您在事業上取得了巨大的成功，請問，對您來說，最重要的是什麼？」

企業家沒有直接回答，他拿起粉筆在黑板上畫了一個圈，但並沒有畫圓滿，而是留下一個缺口。他反問道：「這是什麼？」

「零」、「圈」、「未完成的事業」、「成功」，台下的聽眾七嘴八舌地答道。

他對這些回答未置可否：「其實，這只是一個未畫完整的句號。你們問我為什麼會取得輝煌的業績，道理很簡單：我不會把事情做得很圓滿，就像畫個句號，一定要留個缺口，讓我的下屬去填滿它。」

留個缺口給他人，是一種管理的智慧，是一種更高層次且全面性的圓滿。事必躬親的人不能成為一個好的領導人，激發別人的積極性也不是一件容易的事情，要講究方法，留點事情給別人做，才能讓你領導下的員工充分感覺到自己存在的價值，從而鼓舞他們的工作潛力。

智慧品人生

管理是門藝術。管理者成功的關鍵不在於自己能力的展示，而在於如何激勵其他人的積極性，並將其凝聚在一起。鼓舞別人的積極性的最好方法是使員工體認自己工作的價值，適當地給你的員工多一些表現的機會吧！

8・古董花瓶的障礙

夫妻生活中最重要的是「退讓」，懂得退讓的家庭，才能過得美滿。

有人說，世界上最不講理的地方就是家裡，即使你在職場上能夠呼風喚雨，也有可能對家庭夫妻關係的處理感到無可奈何。其實在夫妻的生活中最重要的是寬容退讓，夫妻天天在一起，意見難免有分歧，沒有相互之間的寬容，沒有理解，捨不得讓步是很難相處融洽的。懂得退讓的家庭，才能過得美滿。

一對恩愛的夫妻得到妻子的姨母的饋贈，那是一個維多利亞女王時代的名貴花瓶，據說是「亨利九世」的遺物。在丈夫的眼裡，這個花瓶看來平凡不過，可是妻子卻一口咬定那是她的傳家之寶。

他覺得那東西的顏色刺眼極了，但她卻說這樣才夠鮮豔好看。別的暫且不論，問題是那花瓶實在是太大了。妻子堅持要把它擺在最顯眼的地方，由於任何一個角落都放不下，結果只得把它放在客廳的正中央——一張大而矮的咖啡桌上面。

夫妻倆的和睦生活被打破了。那東西似乎把屋子裡的其他一切都掩蓋掉了，更影響了夫妻間的關係。每天晚飯後都要為那花瓶大吵一頓。

丈夫是一個有頭腦的人。他是一家公司的經理，手下有無數員工，每天都要決定很多事情。在商場上他是曉得發號施令、獎勵推銷、評估市場的，顯得八面玲瓏，但是對家裡這種情況卻是一籌莫展了。

因此他決定暫施緩兵之計，然後再謀對策。他把關於花瓶擺放的情形推敲了一番之後，終於心生一計。

一天晚上他回到家裡，提議要把客廳的布置重新改換一下。「噢，不，不，不能這樣！」妻子馬上

智慧品人生

說，「你的詭計我全都知道，我絕不會把花瓶挪開的！那是我們的傳家之寶，想買都買不到……」她連珠

炮似地一直說下去。丈夫的態度卻出乎她意料：「好吧，親愛的，我讓步。就把花瓶留在原來的位置上

好了，我們改換四周的擺設吧！」

妻子頗喜歡把家具搬過來搬過去的。兩人都覺得這是一件好玩的事。

這對夫妻都非常熱愛家庭，把家裡布置得很漂亮。彼此之間的感情也非常好。他們最快樂的時光就

是吃過晚飯後兩人坐在一起看書、聊天，有時手拉著手，有時則不做聲，享受片刻甯謐，有時則彼此分

享白天所遇的大大小小事。

丈夫故意把他自己的靠椅和妻子所坐的沙發椅成正面對放，而中間就隔著那個大花瓶。

妻子常喜歡一邊看書一邊問：「親愛的，你有沒有看過關於……」現在她必須要伸長脖子看看他是

不是在聽著。而他呢？也把脖子伸得長長的，表示他正在仔細傾聽呢！

有時他們其中一個會走到對方那兒，去拉拉對方的手。曾經有好幾次，由於手上正拿著報紙或其他

緣故，妻子的寶貝古董差點砸破了。幾個星期後的一天，丈夫回到家裡，發現花瓶已經被移到飯廳地板

上的一個角落，夫妻倆的生活又重歸平靜。

聰明的丈夫透過婉轉的方式，讓妻子感受到了那個所謂的「古董花瓶」給他們生活帶來的不便。妻

子也是適可而止，明白他們夫妻間存在的問題，意識到了自己的錯誤，並及時做出退讓，最終得以讓夫

妻間的關係又重回到了以前的幸福時光。

這真是一位聰明又通情達理的丈夫，既照顧到妻子的心情，又更正了她不太合適的做法。夫妻間有時也需要以退來尋求解決問題的方法，這樣既不破壞感情還可以讓生活更加愉悅融洽。在婚姻生活裡，也許今天做個讓步，明天你便能如願以償呢！

9・善戰者，亦守亦能攻

善戰者，熟練於防守和進攻雙層戰略。亦守，亦攻，靈活地採用迂迴戰略方能取勝。

《孫子兵法》云：昔之善戰者，先為不可勝，以待敵之可勝。不可勝在己，可勝在敵。故善戰者，能為不可勝，不能使敵必可勝。故曰，勝可知，而不可為。

這段話是說，善於作戰的人，先要做到不被敵人戰勝，然後等待時機戰勝敵人。不被敵人戰勝的主動權操縱在自己手中，能否戰勝敵人則在於敵人是否有隙可乘。所以，善於作戰的人，能夠做到自己不被敵人戰勝，但不能絕對保證自己一定會戰勝敵人。所以說，勝利可以預知，但並不能強求。

我們來看中國「蒙牛」起家的案例。當初蒙牛老總牛根生拿出三百多萬元在呼和浩特進行廣告宣傳，在當時這是一筆大錢，目的是讓呼和浩特的大街小巷在一夜之間冒出「蒙牛」的燈箱廣告。但沒過幾天，四十多個燈箱廣告又在一夜之間被人毀壞。明眼人一想就知道是誰做的，但是牛根生並沒有將問題嚴重化。

因為當時，蒙牛乳製品市場站穩腳跟。蒙牛市場啟動資金畢竟只有一千三百多萬元，在伊利、興發這兩個資本大鱷面前顯得非常弱小。從競爭層面看，若興發和伊利聯手幹掉蒙牛，是完全可能的。即使伊利只跺跺腳，蒙牛也可能東倒西歪，事實上已經出現過蒙牛的奶車被攔截的事情。牛根生知道此時採取以退為進策略，保存實力最重要。他開始幫別人打廣告，在冰淇淋的包裝上，打出：「為民族工業爭氣，向伊利學習」；有的看板上寫著「千里草原騰起伊利、興發、蒙牛乳業」。蒙牛為伊利和興發免費做廣告，實際上也是為自己做廣告，巧妙地將自己和伊利、興發這兩大公司放在一水準之上，既防止了兩敗俱傷，又提升了自己的知名度和競爭實力。別人對他們的善意行為又怎能忍心去「扼殺」呢？

某家報紙上也刊登了這樣一個很值得借鑑、思考的故事：一個大城市的繁華地段，不僅是成熟商業區，還是客流量最大的地段之一。而在這繁華之地卻有一座三層高的破舊樓房，立在那裡非常醒目，也很不協調。有一天主人在這個樓房的門口上貼了一則招租啟事：欲將這幢樓整棟出租，年租金四十萬，租金一次交清。而有位王先生路過此處看到了這一啟事，他清楚地知道在這繁華地段擁有一個店面，就意謂著擁有了一棵搖錢樹。但他又被那昂貴的租金、苛刻的付款方式困住了。此時，他很想把它租下來，但他只有八萬元，只是年租金的五分之一。一般人想到此就會退縮了，而他卻透過努力實現了自己的願望，還大大賺了一筆。

王先生很有頭腦，是一個經歷十分豐富又敢於冒險的人。此時他想到了一個富翁致富的故事：這個富翁以前是靠賣芝麻糕發家的，他把一塊錢一斤的糖與一塊多錢一斤的芝麻合起來製成芝麻糕，以四塊多錢一斤的價格賣出去，每賣一斤芝麻糕他就能賺幾倍於成本的錢。最後，他就是靠一斤一斤的賣芝麻糕的方式發財。這個故事對王先生很有啟發，他決定模仿這個富翁的發財方法冒險一試。

他找到房東，好說歹說，說服了房東給他六十天的期限，先把五萬元錢交給房東作為訂金，並簽訂

協議書，規定：「六十天內，他把除了訂金外剩餘的年租金交齊，若六十天內拿不出租金，房東沒收訂金，房子另租他人。」「六十天內」，他知道這樣會有很大的風險，但是他對自己有信心，因為他有一套方案：

房屋租賃協議簽訂後，他馬上來到一家裝潢公司，又與其簽訂了一項協議，即裝潢公司在二十五天內按他的設計把房子裝潢一新，他先付少量訂金，六十天後，付清全部裝潢費。

接著，他憑著租賃協議和裝潢協議，與八家商場簽訂了賒銷協議，又以賒賬的方式購置了地毯、桌椅、廚房用具等等，其價值和裝潢費用共達六十萬元。裝修後的樓房，已變得富麗堂皇，非常美觀，宛如一間具規模商務旅館。

與此同時，他四處張貼招租廣告，在不到二十天的時間，已有十多位有意者前來洽談。最終，他以一百四十萬的價格轉租出去。這樣，在短短的四十五天，他就透過自己做的「芝麻糕」方案，淨賺三十多萬元。他的冒險計畫成功了。他先接受了房東高價位的租金，然後巧妙採取措施，尋找新的突破口，應對這一筆數目不小的租金。他的聰明才智讓人敬佩。

其實，人生本該如此，當你遇到困難或者阻礙你前行的障礙物時，就應該學會多手準備，攻、守、防等各種迂迴戰術並用，才能贏得一場勝利。

智慧品人生

有頭腦的人不會放過任何一次機會。正如《窮爸爸‧富爸爸》裡所說，我們不是缺錢，我們是缺少一顆思考的腦袋和一種果敢的行動。一個人的財富不是看他現在手中有多少錢，而是看他會不會用別人（銀行、商場、他人等）的錢為自己賺錢。你要用靈活的頭腦讓資金流轉，讓他人為你賺錢。

10・低起點，高跳板

往低處走並不意謂著委曲求全、窩窩囊囊，而是一種力量的積蓄，一種能力的磨煉。起點定得低一些，將是你走向更高地方的最佳跳板。

俗話說，人往高處走，水往低處流。但是，「上山容易下山難」也同樣是許多人的思維定式。對於職場的求職者來說也是如此，似乎成了大家無法逾越的心理障礙。大學畢業要是做高職生的工作，就覺得自己委屈了；上一份工作月薪是三萬元，下一份工作就絕對不能低於三萬元。於是，找來找去，挑挑揀揀，總也沒有適合自己的。長此以往，不僅好工作沒找到，連個起碼養活自己的工作都沒著落了。曾經有一位大學生畢業後考專業證照兩年都沒考上，然後找工作找了半年也沒找到合適的工作，於是乾脆不找了，打算接著考研究所。這樣躲避就業的人現實中大有人在。

所以，在此建議那些正在努力尋找工作的朋友們：不妨先往低處走走。當然，往低處走走並不意謂著委曲求全、屈就自己，而是一種力量的積蓄，一種能力的磨煉。這或許會成為你走向更好的一塊跳板。

一位職前培訓班的老師把時下大學生求職進行了一個形象的分類：一類為「低頭求職」，另一類為「仰頭求職」。老師講，「低頭求職」比較容易找到工作，「仰頭求職」很難找到工作。

「低頭」和「仰頭」，是老師打的一個形象比喻，實質上代表了不同求職者的心態。其實，這個比喻正點到了時下大學生求職的要害之處。眼睛向下看，「低著頭」求職，一時不求高攀，鍛煉到了一定時候再往上走，這樣找工作，而且有上升空間。反之，眼睛向上看，「仰著頭」求職，就是高眼光向上求職，一般的工作看不上，這樣找工作，自然就很難找到合適的了。

這個形象的比喻也給我們啟迪：大學生應該用什麼樣的心態去求職才容易成功。當前，人才市場供大於求，用人單位無不想花最少的錢，找到最好的人才。作為求職者，要想找到工作，最有效的辦法就是「低著頭」求職，一旦進去，發現你是人才，公司才會重點培養。

我們每個人都希望找一份理想的工作，並且能一舉成功、一步到位，而非一波三折或南轅北轍。但是，現實很難盡如人意。求職時，可能會面對許多挫折，好不容易找到一家肯「收留」的單位，而提供的職位卻「專業不相符」，或者不合你心意，還有可能在工作條件、工作環境方面有諸多令你不滿意的地方。所有這些都是可能發生的。當你遇到這些狀況時，怎麼辦？是灰心喪氣，還是自強不息？是聽天由命，還是勇往直前？路在腳下，你的命運就在你自己手中。

以下有個例子，阿輝從某國立大學人力資源發展學系畢業後，謀到一份滿意的工作——在一家知名金融企業的人力資源部當職員。專業相符，薪水較高，阿輝十分滿意。他工作賣力，逐漸獲得了同事和上司的認可。為此，他還很開心地為自己做起了職業規畫：專員、主管、經理，在自己的專業領域不斷向上。

不久，總部為加強市場銷售力量，決定抽調部分員工充實基層一線，阿輝也被列入「下級基層」名單。一時間，阿輝沒了方向，他壓根沒想過做銷售，覺得這工作不是他的理想職業。自己設想的人力資源經理職業發展規畫將被打亂，阿輝有點慌張了。

考慮再三，他決定先做做再說。到基層單位後不久，阿輝就承擔起了重任，擔任一個銷售團隊的負責人。很快，他善於溝通的能力贏得了銷售團隊的信任，工作局面也漸漸打開。整個團隊不僅完成了銷售任務，還成了公司上下學習的榜樣，阿輝感到很受鼓舞。

11・順水行舟，不與逆流相較量

> 「當我計算的問題使我陷入困境的時候，我會考慮將解題步驟回溯，直到我認為在某一步驟我的理由充分時，我便在這個基礎上繼續前進。」——中國現代著名數學家　華羅庚

智慧品人生

常言道：思路決定出路。「低頭」求職，以退為進，有利於求職成功。求職時遇到彎路，豈能因此歇步。只要奮勇向前，光明必然永駐。

「低頭」和「仰頭」，反映的是兩種不同的求職思路，也導致兩種不同結果。

其實，職業規畫是單位和個人雙方的事。一個負責任的單位，要發現和培養有潛力的新人，為他們做好職業生涯規畫。對於職場新人，一旦認準了這家公司，就要學會把個人目標放在企業目標的大座標下考慮，不斷調整個人的職業規畫，以謀求個人的最大發展空間。

之後的阿輝，不再像剛來時那樣患得患失，他對自己的職業發展規畫有了更全面的認識，不僅只盯著人力資源經理的方向，他發現自己的路越來越寬了。幾年過去了，阿輝受到公司高層關注，成為中層幹部後補人選，公司已經開始幫助他制訂更有針對性的職業規畫了。

很多人都有一種危機感，因為這是一個資訊飛快交換、商品經濟高度發展的年代，我們在擁有更多機遇的同時也正面臨更多的挑戰。在適者生存的自然法則下，要想安逸地生存下來，一味蠻幹是行不通的。

暴風雨中，那些看似柔弱的小草能存活下來，因為它們學會了屈就；而那些一味頑強抵抗的大樹，則大多折斷了腰，因為條件不允許他們變通。乘風破浪者，我們會覺得他是勇者，但犧牲太大，甚而有生命危險；而那些順水行舟，懂得「以退為進」的人，保存了實力，以圖再進，才是真正的難能可貴！

面對湍急的逆流，是選擇乘風破浪、與逆流較量到底，還是選擇以退為進、待從頭收拾舊山河呢？乘風破浪以對逆流，勢必險阻繁多、步履維艱，在逆流中忍受風浪，也很可能是原地踏步。如果一不小心遭遇惡浪，弄得舟毀人亡，最終費力事不成，只能空嘆息，豈不是得不償失、因進反退！所以，逆水行舟，不要因「不進則退」而懊惱，「以退為進」才是處世之道。

在生活中，有些人是很自負、很自傲的，有時候正是這種高傲讓他們不會選擇退讓，因而總是屢屢吃虧。萬事萬物有其自然的流向，如果我們過分專注於想要的東西，有時會因功利性太強，得而復失。

就像有人找丈夫，一輩子都渴望一位白馬王子的出現，達不到要求誓不出嫁，結果盼到三、四十歲還是孤身一人，寂寞淒涼，其實是自己給自己設下的障礙。有時放低點要求和企望，不那麼苛刻和追求完美，或許，愛和幸福就在身邊。因此，低調些更讓人覺得是寬容，讓人覺得尊敬。

生活就是這樣，當你確實很賣力、很用心在維護和做某些事情的時候，往往會被忽略和漠視，更有可能達不到目標；當你與世無爭，默默地去做時，不知不覺中就可能達到了目標，別人反而覺得你情操高尚，有涵養有追求。

愛因斯坦是舉世聞名的科學巨匠，取得了二十世紀最偉大的科學成就。但是，他年輕時也曾有為求職而苦惱和奔波的經歷，可給我們做為借鏡。

一九○○年，愛因斯坦從蘇黎世聯邦理工學院畢業。他一封又一封地向外發出求職信，渴望謀求一個大學助教的職位。然而，他卻一次又一次地失望。最後，他甚至不挑不揀了，隨便幹什麼都行，只要能維持生活，可是依然到處碰壁。

在幾乎絕望的時候，老同學馬塞爾‧格羅斯曼給愛因斯坦帶來了好消息。馬塞爾的父親認識伯恩的專利局人士，願意推薦愛因斯坦擔任一個即將設立的新專利審查員的職務。

喜出望外的愛因斯坦匆匆趕往伯恩。在那裡，他一邊打零工，當家庭教師，一邊等通知信。過了好長一段時間，愛因斯坦才得以在專利局上班。新專利局審查員的工作並非愛因斯坦理想的工作，但是，為了生存，他接受了這個現實。愛因斯坦每天快捷地處理完手頭的事情，還能省出大量空餘時間，用來思考自己鍾情的物理問題。他分秒必爭、如饑似渴，不時地在廢紙片上塗寫著各種複雜的物理公式。當上司走過來時，愛因斯坦立刻機敏地裝著在做那些早已做完的工作。上司滿意地微笑著走開，他又忘我地遨遊於神祕的物理王國。

一九○五年，愛因斯坦在德國物理學年鑑上發表了五篇論文。其中三篇都是劃時代的科學成就。關於光電效應的論文使愛因斯坦在一九二一年獲得諾貝爾物理學獎，「論動體的電動力學」則提出了相對論，開創了物理學的新紀元。

誰能想到，這些輝煌的成果竟出自伯恩專利局一個默默無聞的小辦事員之手。直到一九○八年十月，愛因斯坦才終於在母校蘇黎世聯邦理工學院得到一個編外助教的職位。次年，成為副教授，有了一

個「正規」的名分。直到這時，愛因斯坦在求職的道路上總算有了理想的歸宿。一九一二年，愛因斯坦被聘為教授。一年後，他擔任了新成立的威廉皇帝物理所所長和柏林洪堡大學教授。

消極於事無補，如果把精力集中在行為上，放在你可以做成的事上，反而會加強行為的力量。據說中國著名的數學家華羅庚曾經對身邊的人講述其攻克難題的方法：「當我計算的問題使我陷入困境的時候，我會考慮將解題步驟回溯，直到我認為在某一步驟我的理由充分時，我便在這個基礎上繼續前進。」

在人生的路上，我們會碰到很多問題，有很多事情不知道從哪一件開始著手，這時候，通常需要我們改變一些方法。既然一次不能做所有的事，那麼你就每次處理其中一個，並且是最拿手最有把握的那個。還有的時候，你和對手各自的需要不一樣，無法達成共識，你無須退也無須進，只要靜下心來思考，共同商量解決之道就可以了，當共同利益或條件成熟時再站在一起行動。這種什麼也不做其實也是一種退讓、低調策略，是無聲勝有聲的方法。

智慧品人生

面臨逆境時，如果一味直上並非上策，而後退一步可能有很大的迴旋餘地。逆水行舟，懂得「以退為進」，保存實力，以圖再進，才是真正的難能可貴！

12・捨小利才能逐大利

商人經商的目的是為了賺錢，但並不是只關注眼前的利益，更不是唯利是圖，而是需要更長久、更有遠見的目標。

很多人一生忙忙碌碌，卻只能守著自己有限的資產默默度日，一輩子都在算計著自己的那些蠅頭小利，卻不能成為一個富翁。為什麼會這樣呢？關鍵在於他們抗拒不了這些蠅頭小利的誘惑。真正能在生意場上創造龐大財富的人，絕不會貪圖一時的小利。

曾被《富比士》雜誌列為中國富豪榜的正泰集團老總南存輝其創業之初，和幾個朋友湊錢在小破屋裡，建起了一個作坊式的求精開關廠。當時中國溫州正處於變壓器的創業大潮中，因為產品的銷路很好，所以根本沒有人注重品質。而南存輝卻堅持精益求精，不貪圖眼前的一時小利。因為南存輝知道，做生意不是賺一時的小利，更要注重長遠的發展，否則只能是窮途末路。

據南存輝自己講，父親因傷臥床在家，十三歲他就子承父業，做了一名修鞋匠。年紀小小的他，只能憑藉手腳快一點，品質好一點來贏得更多的固定客源。有一次，他在修鞋的時候，不小心把錐子紮進手指裡，頓時鮮血滲了出來，他用紙把手指簡單地包紮了一下，不顧疼痛，繼續為顧客修鞋。憑藉始終堅持品質原則和為顧客著想的精神，他的修鞋生意日漸興盛。

在總結事業成功的經驗時，南存輝說，品質好才能留得住顧客。任何時候，都不能賺黑心錢。正是憑藉這樣的戰略眼光，一個只有國中學歷的人，登上了富比士富豪榜。商人經商的目的是為了賺錢，但是不代表唯利是圖，不是只追求眼前的利益，而是有更長遠的目標。有的時候，不僅僅是商業上的成敗

問題，更是一個人的人生意義問題。

美國亨氏食品公司（H. J. Heinz Company，通稱 Heinz）創辦人亨利・約翰・亨氏先生（Henry John Heinz），無意中在化學鑑定的報告上發現，在食品生產時，為了發揮保鮮作用，一個極為重要的添加劑居然有毒，儘管毒性不大，但是如果長期食用，對人體還是有很大的危害。

要不要公布這一消息成了擺在亨氏先生面前的一大難題。如果悄悄地取消這種添加劑的使用，就會影響到食品的鮮度。如果繼續使用這種添加劑，還可以把自己的生意做下去，但是對於商品的消費者來講，就會因為長期的食用這種有毒的添加劑而對身體產生不良影響，危害人體的健康。倘若將這一消息公布於眾，則會引起同行們的強烈反對。

透過深思熟慮，亨氏先生毅然決然地向社會公布了這一消息。然而形勢比他原本想的還要糟。所有從事食品加工業的企業，聯合起來使用一切手段，報復亨氏的行為。他們僱人在電視、廣播等各種媒介上，撰寫文章，發表演說，指責亨氏先生危言聳聽，目的在於透過壓低別人抬高自己的企業。不僅如此，眾多的食品加工企業，聯合起來開展廉價大傾銷，共同抵制亨氏食品公司的產品。亨氏食品公司不得不透過降低產量，裁減員工等手段來繼續維持公司的運行。

這場「戰爭」持續了四年之久，亨氏食品公司被擠到了瀕臨破產的邊緣。但是亨氏先生一直沒有後悔自己的抉擇。如果食品加工企業不採取新的方法來保持食品的鮮度，只能將整個食品加工業推上絕路。果不其然，他的舉措得到了美國政府的認可，並得到了資金的支援。亨氏食品公司終於研發出不用有毒害的添加劑的方法來保持食品的鮮度。這四年的堅持，不僅使亨氏得到了政府的支持，也使得亨氏成了美國家喻戶曉的放心品牌。亨氏公司的產品也成

13‧鷹立如眠，虎行似病

> 學會用以退為進的方法來掩藏自己的真實意圖，可以使達到目的的過程變得更簡單。

《菜根譚》講：鷹立如眠，虎行似病，正是它攫人噬人的手段處。故君子要聰明不露，才華不逞，才有肩鴻任鉅的力量。意思是說，老鷹站在那裡像睡著了，老虎走路時像有病的樣子，這就是牠們準備捉人吃人前的手段。所以一個真正具有才德的君子要做到不炫耀，不顯露才華，如此才有培養出肩負重

智慧品人生

作為商人最直接的目的，就是追求利潤，但並不是唯一是圖。一個成功的商人應該時刻保持戰略家的卓識遠見。在一定的時候，不得不捨棄眼前的利益，應該果斷地做出抉擇。

為市場上的熱銷貨。在極短時間內，公司不僅恢復了元氣，而且規模還擴大了兩倍。亨氏也逐漸成為美國食品加工業的龍頭企業，長久穩居同類商品銷售榜首。

作為一個成功的商人，不僅僅要有投資的智慧，更應該有抗拒金錢誘惑的能力，始終保持高端的戰略眼光，不被一時的小利蒙蔽住自己的眼睛。我們必須清楚地看到抉擇的方向決定抉擇的成效，不要一味地追求眼前的利益而犧牲大局。該捨得的時候，就應該放下，做大事，必定要有所捨棄。

大使命的力量。「鷹立如眠，虎行似病」不單單講的是用麻痺敵人的辦法來取得成功，更是一種做事的態度。做任何事都不能急於求成。學會用以退為進的方法來掩藏自己的真實意圖，可以使通往成功的過程變得更簡單。

一次，一家公司派來一位新經理，據說是個能人，專門被派來整頓業務。可是日子一天天過去，新經理卻毫無作為，每天彬彬有禮進辦公室，便躲在裡面難得出門。那些本來緊張得要死的壞分子，現在反而更狷獗了。「他哪裡是個能人嘛！根本是個老好人，比以前的經理更容易唬！」

四個月過去，就在大家為新經理的所作所為感到失望的時候，新經理卻發威了——壞分子一律開除，能人則獲得晉升。下手之快，斷事之準，與四個月前表現保守的他，簡直像是全然換了個人。

年終聚餐時，新經理在酒過三巡之後致詞：「相信大家對我新到任期間的表現，和後來的大刀闊斧，一定感到不解，現在聽我說個故事，各位就明白了。我有位朋友，買了棟附帶大院的房子，他一搬進去，就將那院子全面整頓，雜草樹一律清除，改種自己新買的花卉。某日原先的屋主來訪，進門大吃一驚地問：『那最名貴的牡丹哪裡去了？』我這位朋友才發現，他竟然把牡丹當雜草給鏟了。後來他又買了一棟房子，雖然院子更是雜亂，但他卻按兵不動，果然冬天以為是雜樹的植物，春天裡開了繁花；春天以為是野草的，夏天裡成了錦簇；半年都沒有動靜的小樹，秋天居然紅了葉。直到暮秋，他才真正認清哪些是無用的植物，大力剷除，並使所有珍貴的草木得以保存。」

說到這兒，經理舉起杯來：「讓我敬在座的每一位，因為如果這辦公室是個花園，你們就都是其間的珍木，珍木不可能一年到頭開花結果，只有經過長期的觀察才認得出啊！」

就這樣，這位新來的經理，先給人一種裝作什麼也看不見的感覺，慢慢地讓手下的這些人暴露最真

實的一面。如果一開始，這位經理就擺出一幅嚴厲的面孔，那麼大家就會都表現得很好，要等那些人暴露出真實的一面恐怕就沒那麼容易了。

不要以為兇猛的野獸就一直都是張牙舞爪的，只有懂得偽裝自己的野獸才是最厲害的。不要總是把你的意圖擺在明顯的位置，那樣只能讓對手加強防範。不如採取以退為進的方式，掩蓋自己的真實意圖，你會發現，這樣成功的過程就簡單多了。

14．成功不是直行路

成功不是一條直行路，有時雙眼緊盯著目標更容易走偏。

有句話叫做「事與願違」，不能成功並不一定就是因為我們不夠努力，更不是因為這件事是不可能完成的，而是因為我們常常找不到做這件事情合適的方法。成功不是一條直行路，有時雙眼緊盯著目標更容易走偏。

一個新來不久的幼稚園老師，一天走進教室的時候，發現紙簍倒在地上，紙屑漫天飛舞。可是，孩子們卻無動於衷，依舊嬉鬧著。她覺得孩子們的這種做法很不好，應該教育一下，告訴他們這樣是不對

的。於是她把在玩耍的孩子們都叫了過來，開始施展老師的威風，嚴厲地教育了這些小孩子。聽了她的

一頓教訓之後，孩子們仍然無動於衷，但在老師的監督下，小朋友們才把紙簍扶了起來，把垃圾收拾掉

了。老師心滿意足地走了，以為孩子們會知道以後該怎麼樣做了。

過了兩天，這個老師走進教室的時候，發現紙簍又倒在地上，紙屑依舊漫天飛舞，孩子們還是在一

旁玩遊戲。看到這個場面老師覺得很失望，她不明白為什麼教育過這些孩子，他們還不知道自己的行為

是錯誤的，甚至開始懷疑自己的工作是不是有意義。

於是，她找到一個在這個幼稚園工作了很久的老師聊天，向她講述了這件事情和自己心中的苦惱。

那個老師微笑著說：「我去看看那些調皮的小東西。」然後她們兩個一起來到了教室。上課了，師生問

好後，老師轉身在黑板上寫下「紙簍哭了」四個大字，孩子們一臉茫然地望著她。老師心平氣和地對孩

子們說：「當你們興致勃勃地玩耍時，有誰關心過角落裡的紙簍？」話音未落，教室裡所有的目光都投

向了教室門口的那個角落。

「一個調皮的男孩子把紙簍踢倒後，頭也不回地離開教室時，假如你就是那受傷的紙簍，會想些什

麼？說些什麼呢？你們看，紙簍無聲地跌倒在地面上，正在傷心地哭泣著。」老師接著講道。

孩子們天真的臉上露出了淡淡的傷感，老師不再多言，而是請他們自己說一說。討論聲此起彼伏。

「要是我是紙簍，多傷心啊！我一天到晚都陪伴著小朋友，是大家形影不離的好夥伴，可是，我漸漸地成

了大家的廢物收購站，每天，衣服上都沾滿了灰塵，有誰來幫我清潔過？」

說著說著，一個孩子突然跑了出來，默默地把紙簍慢慢地扶了起來。這個孩子沒有直接回座位，而

是一臉嚴肅地說：「紙簍是我們的好朋友，我們要好好地保護它！」頓時，短暫的沉默之後，教室裡爆

發出熱烈的掌聲。

這時，站在外面觀望的那個老師，會意地微微一笑，她終於明白，不是這些孩子們不懂道理，而是自己講道理的方式錯了。對幼兒的教育要基於兒童的特點，不能強硬地給他們講道理。做事情的時候，並不是一定能達到想要的結果，直奔目標不一定就能到達。

智慧品人生

當我們不得不面對「事與願違」的無奈，不要急於抱怨或者灰心喪氣，想想自己的方法是否得當。

你會發現有可能不是因為不夠努力，而是你太努力了。

15・智慧藏在腦袋裡就好

做人一定不可太過狂傲，應該明事理，知進退。

有人評價韓信的一生是「成也蕭何，敗也蕭何」，無論是成功還是失敗，韓信一生的傳奇是自己走出來的。而在韓信的一生中，兩次不同的抉擇，對他的人生產生了重大的影響。

第一次是他受胯下之辱。《漢書・韓信傳》中記載這樣一個故事：在韓信尚未顯示出自己的戰略才能，放浪形骸於市井之時，淮陰有個年輕的屠夫想侮辱韓信，對他說：「你雖然身材高大，平時喜歡帶

著刀劍四處亂逛，但是其實你是個懦夫。如果不敢，你就從我的胯下鑽過去。」韓信注視著那個屠戶很久，慢慢地低下身來，從那個屠戶的胯襠之下鑽了過去。街上的人都恥笑韓信，認為他是一個怯懦之人。但是當時誰會知道韓信的深謀遠慮呢？其實在韓信的心底已經進行了冷靜的考慮。韓信日後對世人講明他受胯下之辱的原因：「當他侮辱我時，我難道不能殺了他嗎？但殺了他也不會揚名，而且還有可能因此而失去自己的性命，所以就忍了下來，這才有了今天的成就。」韓信並不是懦夫，只是他的志向不在於追求一時的個人榮譽，在他的心裡有更遠大的理想，所以能夠保持冷靜的思維，不意氣用事，可忍常人之不能忍。

韓信正因為有這樣的卓識遠見，才能在日後的楚漢之爭中，贏得一次次以少勝多的戰爭，留下明修棧道、暗度陳倉、背水一戰等佳話，為漢朝打下了三分之二的江山。

而他第二次的抉擇卻沒有第一次那麼明智。漢朝建立了穩定的政權之後，韓信仍舊面臨一個重要的抉擇，在劉氏的漢家江山中他該扮演一個什麼樣的角色。可惜的是他沒有意識到自己的功勞太大，擁兵過多，而天下已經平定，以劉邦的狡詐必定擔心韓信會對他剛剛坐穩的江山帶來威脅。而且早在楚漢之爭沒有結束的時候，劉邦就流露出了對韓信的不信任。漢三年六月，漢王出成皋向東渡過黃河，單獨與夏侯嬰跑到了修武的張耳軍中。張耳、韓信還沒起床，劉邦徑直進其臥室，奪取了他們的印信兵符，召集諸侯，調動了諸侯的位置。等張耳、韓信起床後才得知漢王來過，不禁大驚失色。漢王奪了兩人的軍隊，命令張耳備守趙地，任命韓信為趙相國。收集沒有調到滎陽的趙兵去攻打齊國，而與此同時，劉邦已經派人去游說齊國投降了。

在劉邦藉口把他由楚王降為淮陰侯的時候，韓信才開始意識到自己的處境。雖然他也採取了裝病不

117

16・退一步，海闊天空

退一步，眼前頓時開朗、海闊天空，你會發現原來在不幸中還有萬幸。

智慧品人生

孔子講「大智若愚」，真正聰明的人也是一樣，不可表現得太聰明。智慧是藏在腦袋裡的，不是寫在臉上的。肚子裡多長一個心眼，嘴上多一份謙虛，才是明哲保身的好辦法。

常言說得好：「良賈深藏若虛，君子盛德若愚」。也就是說，君子要聰明才華不露，才是明哲保身、消災遠禍的最好方法。功高蓋主歷來就是為官的大忌，任何君王都不想自己的身旁有人威脅到他的統治。做臣子一定要掌握好這個度，既要有一番作為，又不應該讓君主對自己的忠心產生懷疑。工作時也是一樣，雖不至於被誅連三族，也一樣有不在其位不謀其職的潛規矩。做人一定不可太過狂傲，應該明事理，知進退。

朝的手段想減少劉邦對他的戒備，但是他始終居功自傲，甚至以和樊噲等人同列為恥辱。到被劉邦軟禁起來，韓信開始急躁了，沒有再作退避，而是想起兵謀反。結果正中了劉邦和呂后的計謀，暴露了謀反的野心，結果落得個誅連三族的下場。

118

蘇軾詩云：「橫看成嶺側成峰，遠近高低各不同」。對待生活中的各種問題，我們不妨也從側面的角度去分析，而不是直視。退一步眼前頓時開朗、海闊天空，你會發現原來在不幸中還有萬幸。

有三個朋友很多年沒見面了，便相約一起到法國南部山地的一個度假村過一快樂的週末，敘敘舊情。一路上他們談笑風生，好不熱鬧。行至一個只能左轉的彎路的時候，司機因為聊天而分心，沒有留意到迎面駛來的另外一家剛剛度假回來的汽車，兩輛車及時向不同的方向打了轉向，只聽到「哐啷」、「哐啷」兩聲，兩輛車刮蹭過去了，險些沒有撞到一起。但是兩輛車都被刮花了，車身大面積漆被刮掉，並且需要馬上送到修理廠進行檢修。

兩輛車上的人都下來站在馬路邊上等待拖車的到來。開車去度假村的那三個朋友，一個個因為驚嚇過度而變得臉色慘白，他們在爭吵：

「剛才如果不抄捷徑而是走大路，就不會遇到這麼倒楣的事情了。」

「如果不來這裡，而是去別的地方度假，也就不會遇到這種事情了。」

「為什麼我們要來一起度假呢？誰提出的倒楣提議呢？我們現在還是回去吧！」

他們三個人爭論不休，甚至準備取消這次旅行。

而另外的一家人則在一旁，相互詢問有沒有什麼不舒服的地方，有沒有受傷，他們開始感慨：

「今天真是好險呀，還好大家都沒受傷，真是太走運了。」

「對呀，一切都有驚無險，我們的旅行還有這種經歷，真是太刺激了。」

「這裡的環境真是太美了，一定會成為一次難忘的旅行的。」

智慧品人生

這突如其來的事故，並沒有破壞掉這一家人度假的好心情，反而為他們增加了有驚無險的刺激，他們覺得自己很幸運，他們的旅行也成了一次開心之旅。而另外三個朋友呢？他們在抱怨與不滿中怒氣沖沖地回去了，不僅沒有欣賞到美麗的度假村風光，更不要說什麼愉快的心情和敘舊情了。

同樣遇到一場事故，同樣沒有人受傷，兩夥人的看法卻完全不同。只看到事故中損失的人，只能沉浸在不愉快中，何不像那樂觀的一家人一樣，退一步看待這場事故，從不幸中看到萬幸。

如果在乘船的時候，不幸身上一半的錢財掉進了大海，別企圖跳入水中把它們全數尋回，這會丟掉你的性命。不妨數數剩下的另一半錢財，想想如何更好地保護它們，再深思如何運用這些已有的來做得更好。換種角度，換種思維和態度，事情反倒明朗很多。

任何事情，發生以後，當事者如果一味愚昧地往牛角尖裡鑽，最後一定會活活地憋死在那個暗暗的、尖尖的、全無退路的牛角裡。然而，只要輕輕地轉個彎，燦爛陽光、康莊大道，都會在那兒等著你。

第五章

把缺陷轉化成優勢

一位雙目失明的學生抱怨：「我這麼聰明，為什麼上帝讓我看不見呢？」

老師開導他：「世上每個人都是被上帝咬過一口的蘋果，都是有缺陷的。有的人缺陷比較大，是因為上帝特別喜愛他的芳香。你雖然看不見，但是你的聰明才智一定能讓你成功！」

你相信嗎？其實你也是一個被上帝咬過的蘋果……

1・不幸，也是上帝的一種恩賜

用積極的心態正視你的不幸吧！命運的不幸，換來的往往是生命的精彩。因此，不幸，也是上帝的一種恩賜。

你相信嗎？世界上有些人在出生之前就被上帝咬過一口，以至於上帝太喜歡，忍不住咬了他們一口。越是香甜的蘋果，上帝越狠狠地咬。如果你正在嘆息自己命運多舛，那麼請不要埋怨上帝咬了你一口，因為你太誘人了。

世界文化史上有著名的三大怪傑，文學家彌爾頓是瞎子，大音樂家貝多芬是聾子，天才小提琴演奏家帕格尼尼中年後成了啞巴，如果用「上帝咬蘋果」的理論來推理，他們也都是由於上帝特喜愛，被狠狠地咬了一大口的緣故。就說帕格尼尼吧，四歲出麻疹，險些喪命；七歲患肺炎，差點夭折；四十六歲，牙齒全部掉光；四十七歲視力急劇下降，幾乎失明；五十歲又成了啞巴。上帝這一口咬得太重了，可是也造就了一個天才小提琴家。

帕格尼尼三歲學琴，即顯天分；八歲已小有名氣；十二歲舉辦首次音樂會即大獲成功。之後，他的琴聲幾乎響遍世界，擁有無數的崇拜者。他在與病痛的搏鬥中，用獨特的指法、弓法和充滿魔力的旋律征服了整個世界。著名音樂評論家勃拉茲稱他是「操琴弓的魔術師」，歌德評價他「在琴弦上展現了火一樣的靈魂」。

有人說，上帝像精明的生意人，給你一分天才，就搭配幾倍於天才的苦難。這話真不假。

當遇到不如意時，不必怨天尤人，更不能自暴自棄，最好的辦法，就是自勵：我們都是被上帝咬過

122

的蘋果，只不過上帝特別喜歡我，所以咬的這一口更大些罷了。」

「我的手指還能活動；我的大腦還能思考；我有終生追求的理想；我有愛我和我愛著的親人與朋友；對了，我還有一顆感恩的心……」誰能想到，這段豁達而美妙的文字，竟是出自一位在輪椅上生活了三十餘年的世界科學巨匠霍金先生之手！

一次，在學術報告結束之際，一位年輕的女記者不無悲憫地問：「霍金先生，你的病將你永遠固定在輪椅上，你不認為命運讓你失去太多了嗎？」面對這個有些突兀和尖銳的提問，霍金顯得很平靜，臉上依然帶著微笑，他用那根還能活動的手指，艱難地敲擊鍵盤，打下了上面的那段文字。

對霍金來說，命運對他可謂是苛刻的：他口不能說，腿不能站，身不能動，他失去了許多常人擁有的最基本的生存條件。但霍金仍感到自己很富有，比如……一根能活動的手指、一個能思維的大腦……這些，都讓他感到滿足並對生活充滿了感恩。

每個人都是被上帝咬過的蘋果，只因上帝特別喜愛某些人的味道，所以才對他咬得特別重。霍金就是這樣一個蘋果，上帝給了他殘缺的肢體，卻讓他擁有光彩四溢的靈魂。

懷著一顆感恩的心去看待命運，去看待自己的不幸，你會發現你是很榮幸的，因為你用命運的不幸換來的是生命的精彩。細細品味吧！你會發現自己是那麼的與眾不同，那麼的芳香沁人。

智慧品人生

始終相信上帝是公平的，因為你太優秀了，所以才被狠狠地咬了一口。不要為自己身體上的缺陷而嘆息，因為你的芳香足夠遮蓋你的缺陷。

2·失去是某種收穫

為什麼不去重新審視身邊的困難？也許你會發現上帝給你的困難才是對你的眷顧。

當你面臨困難和挫折的時候，是否曾怨天尤人，是否有想要放棄的念頭，是否寄希望於老天的恩賜和眷顧？可是為什麼不去重新審視身邊的困難，也許你會發現上帝給你的困難才是對你的眷顧。

有一個十歲的小男孩，熱愛柔道，一心想要拜師學習。不幸的是，他在一次車禍中失去了左臂，小男孩很傷心，但是他並沒有因此失去生活的信心，依舊很想學柔道。

經過家人的努力，最終，小男孩拜了一位日本柔道大師作師傅，開始學習柔道。他學得非常認真刻苦，可是練了三個月，師傅只教了他一招，小男孩有點不明白師傅為什麼要這樣做。但他還是堅持按著師傅的教導去練習。

又過了一段時間，他終於忍不住發問：「我是否應該再學其他招數？」

師傅回答說：「不錯，你的確只會一招，不過你只需要會這一招就夠了。」

小男孩不是很明白，但他很相信師傅，於是就繼續照著師傅的教導練了下去。

幾個月後，師傅第一次帶小男孩去參加比賽。小男孩沒有想到自己居然能輕輕鬆鬆地贏了前兩輪。

第三輪稍稍有點艱難，但對手很快就變得急躁，並連連進攻，小男孩敏捷地施展出自己的那一招，又贏了。就這樣，小男孩順利地進入了決賽。

決賽的對手比小男孩要高大、強壯許多，也似乎更有經驗。小男孩一度顯得有點招架不住，裁判擔

小男孩會受傷，就喊了暫停，並打算就此終止比賽，然而師傅不答應，堅持說：「繼續下去！」比賽重新開始後，對手放鬆了戒備，小男孩立刻使出他的那一招，制服了對手，由此贏了比賽，得到冠軍。

回家的路上，小男孩和師傅一起回顧每場比賽的所有細節，小男孩終於鼓起勇氣道出了心裡的疑問：「師傅，我怎麼憑一招就能贏得冠軍呢？」

師傅答道：「有兩個原因：第一，你基本掌握了柔道中最難的一招；第二，據我所知，對付這一招唯一的辦法就是抓住你的左臂，可是你沒有了左臂。孩子，有的時候，人的劣勢未必就是劣勢，可能反而成了優勢。」

在人生的路途上，人人都不可能一帆風順，而困難並不是一件壞事。停止無謂的怨天尤人，冷靜地去審視自身的條件，才能發現上帝對你的眷顧不在於給你的幫助，而是祂所給你的困難。困難、挫折往往更能成就一個人的前途。不要辜負了上帝的美意，勇敢地直視困難吧！

智慧品人生

上帝總是公平的，在給你關上一扇門的同時，一定會為你打開一扇窗。冷靜地審視自己，你會發現你的劣勢可能就是你的優勢，關鍵在於你是怎麼看待自己，怎樣看待生活。

3 · 有點阿Q精神

心態是一枚放大鏡。看痛苦，痛苦則大；看幸福，幸福則大。
你打算用手裡的放大鏡看痛苦還是幸福？

有些人在形容自己的生活時，經常會說一句話：「比上不足，比下有餘。」我們不難看出其中的樂觀情緒。同樣的生活，如果你非要和比你生活富裕的人比，你就會覺得自己的生活不夠幸福，從而打擊了對生活的積極性。

我們應該學會跟不如自己的人比較，這不是幸災樂禍，而是在為自己的心裡製造一種幸福的因素。

也許你會反問，這豈不是阿Q精神嗎？其實，阿Q精神未必就是麻木、自欺的表現，它恰恰是我們獲取樂觀心態的一種良方。只是在自我鼓舞的時候別忘了奮力前行。

有這樣一則故事：

一對窮人夫妻與其六個孩子，加上媳婦，共同生活在一間小木屋裡。局促的居住條件讓他感到活不下去了，便找智者求救。他說：「我們全家這麼多人只有一間小木屋，整天爭吵不休，我的精神快崩潰了，我的家簡直是地獄，再這樣下去，我就要死了。」智者說：「你按我說的去做，情況會變得好一些。」

窮人聽了這話，當然是喜不自勝。智者聽說窮人家還有一頭乳牛、一隻山羊和一群雞，便說：「我有讓你解除困境的辦法了，你回家去，把牛、羊、雞帶到屋裡，與人一起生活。」窮人一聽大為震驚，但他事先答應要按智者說的去做，只好依計而行。

過了一天，窮人滿臉痛苦地找到智者說：「你給我出的什麼主意？事情比以前更糟，現在我家成了十足的地獄，我真的活不下去了，你得幫幫我。」智者平靜地說：「你回去把那些雞趕出屋子就好。」

過了一天，窮人又來了，他仍然痛不欲生，哭訴說：「那隻山羊撕碎了屋裡的一切東西，牠們讓我的生活如同噩夢。」智者溫和地說：「回去把山羊牽出屋子就好了。」

過了幾天，窮人又來了，他還是那樣痛苦，說：「那頭乳牛把屋子搞成了牛棚，請你想想，人怎麼可以與牲畜同處一室呢？」

「完全正確。」智者說，「那你趕快回家，把牛牽出屋去！」

過了半天，窮人找到智者，他是一路跑著來的，滿臉紅光，興奮難抑，他拉住智者的手說：「謝謝你，你又把甜蜜的生活給了我。現在所有的動物都出去了，屋子顯得那麼安靜、那麼寬敞、那麼乾淨，你不知道，我有多麼開心！」

從此以後，不僅是那個窮人，家裡的其他人也覺得自己的生活非常美好。他們不再為一點小事而爭吵了，而是相互關愛，維繫著幸福的家庭。生活在愉快的家庭氛圍中，大家工作的心情也就好了。

不久，透過他們一家人共同的努力，生活開始好轉，換上了大房子，漸漸地有了不少積蓄。但是他們不願意分開過日子，因為他們已經知道珍惜一家人在一起的生活。

生活就是這樣，不同的心態、不同的欣賞方式，看到的結果必然不同。如果學會用樂觀的心態、欣賞的目光面對生活，你會發現生活中有很多你從未注意過的美好。其實你的生活也是很美好，只要你學會變化角度欣賞它。

4·仰望星空，腳踏實地

> 往往成就大事的人是那些「沒有」宏圖大志的人，他們能夠憑藉自己的毅力造就一番事業。

一些自認為自己才華橫溢的人，不願彎腰屈就小事，認為自己的才華應該在重要的位置和事情上發揮作用。而另外一些人則願意腳踏實地，認認真真地做好手邊的每一件事情。他們很少暢談所謂的「宏圖大志」，而是憑著毅力和實力成就一番事業。

松下電器產業株式會社的創始人松下幸之助，被人們譽為「經營之神」。出身貧寒的他，年輕時到一家電器工廠去謀職，這家工廠人事主管看著面前的小夥子衣著骯髒，身體又瘦又小，覺得不理想，信口說：「我們現在暫時不缺人，你一個月以後再來看看。」

這本來是個推辭，沒想到一個月後松下真的又來了，那位負責人又推託說：「有事，過幾天再說吧。」隔了幾天松下又來了，如此反復了多次，主管只好直接表明自己的態度：「你這樣髒兮兮的是進

不了我們工廠的。」於是松下立即回去借錢買了一身整齊的衣服穿上再來面試。負責人看他如此實在，

只好說：「關於電器方面的知識，你知道得太少了，我們不能要你。」

不料兩個月後，松下再次出現在人事主管面前：「我已經學會了不少有關電器方面的知識，您看我

哪方面還有差距，我一項項來彌補。」這位人事主管緊盯著態度誠懇的松下，說：「我幹這一行幾十年

了，還是第一次遇到像你這樣來找工作的。我真佩服你的耐心和韌性。」

松下幸之助這種不輕言放棄的精神打動了主管，他得到了這份工作。並透過不斷努力，創建了松下

電器產業株式會社，逐漸成為電器行業的非凡人物。

做事情的時候，應該從高處著眼，成就自己的事業以及人生規劃，這是我們努力奮鬥的一個方向和

目標，對做具體事情具有統帥的高度。但從高處著眼的同時，還需要我們從低處入手，腳踏實地做好每

一件小事。只看高，不看低，急於求進很有可能誤入歧途。

智慧品人生

生活中不需要高談闊論，而是需要勤勤懇懇踏實地工作。以認真執著的態度去面對生命中的每一次

失敗，從中吸取教訓，才能一步步地通向成功。選好自己的路，腳踏實地，才能幫你走向成功。

5・給自己一個合理的「定價」

很多時候不是我們不夠優秀，只是我們的優點都被自己的自卑心理給埋沒了而已。

人們常說自信的女人最美麗，其實男人也一樣，很多時候不是你不夠優秀，只是你沒有挖掘自己的優點，甚至用自卑的心理將它埋沒了。所以，首先需要做的可能不是讓自己變得更優秀，而是學會發現、尋找自己的優秀。

有這樣一則寓言：

一天，一隻鴕鳥與一隻麻雀相遇，於是牠們聊起天來。

「我們鴕鳥算是鳥類的巨無霸，是世上最強大的鳥。」鴕鳥自豪地說。

麻雀打量了鴕鳥一眼，不緊不慢地說：「你只管為你身體的高大強壯自豪好了，可是與你相比起來，小小的我更算得上是一隻鳥。」

「難道我長得高大不好嗎？難道我不是鳥？」鴕鳥斥問道。

「你會飛嗎？你雖然高大無比，也叫做『鳥』，但是你卻不能飛，這難道不是一個悲劇嗎？」麻雀反問鴕鳥，然後自豪地飛走了。

鴕鳥低下頭，開始思考麻雀的話：自己連飛都不會，真的不能算是一隻鳥。從此，鴕鳥變得鬱鬱寡歡，再也不敢炫耀自己的高大了。

其實，鴕鳥也好麻雀也罷，都有自己的優點。麻雀有麻雀的靈巧，鴕鳥有鴕鳥的高大。何必拿自己

的缺點去比別人的優點？

正視自己，你會發現你有很多別人沒有的優點，肯定自己的價值、發現自己的優勢，自信地去做事，才能獲得更多的成功機會。

在非洲，一個部落酋長有三個女兒，前兩個女兒既聰明又漂亮，都是被人用九頭牛作聘禮娶走的。

在當地，這是最高規格的聘禮了。可是第三個女兒到了出嫁的時候，卻一直沒有人肯出九頭牛來娶，原因是她非但不漂亮，還很懶惰。

後來一個遠方來的遊客聽說了這件事，就對酋長說：「我願意用九頭牛來換你的女兒。」酋長非常高興，就把女兒嫁給了外鄉人。

過了幾年，酋長去看自己遠嫁他鄉的三女兒。沒想到，女兒變成了一個氣質脫俗的漂亮女人，而且能親自下廚做美味佳餚來款待他。酋長很震驚，偷偷地問女婿：「難道你是巫師嗎？你是怎麼把她調教成這樣的？」女婿說：「我沒有調教她，我只是始終堅信你的女兒值九頭牛，所以她就一直按照九頭牛的標準來做事，就這麼簡單。」

酋長心中暗暗慚愧。其實小女兒之所以沒有像另外兩個女兒那麼優秀，不是因為她資質差，而是這麼多年來，他太關注那兩個優秀的女兒，而忽略了這個最小的女兒，沒有給她足夠的關懷，更沒有給她足夠的鼓舞建立足夠的自信。

心理暗示的作用非常神奇，在我們生活的各個方面也是一樣。可能大多數的人都沒有酋長的第三個女兒那麼幸運，遇到懂得用九頭牛來娶她的人。那麼我們為什麼不能給自己標一個「九頭牛的價格」呢？相信自己，其實你也值九頭牛的價格！

智慧品人生

每個人的心中對自己都有一個「定價」，但是定的標準卻不一樣。不要總是用別人的眼光為自己定價，因為沒有人比你更瞭解自己，只有你知道你身上到底有多少寶藏。

6・做好哪怕是最卑微的事情

當你能夠俯身做好任何一件卑微的事情，就具備了成功最優秀的品質。

「一屋不掃何以掃天下？」

很多人總是抱怨自己沒有遇到好的機遇施展才能，但是你一定明白小中見大的道理，小事情都做不好，更何況大事情呢？這種情況在很多年輕人身上體現得非常明顯。

在日本，曾發生過這樣一則真實的故事。多年前，一個妙齡少女來到東京帝國酒店當服務員。這是她涉世之初的第一份工作，也就是說，她將在這裡正式步入社會，邁出她人生的第一步。因此她很激動，暗下決心：一定要好好做！可是萬萬沒有想到，上司安排她去刷廁所！

刷廁所！說實話沒人願意做，何況她細皮嫩肉，喜愛潔淨，從未做過粗重的工作。刷廁所時在視覺上、嗅覺上以及體力上的折磨都令她難以承受，心理作用更是讓她忍受不了。當她用自己白皙細嫩的手拿著抹布伸向馬桶時，胃裡立刻「造反」，有如翻江倒海，噁心得幾乎嘔吐，太難受了。而上司對她的

工作品質要求特高，高得驚人：必須把馬桶刷洗得光潔如新！

她當然明白「光潔如新」的含義是什麼，她當然更知道自己不適合刷廁所這份工作，也難以實現「光潔如新」這一高標準的品質要求。因此，她陷入困惑、苦惱之中，也為此哭過。

這時，她面臨著人生的抉擇：是繼續做下去，還是另謀職業？繼續做下去──太難了！另謀職業──知難而退？人生之路豈能打退堂鼓？她不甘心就這樣讓自己邁入社會的第一步以失敗告終，因為她想起了自己曾下過的決心：人生第一步一定要走好，馬虎不得！

在此關鍵時刻，同部門的一位前輩及時出現在她面前，幫她擺脫了困惑、苦惱，他並沒有講什麼空洞的大道理，只是親自做給她看了一遍。

他一遍遍地抹洗著馬桶，直到抹洗得光潔如新，然後從馬桶裡盛了一杯水，毫不勉強地喝了下去！

他不用一言一語就告訴了少女一個極為樸素的真理：光潔如新，要點在於「新」，新則不髒，因為不會有人認為新馬桶髒。反過來講，只有馬桶中的水達到可以喝的潔淨程度，才算是把馬桶抹洗得「光潔如新」了，而這一點已被證明可以辦得到。

她看得目瞪口呆，恍然大悟：就算一生刷廁所，也要做一個刷得最出色的人！

幾十年之後，她成了日本政府的主要官員──郵政大臣，她的名字叫野田聖子。

如果不是真人真事，誰也不敢相信這一切居然真的發生過，一個妙齡少女能去做刷廁所的工作，並堅持把這份工作做好。但就是在這樣的工作中，野田聖子鍛鍊出了堅忍不拔的意志。

孟子云：「天將降大任於斯人也，必先苦其心志，勞其筋骨，餓其體膚……」野田聖子就是真實的寫照。大多數人的遭遇並沒有像野田聖子這麼艱難，只是一些尋常小事，可是很多人卻在這樣細小的事

情中把自己的鬥志磨滅了。那些能夠克服任何困難的人，往往是懂得珍惜生活的人。他們對待事情的熱忱、認真態度，造就了他們日後的輝煌成績。

做任何事都一樣，要想做好，一定要有足夠認真的精神。認真地對待每一件事，總會有意想不到的收穫。生活中瑣碎的事情不只是阻礙我們發展的障礙，更是對我們意志的一種磨礪。

7・苦難，增加你生命的重量

苦難能讓人的生命獲得重生，增加生命的重量。

鷹，搏擊長空，翱翔於天際，被謂之天空的王者。但是人們只看到了自由翱翔的一面，卻不知道這位天空之王的背後，經歷過怎樣痛苦的成長過程。

傳說剛剛要出巢的小鷹，必須學會飛翔的技巧。為了讓小鷹盡快地學會飛翔，鷹媽媽會想出各種樣的辦法。用爪子抓，用鷹嘴咬，一直將小鷹逼到無路可退的懸崖邊。然後再把牠趕下去。面對懸崖峭壁，小鷹別無選擇，只能奮力振翅，開始牠生命歷程中的第一次翱翔。

到了四十歲的時候，鷹還要面對另一次痛苦的蛻變。因為此時鷹的爪子開始老化，無法有效地抓住

134

獵物；嘴變得又長又彎，幾乎碰到胸膛；羽毛又濃又厚，翅膀變得十分沉重，飛翔起來非常吃力。

這時的鷹只有兩種選擇：等死或者經歷一次痛苦的蛻變。而蛻變時牠必須很努力地飛到山頂，在懸崖上築巢，並暫時在那裡安家。牠用自己的嘴擊打岩石，直到嘴完全脫落，然後靜靜地等候新的嘴長出來。接著再用新長出的嘴把爪子的指甲一根一根地拔掉。當新的指甲長出來以後，再用新的鋒利爪子把羽毛一根一根地拔掉。五個月後，新的羽毛長出來，老鷹開始飛翔，生命才得以延續另一段精彩。就這樣，經過痛苦的歷練，鷹依舊成為天空的王者。

記得有這樣一個故事，講的是一隻鷹的壯美死亡，讓人感慨不已。

很多年前，有一隻威嚴的老鷹，孤單地居住在一座非常高的山頂上。有一天，牠覺得自己死期已近，就大喊一聲，把住在山嶺較低處的兒子們召喚過來。當牠的兒子們到齊後，老鷹細細地打量了每一個兒子，然後說道：「我撫育你們，將你們拉拔大，使你們能夠直視日光，翱翔浩瀚天空。而你們兄弟中那三不能忍受日光輻射的，我都把牠們餓死了。因為這個原因，你們理應比所有別的鳥都飛得更高。所有的鳥都將畏懼你們、尊敬你們，因此你們千萬別去傷害那些尊敬你們的鳥，你們應該允許牠們分享你們吃剩的殘羹。

現在我就要離開你們了，但我不會死在我的巢裡，我將飛得非常高，高到我的翅膀能夠帶我去得了的高空。我將展翅高飛向太陽道別，讓猛烈的日光燒掉我老了的羽毛，然後我的身體將直衝地面，最終掉進大海。但是，我將不可思議地從海中再飛起來，準備開始新的生命。這就是鷹的命運，我們的命運。」

說完這番話，老鷹直衝天空，尊嚴威武地圍繞著牠兒子站立的高山飛翔，接著，突然扭轉身子向太

陽衝去，完成了最後的涅槃，用生命譜寫了天空之王最後的傳奇。

總結天空之王的一生，構成牠們王者氣質的因素主要有三個：

一、少年時被困難逼上絕路，就要自強不息地去面對，成就生命的頑強。

二、中年時面對發展的瓶頸，義無反顧地選擇再一次經歷痛苦的磨煉，開始嶄新的人生軌跡。

三、行將就木之時，用最後的苦難，使自己的生命得到涅槃。用自己的生命告訴世人，生命的絢麗來自於苦難。

縱觀鷹的一生，是不是我們現實生活中很多的成功者也都經歷過的一個過程呢？青年時的苦痛遭遇，造就了他們堅忍的意志；中年時痛苦的選擇，成就了他們事業長足的發展；年老時總結自己歷經苦難的一生，為世人留下警醒。能夠接受任何苦難的挑戰，總有一天，你會像鷹一樣，搏擊長空，翱翔於萬里晴空之上。

智慧品人生

無論是天空之王，還是我們生活中的成功人士，無不在向我們講述這樣一個道理：在人生的路途中遭遇磨難不是件壞事，困難會逼著你想辦法，惡劣的環境才能鍛造出人才。苦難能讓人的生命獲得重生，能夠增加生命的重量。

8‧生命如船，別怕風浪

精彩的人生，就好比波濤洶湧的江河，壯觀、綺麗；平凡無奇的人生就像泛不起漣漪的湖面，了無生趣。因此，別怕波折，別怕風浪，那才是人生壯美的詩篇。

普希金曾說：「生命如海水，不遇礁石難以激起美麗的浪花。」人生如果不遇到一些困難，沒有任何挫折，只能是平凡無奇的。生命之美正源於它的頑強。

一個屢屢失意的年輕人千里迢迢來到普濟寺，慕名尋到釋圓法師，沮喪地說：「像我這樣屢屢失意的人，活著有什麼用呢？」釋圓法師如入定般坐著，靜靜聽著這位年輕人的歎息和絮叨，什麼也不說，只是吩咐小和尚：「施主遠途而來，燒一壺溫水送過來。」小和尚聽了師傅的話就照辦去了。

一會，小和尚送來了一壺溫水。釋圓法師抓了一把茶葉放進杯子裡，然後用溫水沏了，放在年輕人面前的茶几上，微微一笑說：「施主，請用茶。」

年輕人俯首看看杯子，只見杯子裡微微地裊出幾縷水氣，那些茶葉靜靜地浮著。年輕人不解地詢問釋圓法師：「貴寺怎麼用溫水沖茶？」

釋圓法師微笑不語，只是示意年輕人說：「施主請用茶吧。」年輕人只好端起杯子，輕輕喝了兩口。

釋圓法師說：「請問施主，這茶可香？」年輕人又喝了兩口，細細品了又品，搖搖頭說：「這是什麼茶？一點茶香也沒有呀。」

釋圓法師笑笑說：「這是閩浙名茶鐵觀音啊，怎麼會沒有茶香？」年輕人聽說是上乘的鐵觀音，

又忙端起杯子吹開浮著的茶葉喝了兩口又再三細細品味，還是放下杯子肯定地表示：「真的沒有一絲茶香。」

釋圓法師微微一笑，吩咐小和尚：「再去燒一壺沸水送過來。」一會兒，便提來一壺壺嘴吐著濃濃白氣的沸水。釋圓法師起身，又取一個杯子，放了把茶葉進去，稍稍朝杯子裡倒了些沸水放在年輕人面前的茶几上。年輕人俯首去看杯子裡的茶，只見那些茶葉在杯子裡上上下下地沉浮，一絲細微的清香從杯子裡溢出來。

聞著那清清的茶香，年輕人禁不住想去端那杯子，釋圓法師微微一笑說：「施主稍候。」說著便提起水壺朝杯子裡又倒了一縷沸水。年輕人再俯首看杯子，見那些茶葉上上下下、沉沉浮浮得更雜亂了。同時，一縷更醇更醉人的茶香也裊裊地升騰出杯子，在禪房裡輕輕地彌漫著。釋圓法師就這樣倒了五次水，杯子終於滿了，那綠綠的一杯茶水，沁得滿屋生香。釋圓法師笑著問道：「施主可知道同是鐵觀音，為什麼茶味卻迥異嗎？」

年輕人思忖說：「一杯用溫水沖沏，一杯用沸水沖沏，用水不同。」

釋圓法師解釋：「用水不同，則茶葉的沉浮就不同。用溫水沏的茶，茶葉就輕輕地浮在水上，沒有沉浮，茶葉怎麼會散發它的清香呢？而用沸水沖沏的茶，沖沏了一次又一次，茶葉沉了又浮，浮了又沉，自然葉就釋放出了它春雨的清幽、夏陽的熾烈、秋風的醇厚、冬霜的清冽。」

法師說出一條人生重要茶道：生命如茶，不經歷風風雨雨的人生怎能散發出本有的清香？而那些飽經滄桑的人們，如被沸水沏了一次又一次的釅茶，沉沉浮浮之間，總能飄散一縷清香。

還有一個故事⋯

138

在英國的國家船舶博物館裡有一艘渾身都是「傷」的船，這艘船一八九四年下水，在大西洋上曾一百三十八次遭遇冰山，一百一十六次觸礁，十三次起火，兩百零七次被風暴扭斷桅杆，然而它從沒有沉沒過。

後來，有一位律師來此觀光，當時他剛剛打輸了一場官司，委託人因為經受不住打擊而自殺了。儘管這不是他的第一次失敗，也不是第一次遇到自殺事件，但是在他的心裡還是有一種罪惡感，不知道該怎樣安慰這些在生意場上遭受不幸的人。

當他看到這艘船時，仿佛看見了生命頑強的本色。於是他就把這艘船的歷史抄下來，和這艘船的照片一起掛在他的律師事務所裡。每當商界的委託人請他辯護，無論輸贏，他都建議他們去看看這艘船，並告訴他的委託人：在大海上航行的船是沒有不帶傷的。

生命就是這樣，因為頑強所以美麗，不要抱怨我們遍體鱗傷，因為我們選擇了在遼闊的大海上遠航；不要抱怨人生有太多的沉沉浮浮，因為那是生命特有的美麗所在。

智慧品人生

人總是在一次次的挫折面前成長，生命的頑強總是在一次次的困難面前彰顯出來。相信自己一定能成功，因為你正在接受命運的考驗。

9・堅持，堅持，再堅持

只要心存希望，生活就不會絕望。沒有任何困難能夠打倒我們，除非我們自己打倒自己。

「肯德基（KFC）」是很多人都喜歡的速食店，也是很多餐飲業人員夢寐以求的成功境界。肯德基商標上那個「穿著一身白西裝，微笑著面對世人的肯德基上校」更是給全世界人留下了深刻的印象。但是誰知道這燦爛的微笑背後又有多少不為人知的失敗的苦楚呢？

肯德基的創始人哈蘭德・桑德斯原本像其他孩子一樣，生活在一個雖不富裕但是卻很幸福的家庭中，父母對他十分疼愛。但不幸的是，在他剛剛五歲的時候，父親在一次意外中離開了人世，而母親因為不堪生活的重負，不久之後也改嫁他人。小小年紀的哈蘭德從此以後就沒有人照顧了，十三歲時他便輟學開始到處流浪。

流浪的日子裡，他幾乎從來沒有穿過一件乾淨漂亮的衣服，甚至沒有吃過一頓飽飯。為了維持生計，他不得不尋找各種各樣的工作來做。他曾經當過餐館的雜工，也當過汽車清潔工，在農忙季節還到農場謀一份工作。

十六歲的時候，正值軍隊招募士兵，雖然還不到規定的年齡，但他以謊報年齡的方式參了軍。軍隊生活雖然枯燥無味，卻鍛鍊了他的身體和意志。在服役期滿之後，他利用在軍隊中學習的技術開了一個簡陋的鐵匠鋪，因為競爭激烈，不久之後鐵匠鋪就關門了。

他的生活幾乎又回到了參軍以前的情況，不甘現狀的哈蘭德・桑德斯最終透過自己的勤勞肯幹，謀

得了一份在鐵路當司爐工的工作，而且不久後他就因為工作表現好，從臨時工變成了一名正式員工。哈蘭德・桑德斯感到從未有過的高興，因為他覺得自己終於找到了一份安定的工作，可以結束飄浮不定的生活了。

誰知好景不長，在經濟大蕭條前夕，他失業了，而當時他的妻子剛剛懷孕。更不幸的是，就在他的事業處於低谷之時，妻子也離開了他。他到處尋找工作，卻到處碰壁，不過他從未放棄對生活的希望。

這段時間，他不得不從事多種工作，如推銷員、碼頭工、廚師等，但是無論哪種工作都不能長久，他只得一次次地更換工作以維持自己的生活。其實在這期間，他也試著自己開過加油站或經營其他小生意，但均以失敗告終。後來他的朋友們都勸他不要再折騰了，認命吧，說他已經老了。

哈蘭德・桑德斯從來沒有認為自己已經老了，所以對於朋友的勸告一直不予理會。直到有一天，當郵差給他送來一張屬於他自己的第一份社會保險支票時，他才意識到原來自己真的老了。

也許真如朋友所說，認命吧，折騰了一輩子都沒有折騰出什麼成就，現在已經老到領社會保險的時候了，難道還不該放棄嗎？哈蘭德・桑德斯曾經多次這樣問過自己，但是每次他給自己的答案都是：絕對不能就這樣向生活妥協！

之後，他就用那張一百零五美元的社會保險支票，創辦了聞名全球的肯德基速食店，在六十六歲那年開始了他的創業之旅。老人開著他那輛一九四六年產的福特老車，載著十一種獨特配料和他的得力助手——壓力鍋上路了。

他來到印第安那州、俄亥俄州及阿肯色州各地的餐廳，將炸雞的配方及方法賣給有興趣的老闆。令人驚訝的是，在短短五年內，哈蘭德・桑德斯在美國及加拿大已有四百家連鎖店了。

10·絕處逢生的智慧

困難的背後，隱藏的可能是我們未曾發現的潛能。勇敢地正視困難，並努力克服它。

智慧品人生

成功的人之所以能夠成功，不是因為他們的生活比別人更順利，而是因為他們有信心，面對生活的各種困難，他們勇敢地選擇堅持。

六十六歲才創業有成，哈蘭德·桑德斯經歷過生活中的種種不幸，但是他卻從來沒有找任何藉口改變對事業的追求。像哈蘭德·桑德斯這樣經歷過如此多困難的人都沒有向命運妥協，更何況是我們呢？只要心存希望，生活就不會絕望。當你因為困難想要放棄打拼的時候，請走到肯德基門口佇立半分鐘，想想那個年邁老人的創業史。你遇到的困難有他的多、有他的大嗎？請別放棄，沒有任何困難能夠打倒我們，除非我們自己打倒自己。

遇到困難並非一定就是壞事，當你被困難逼到一定地步的時候，可能就是你全部才能迸發出來的時候。生活中，人們會遇到各種各樣的困難，這很可能讓你迸發出一種神奇的力量，當你勇敢地克服了這些困難，眼前將一片美景。

秦朝末年，各地人民紛紛起義，反抗秦朝的暴虐統治。一年，秦國的三十萬人馬包圍了趙國的鉅鹿（今中國河北省平鄉縣），趙王連夜向楚懷王求救。楚懷王派宋義為上將軍，項羽為次將，帶領二十萬人馬去救趙國。

誰知宋義聽說秦軍勢力強大，走到半路就停了下來，不再前進。軍中沒有糧食，士兵用蔬菜和雜豆煮了當飯吃。而他，只顧自己舉行宴會，大吃大喝，對士兵不管不顧。時任宋義部下的項羽非常惱火，一氣之下將宋義殺了，自己當了「偽上將軍」，帶著部隊去救趙國。

項羽先派出一支部隊，切斷了秦軍運糧的道路；而自己則親自率領主力過漳河，解救鉅鹿。楚軍全部渡過漳河以後，項羽讓士兵們飽飽地吃了一頓飯，每人再帶三天乾糧，然後傳下命令：把渡河的船鑿穿沉入河裡，把做飯用的鍋砸個粉碎，把附近的房屋放把火統統燒毀。項羽用這辦法來表示他有進無退、一定要奪取勝利的決心。

楚軍士兵見主帥的決心這麼大，誰也不打算再活著回去。在項羽親自指揮下，他們以一當十，以十當百，拼死地向秦軍衝殺過去，經過連續九次衝鋒，把秦軍打得大敗。秦軍的幾個主將，有的被殺，有的當了俘虜，有的投了降。這一仗不但解了鉅鹿之圍，而且把秦軍打得再也振作不起來，這就是歷史上著名的「破釜沉舟」的故事。

項羽之所以能成為一名善戰的將軍，正是因為他能夠充分調動士兵的潛能，使兵力的潛能發揮到最大。按常規來看，主動切斷自己的退路，等同於自取滅亡。而結合當時的實際情況，如果不奮力一搏，結果也是一樣等死。在這種情況下，主動切斷自己的後路就等於為自己增加了戰爭的動力，增加了戰爭獲勝的機會。面對困難，甚至絕境，如果能夠勇敢地正視，說不定就會有絕處逢生的機會。

智慧品人生

我們需要善待自己，但有時也需要對自己苛刻一些，給自己一點壓力，或許把自己「逼上絕路」才能挖掘出自己的潛力和鬥志。

11・成功先要自我定位

把努力和能力用在合適的位置，你才能發揮本有的力量。

人的價值需要在社會中體現，每個人對於自身價值的肯定也要來源於別人以及社會的肯定。不同的社會位置上需要不同才能的人，並不是每個人都適合所有的位置。有時候，我們由於找錯位置導致自己的才華不能發揮，這個時候千萬不要抱怨自己能力不夠，而是應該反思一下，自己是否適合那個位置。

去過寺廟的人都知道，一進廟門，首先是彌勒佛，笑臉迎客，而在祂的背面，則是黑口黑臉的韋駄。相傳在很久以前，祂們並不在同一個廟裡，而是分別掌管不同的廟。

彌勒佛熱情快樂，所以來的人非常多，但祂什麼都不在乎，丟三落四，沒有好好管理帳務，因此依然入不敷出。而韋駄雖然管帳是一把好手，但成天陰一張臉，太過嚴肅，搞得人越來越少，最後香火斷絕。

佛祖在查香火的時候發現了這個問題，就將祂們倆放在同一個廟裡，由彌勒佛負責公關，笑迎八方

客，於是香火大旺。而韋馱鐵面無私、錙銖必較，則讓祂負責財務，嚴格把關。在兩人的分工合作下，廟裡呈現出一派欣欣向榮的景象。

那麼沒有佛祖關照的我們該如何發現自身的價值呢？一位研究人力資源管理的教授說過：大學生一直生活在校園中，一心想著學習，很少有機會接觸社會。但是大學畢業之後，不得不面對一個給自己定位的求職過程。然而你對各種工作的真實情況幾乎一無所知，甚至連自己到底是否適合做什麼樣的工作都不知道。所以最好的辦法就是利用時間比較寬裕的大學生活多體驗、多實踐，走出校門到社會上去多長見識，哪怕是做沒有任何薪酬的實習工作，也是有益的。當你和同齡人一起走出校園的時候，你會發現你已經比別人快了很多，因為你早已經摸索到了適合自己的路，並知道這條路該如何走下去。

求職是一個過程，在這個過程中，當然會有很多人被拒之門外。但是你可以想一下，一個大公司招聘，一定會請資深的人力資源師作為評委，當你被他們拒之門外的時候，其實你已經變相做了一次免費的職業諮詢，告訴你這個行業或者這個企業不適合你。

一名剛剛畢業不久就找到合適工作的年輕人，向人們講述了他的求職故事：剛邁出大學校門時，他也像一隻無頭蒼蠅一樣，準備開始求職之旅。第一家公司的面試很有意思：主考官讓十位求職者圍成一個圓圈做搶答題。因為他在校時一直是個優秀學生，也一直做學生幹部，甚至每年辯論比賽都得獎，說起話來妙語連珠，而且把答案說得很巧妙。當時，不僅在場的人認為他表現得非常出色，連他自己對自己的表現都非常滿意。但結果他還是落選了，這讓他感到非常費解。事後，他向主考官詢問原因，主考官對他說：「我們公司最重視的是招聘者有務實的工作態度和真誠的合作意識，你的口才很好，但這不是我們需要的。」他這才悟出了一個道理：不同的公司、不同的職位有不同的需要，大智若愚與鋒芒畢

露都要「適銷對路」才有用武之地。

其實，事業的成功就是這樣，不是你的能力不夠，也不是你的努力還不夠，是你沒有找到適合自己的位置，故而永遠也不能發揮自己最優秀的一面。

智慧品人生

當你拚命工作卻沒有任何成績的時候，當你覺得工作讓自己很疲憊的時候，不妨先停下來，想想這份工作適不適合你。找到適合自己的位置才能更快速地走向成功。

第六章

以退為進
是一門等待時機的學問

如果你總是覺得自己命運多舛，
請正視你的「不幸」吧！
因為越是芳香的蘋果，
上帝越可能咬你一口，
缺陷是上帝的特殊鍾愛，
也是你對命運的挑戰。

1 · 勇於直視生活的苦難

勇敢地直視生活的苦難，等待迎接潮水的到來，那時，你定能揚帆遠航。

人生之路不是一馬平川，有崎嶇的山路，也有急流險灘。面對生活的磨礪，有的人沒有勇氣接受生活的挑戰，那麼則只能向生活妥協，成為生活的失敗者；另外一些人勇敢地接受了生活的各種艱難險阻，借助阻擋住自己的崎嶇山路，登上了更高的山峰。

有一名建築師，在一次施工中，意外地遇上塌方事故。雖然他僥倖保住了性命，但是卻失去了雙腿。每當他想起自己將永遠無法行走時，就倍感絕望。後來，他竟趁家人不注意，偷偷吞下一整瓶安眠藥。幸虧被家人及時發現，將他送入醫院進行搶救，才挽回他的生命。但是，他精神上依然悲觀絕望，萎靡不振。

一天，美術館為一位殘疾畫家舉辦畫展，家人決定帶他前去參觀。

在展覽大廳一角，他被其中一幅水彩畫深深地打動了：一片金色的海灘，上面擱淺著一條老船，在它那瘦骨嶙峋的筋骨上，刻滿了歲月的滄桑，那稍稍傾側的船體下，只有一小汪清水。然而，在畫上面卻寫著一行非常有力的字：「相信吧，潮水會回來！」

從這幅畫中，他感覺到有一股無形的力量震撼著他，不禁雙眼濕潤。他非常想拜見一下畫作的作者。之後，他從展室管理員那兒知道了一些作者的情況。原來，這些畫作都是出自一位年逾七旬的殘疾老者之手。而在十多年前，那位老者因病臥床不起。但是，這麼多年來，他一直堅持與病魔抗爭。這名

建築師再一次被老畫家的精神感動了，於是讓家人陪他去拜訪了那位老者。

當他來到那位老者的家裡時，老畫家正躺在床上，用兩個枕頭墊著後背，守著畫板作畫。然而，在老者那枯瘦的面孔上，見不到絲毫痛苦的表情。老者放下畫筆，熱情地和他們打招呼，有說有笑地交談著。交談中，建築師坦誠地對老者說：「見到你之後，我忽然開始為自己以前的怯懦感到羞恥。」

告別之時，老畫家把那一幅《迎接潮水》的畫送給了他。

相信自己是一艘等待潮水的大船，只是暫時被困在淺灘。只要有向著大海的勇氣，就一定能等到潮水再回來的時候。

設計師在收到這位老畫家的鼓舞下，重新振作，繼續著他的設計歷程。後來，他設計了許多有名的建築，成為一名十分出色的建築設計師。

智慧品人生

不要認為自己是一艘被大海遺棄的破船，相信自己只是一時擱淺；面對眼前的高山不要認為它是你的障礙，其實它是你登高的階梯。無論何時都要坦然地面對生活的艱辛，不能失去生活的勇氣。

2 · 芳香的背後

珍珠的閃爍離不開沙石的打磨，鮮花的綻放必定是在風雨洗禮後的晨曦，生命的芳香亦是如此，必定會經歷一個痛苦的過程。

舞臺上，演員的表演精彩絕倫，當你為其鼓掌喝采的時候，是否知道，演員曾經為這精彩的瞬間付出了多麼大的代價，承受了多麼大的苦難。殊不知最好的東西需要最痛苦的孕育才能形成。芳香四溢，那是來自背後默默無聲的艱苦付出。

龍涎香是一種名貴的香料。它與麝香幾乎是所有高級香水和化妝品中必不可少的配料。據說作為固體香料，它的香氣可以長達百年，被譽為「天香」和「香料之王」，但很多人卻不知道它孕育中所經歷的痛苦。

《大西洋記》上給龍涎香賦予了一個美麗的傳說：「龍涎嶼，獨然南立海中，波擊雲騰，每至春間，群龍所集，於上交戲，而遺涎味……其龍涎初若脂膠，黑黃色，頗有魚腥之氣，久則成就土泥。」

由此，先人相信龍涎香是「龍之唾液」。雖然這只是人們從它奇異的香味，幻想出的美麗傳說而已，但卻反應出了它香味的特別。人們覺得這樣美妙的香料，一定很傳奇，很高貴。

經過海洋生物學家們反復研究，終於向人們揭開龍涎香神祕身分的時候，不禁讓所有人大吃一驚。

原來，龍涎香源於抹香鯨的體內。抹香鯨最喜歡吞吃章魚、烏賊、小卷等動物，而章魚類動物體內堅硬的「角喙」可以抵禦胃酸的侵蝕，在抹香鯨的胃裡不能消化，如直接排出體內的話，勢必割傷腸道。於是在千萬年的進化中，抹香鯨慢慢適應了這種「飲食」習慣，它的膽囊能夠大量分泌膽固醇進入胃內將

這些「角喙」包裹住，形成罕見的龍涎香，然後再緩慢從腸道排至體外，有的抹香鯨也會透過嘔吐排出。稀世香料就這樣產生了。

原來這樣奇異的香料的出身竟如此卑微，更讓人難以置信的是，龍涎香在剛剛誕生的時候，不僅不香，而且還奇臭無比。它需要在海波的摩挲、陽光的曝曬、空氣的催化下，臭味才能慢慢消滅，然後淡香出現，逐漸變得濃烈；顏色相應也會由最初的淺黑色，漸漸地變為灰色、淺灰色，最後成為白色。白色的龍涎香品質最好，只是它需要經過百年以上海水的浸泡，才能散發出奇異的香氣。

龍涎香的產生是一個長期漫長的過程，就像我們人的成長一樣，需要經過多年的打磨才能綻放出傲人的生命之花。我們為什麼不能做一次「龍涎香」，給自己一個鍛造的過程呢？不要因為一時的失意，而去否認自己的能力，也許你就是一塊正在孕育中的龍涎香。應該相信自己一時的苦難只是上天對你的考驗，上天選中了你，是希望你能像龍涎香一樣，為人間帶來奇異的芳香，才會讓你承受別人所不曾經歷的痛苦。感謝那些磨難和挫折，要不是它們，我們怎麼會成長，怎麼會壯大？

智慧品人生

很多時候，我們是不能選擇的，想成為能留香百世的龍涎香就必須經歷痛苦的孕育和海洋的「摧殘」；想成為翩翩起舞的蝴蝶就必須承受破繭的痛苦；想成就一世偉業，就必須經歷生活的考驗。在困難的時候想想龍涎香，相信自己也是上天的寵兒。

3・學習穩重之功

鑽石之所以光耀，那是因為它們在地下多年的修為，承受了更多磨煉和壓力，而急於表現自己；煤炭之所以暗淡，那是因為他們急於嘗試而忘記了自己本還稚嫩。

沉穩的人內斂，不張揚，那是因為他們更懂得修為自己，不僅稚嫩，更無法呈現出耀眼的光芒。看看下面的故事，你會有什麼啟發？

在一個華麗的房間裡，靠近壁爐的桌子上擺著一塊光彩奪目的鑽石，牆角的火爐邊放有一些黝黑的、貌不驚人的煤炭。

煤炭唉聲嘆氣：「唉！為什麼我們天生身體黑？天生沒價值？天生這副德性？唉……」

鑽石聽了很不忍，便開口安慰道：「同胞們，別難過了！」

煤炭一聽，七嘴八舌地回答：「同胞？不會吧！我們是同胞？我們可不像你天生好命，材質非凡呢！別挖苦我們了！我們怎麼可能是同胞！」

鑽石說：「真的，我沒騙你們，我們可是遠房親戚呢！咱們的成分都是『碳』，難道不是同胞嗎？」

煤炭們嘆惋道：「天啊！老天真是不公平！為什麼我們和你的命運差那麼多？」

鑽石慢慢地說：「這是因為，我和大家的經歷不一樣。我沒有像大家那樣早早出土，而是待在地下承受更大的壓力和寂寞，我待在地下的時間要比大家多很多年呢！這就是原因。雖然我們都是碳結構，但我們的經歷不同，所以最終的呈現風貌也就不同。」

其實人和人之間不也是一樣嗎？不同的境遇造就了不同的人。我們為什麼不能像鑽石一樣，頂住

壓力，在地下多待幾年。人生，從來不會有一帆風順的事，在我們努力的同時，外界總會給我們帶來壓力，承受不住這些壓力，永遠也談不上成功。

人要懂得「該出頭時再出頭」，不要浮躁、冒失地強出頭。在土裡多待一會兒，學習穩重一點，內斂一點，謹慎一點，該出頭時再出頭，該表現時再表現，那麼將來您的價值就有可能是塊「鑽石」。太急於出土，慣於太早「秀」出自己不成熟的意見、表現的人，其最終的價值只不過是塊「煤炭」。

人生，要多學習穩重之功。人不穩重，未來的路也不會穩。人生的價值是「煤炭」抑或「鑽石」，關鍵在於如何面對壓力，及以何種態度和形式表現自己。

智慧品人生

無論你遇到多大的困難，只要你堅定點燃生命之燈的信念，永不言敗，你就都能攻克難關。並不是所有的煤炭都有選擇壓力的機會，當你正承受生命的重壓時，請相信，將來會變成一顆鑽石。

4 · 面對衝突，要做紳士

衝突在所難免，關鍵在於用什麼樣的方式解決。爭吵能讓你發洩心中一時憤慨，但是卻失去了風度，更不能讓問題很好地解決。保持冷靜，退一步，換一種方式解決，將盡顯你優雅風度。

不論是生活中，還是工作上人與人之間總會遇到摩擦與不和，這時爭吵似乎不可避免。但是，所有的爭吵都不是件很優雅的事情，不是明智之舉。當雙方吵得面紅耳赤的時候，不僅問題得不到解決，而且還會使你的形象大打折扣。這個時候不如暫且迴避一下，讓你的對手先發洩他的憤怒，「展現」他的狂躁，你再來心平氣和地和他講道理。優雅大方的風度一定讓你魅力倍增。

美國第二十五屆總統威廉·麥金利（William McKinley），就遇到過一次很無奈的爭吵。國會中有幾位議員因為對總統指派的收稅經紀人不滿意，便起來抗議。其中領頭的是一個六英尺多高，脾氣很暴躁的議員，使用近似侮辱的言詞。但是麥金利總統毫不作聲，任由他發洩怒氣，等他罵完了，然後麥金利總統很平和地說：「現在你覺得好些了嗎？」又接著說，「照你所說的這種言詞，你實在是無權知曉我何以要指派某人，不過我還是告訴你。」麥金利總統用這種很冷靜的言語，極大地諷刺了那位發怒的議員。議員的臉馬上紅了，想道歉，但是麥金利總統沒有去批評他。而是又用一副笑臉說：「不論什麼人如果不知曉事實，總是容易發狂的。」就這樣簡簡單單的一句話，麥金利總統不僅讓對方感覺自己做錯了，而又顧全了對方的面子。然後他就開始向對方解釋自己作決定的原因，告訴了他其中的事實。

麥金利總統就是以這樣冷靜的態度，諷刺巧妙地回應了這位議員的粗暴侮辱，使得這位議員對自己

的言行感到很自責，同時又對麥金利總統的通情達理感到欽佩。真正的討論還沒有開始，這位議員就已經把自己推到不利的地位，不論麥金利總統的指派是否合理，這位議員也沒有什麼反駁的機會了。

自然，麥金利總統不費吹灰之力就說服了那位議員。並且透過他平息了其他議員的抗議。當這位議員回去交代他的交涉結果時，只能說：「夥伴們，我忘了總統所說的是些什麼，不過他是對的。」

某位大律師曾經說過：打倒一個憤怒的對手，沒有比冷靜更好的辦法了。

麥金利總統透過兩次小小的退讓，不僅順利地推行了自己的決定，而且還增加了自己的威信。第一，他沒有和那位狂躁的議員爭執，作出了一個總統應有的姿態，使自己占據了有利的地位；第二，在那位議員意識到自己的錯誤之後，麥金利總統沒有乘勝追擊，繼續責備他，而是表現出善解人意的一面，保全了那位議員的面子，使得那位議員在心底對麥金利總統有了一絲的感激之情。

當你和別人發生衝突時，盡可能保持冷靜清醒的頭腦，用較為和平態度化解問題。它體現的不僅僅是你的風度，更是化干戈為玉帛的智慧，是一種和諧的相處方式。

智慧品人生

對待「無禮」的最好方式就是禮貌回應。當他為自己的言行感到羞愧，就是他失敗的時刻。

5・在夢想的舞臺上展翅高飛

憑藉頑強的意志，終於在那個滿載著普通人夢想的舞臺上，展現了自己的風采。

二〇〇六年四月，中國的選秀節目其海選現場中，來了一位特別的選手：一個獨臂女子——張先會。她站在評審面前還有一些緊張，只唱了兩句《揮著翅膀的女孩》就不再唱了，然後小聲地說道：

「我是一個殘疾人，只有一隻胳膊，但是我希望能在夢想的舞臺上展翅高飛……」

評審知道了她的故事後，當場就感動得流下了淚。主持人並對她說：「歡迎你。」

原來在這位其貌不揚的女子背後，還有一段與命運頑強抗爭的故事。

張先會四歲時，因車禍失去了一隻手臂，但她一直是個不服輸的人。一九九四年她曾經代表中國參加由北京舉行的遠東及南太平洋地區殘疾人士運動會，並榮獲了跳遠和一百公尺賽跑比賽的銅牌。同一年，她被評為中國四川省優秀青年。然而，隨著時間的流逝，張先會的母親年紀越來越大，家中沒有別的收入，生活逐漸陷入了困境。這時，張先會偶然在街頭碰上了一個收養雙胞胎姐妹的殘疾人。

出於好心，張先會提出，把雙胞胎姐妹送到自己的母親家裡照顧，由那位殘疾人出撫養費。這樣，兩個孩子就可以過上安定的生活，也能夠讀書了。而張先會則和那個殘疾人一起，走上街頭賣唱。日子就這樣一天天地過去了。之後，張先會結婚了，並且有了一個自己的孩子。

但就在此時，那個收養兩個雙胞胎姐妹的殘疾人失蹤了，兩個非親非故的孩子被留在了張先會的家裡。就這樣三個孩子的撫養責任都落到了這位獨臂媽媽身上。一家人要養活三個孩子，這對張先會來

說，實在是難以負擔，唯一的辦法就是更加辛苦的工作。張先會暗暗地下決心，要把姐妹倆養大，而且還要讓她們繼續讀書。

張先會從此更加努力地去賺錢，沒有另外一個殘疾人的相互扶持，張先會說服丈夫和她一起走上街頭。一家人一直靠張先會唱歌的收入來維持生活，日子過得很辛苦。但張先會卻從沒有向命運妥協過，一直頑強地選擇依靠自己的力量去生活。

她說：「賣唱也是憑本事自食其力，我想用這種方式來證明自己活著的價值。」正是憑著這種不服輸的倔強，張先會以一個殘疾之軀擔負起了生活的重擔。

直到二〇〇六年選透節目的海選開始後，張先會仍然以一顆不服輸的心報名參加比賽。她演唱了那首《揮著翅膀的女孩》，雖然她的歌聲不是最美妙的，但卻是最感人和發自肺腑的。

二〇〇六年十月，張先會來到電視臺參加節目的培訓。在舞臺上，憑藉頑強的意志，她終於在那個滿載著普通人夢想的舞臺上展現出自己的風采，以夢想作為羽翼展翅飛翔起來。有夢想，就有希望，張先會就是憑藉自己不服輸、不放棄的堅定毅力實現了自己小小的夢。這不失為我們的好榜樣，生活再艱苦，只要不放棄追求夢想的腳步，夢想終究會光臨。

智慧品人生

生命的精彩源於頑強，不論人生有多麼艱辛，只要頑強必定能綻放出生命的絢麗。不畏生活的艱險，是因為生命本身就很堅強。

6·苦難是成功的推手

苦難從某種角度講是一種辛運，是一種推動你前進的動力。因為它可以讓你收穫更多。

命運多舛造就了很多成功人士的輝煌就成。曾經生活中的諸多惡運，迫使他們不得不努力改變現狀，而惡運本身則是成就他們基石。當他們踩著各種艱難險阻上路的時候，也是踩著各種堅定的信念上路的。因此，一路走來，終將收穫精彩。

美國玫琳凱化妝品公司（MARY KAY）的創始人兼董事長玫琳凱·艾施（Mary Kay Ash），這位化妝品業的巨頭，以她的智慧，締造了世界化妝品界的神話。她的公司，從三十八年前的九個人發展到今天的七十五萬名員工，到二十世紀九〇年代初，公司銷售額達兩億美元。然而作為一個女人，能取得如此巨大的成功，確實很不容易。

在談到她之所以能夠成功的時候，人們可以發現，生活帶給她的苦難造就了這個非凡的女人。玫琳凱是一位命運多舛的女子，在她三十歲以前，生活中的災難一個接一個地降臨到她身上。很小的時候，父親因病住院，母親為了照顧全家人的生活，從早到晚在外打工賺錢。玫琳凱七歲時，便擔當起重病中爸爸的廚師與護士工作。當時，個子矮小的她站在椅子上給爸爸做飯。下廚時，她要打二十多個電話給媽媽。在電話裡，媽媽一直用話激勵著她：「寶貝，媽媽知道你能做好，一定能！」正是媽媽這句話，讓小小的玫琳凱有了自信，即使飯做得不好，她也不沮喪，而是仍然充滿信心地迎接第二次工作。

「窮人的孩子早當家」這話說得一點沒錯，同樣是七歲的年紀，當別的小孩在父母懷裡撒嬌的時

候，玫琳凱已經學會了做飯和照顧病人。更重要的是，她懂得了「世上無難事，只怕有心人」的道理。

命運好像有意栽培她。二十七歲那年，她的第一任丈夫與另一個女人私奔離家出走，把三個還很小的孩子留給了她。這時的玫琳凱，可以說是走投無路。她沒有工作，沒有一分積蓄，更沒有經濟來源。面臨重重困難，玫琳凱痛定思痛，望著眼巴巴地等待吃飯的孩子們，來自女性的母愛激發了她的鬥志，她把孩子們抱在懷中，心中有個聲音對她說：誰說我一無所有？我是一位有愛心的媽媽，我要用愛和雙手改變自己和孩子的命運。於是這個平凡而又堅強的女性強裝笑臉，走上了社會，去謀生路。

幾經奔波，她終於找到一份既能照顧家又能發展事業的直銷工作。她以足夠的信心和加倍的努力對待自己的工作，以坦誠的微笑與顧客交心。不久，她便成為經驗豐富、年薪二點五萬美元的銷售強人，並一步步走上公司的領導職位。當時，銷售部門中很少有女性在這裡任職。與此同時，在她心裡，已經開始勾勒創辦自己公司的藍圖。四十九歲時，她看到孩子們已經有了一份好工作後，就從銷售部門退休回家。

退休後的玫琳凱，籌畫起她「夢想中的公司」，這就是後來享譽全球的「玫琳凱化妝品公司」。現在，玫琳凱化妝品公司業務遍布全球三十六個國家及地區，全球擁有美容顧問七十五萬人，締造了世界化妝品界的神話。玫琳凱的故事也說明，苦難從某種角度講是一種幸運，是一種推動你前進的動力。

智慧品人生

如果說命運是不公平的，只會對一些人特別的關愛，那一定是像玫琳凱那樣經歷過多次苦難的人。命運努力地讓他們向後退，以此來激勵他們加倍努力地向前走。

7・有一天，你終將強大

面對命運的捉弄，不要灰心，終有一天你可以戰勝它，因為你將變得刀槍不入。

你覺得世界是公平的嗎？想必很多人的答案是否定的。生活中，我們總是會遇到這樣那樣的「倒楣事情」，辛苦的努力有時候也會功虧一簣。「倒楣事情」不可避免，關鍵在於我們以什麼樣的態度面對這種困難。一部分人會在這樣一個殘酷的現實面前倒下，破罐子破摔，失去進取的信心；而另外一部分人則會選擇倔強地與命運的「不公平」抗爭，直到他們勝利為止。

有一個孩子，因為家裡沒有錢供他讀書，所以在國中時就輟學回家了，幫助父親耕種三畝薄田。十九歲那年，父親去世了，家庭的重擔全部壓在了他的肩上。他要照顧身體不好的母親，還有一位癱瘓在床的祖母。

二十世紀八〇年代，農田承包到戶，小夥子覺得機會到了，他要靠自己的智慧和勤奮來改變貧窮的命運。他把一塊水窪挖成池塘，想養魚，但鄉里的人告訴他，水田不能養魚，他只好又把水塘填平。這件事成了一個笑話，在別人的眼裡，他成了一個想發財但又非常愚蠢的人。

聽說養雞能賺錢，他向親戚借了五百元錢，養起了雞。但是一場無情的洪水過後，雞得了雞瘟，幾天內全部死光了。五百元對別人可能不算什麼，對一個隻靠三畝薄田生活的家庭而言，簡直是天文數字。他的母親受不了這個刺激，竟然憂鬱而死。

面對命運的不公，他並沒有失去生活的信心。後來他釀過酒，捕過魚，甚至還在石礦的懸崖上幫人

160

打過炮眼……但都沒有賺到錢。三十五歲的時候，他還沒有娶到媳婦。即使是離異的、有孩子的女人也看不上他，因為他只有一間破屋，隨時有可能在一場大雨後倒塌。娶不到老婆的男人，在農村是沒有人看得起的。但他還想搏一搏，就四處借錢買來一輛手扶拖拉機。不料，上路不到半個月，這輛拖拉機就載著他沖入一條河裡。他斷了一條腿，成了瘸子。而那拖拉機，被人撈起來，已經支離破碎，他只能拆開它，當作廢鐵賣掉。

一個這樣不受老天眷顧，如此倒楣的人，幾乎所有的人都說他這輩子完了。但是後來他卻奇蹟般地成了一家公司的老總，手中有兩億元的資產。現在，許多人都知道他苦難的過去和富有傳奇色彩的創業經歷。很多媒體採訪過他，許多書籍描述過他。有一次採訪給人留下的印象頗深……

記者問：「在苦難的日子裡，您為什麼一次又一次毫不退縮？」

他坐在寬大豪華的沙發椅，正喝完手裡的杯水。然後，他把玻璃杯握在手裡，反問記者：「如果我鬆手，這只杯子會怎樣？」

記者說：「摔在地上，當然會碎了。」

「那我們試試看。」他說。

他手一鬆，杯子掉到地上發出清脆的聲音，但並沒有破碎，而是完好無損。他說：「即使有十個人在場，他們都會認為這杯子必碎無疑。但是，這杯子不是普通的玻璃杯，而是用玻璃鋼製作的。」

命運的不公對他來講已經不算什麼，在一次次的失敗中他沒有被打倒，而是變成了一個不怕摔的「鋼玻璃杯」。見慣大風大浪的人還會怕什麼綿綿小雨嗎！面對命運的捉弄，不要灰心，終有一天你可以戰勝它，因為你將變得刀槍不入。

有時候，命運看起來似乎是不公平的，努力的結果不一定就會成功，付出也不一定就能得到回報。命運給你安排的任何磨難都是對你的歷練。

但是真正得到命運眷顧的人並不是一直很幸運的那些人，而是一直在經受磨難的人。

8・用和平的方式解決問題

真正智慧的人，並不會以一時的威風來顯示自己的勇敢。

面對別人的挑釁，一般情況下，我們都會選擇用更甚的方式給對方反擊，卻不去想有沒有更巧妙的方式可以解決問題。《馬太福音》中有這樣一條教義：當有人打你的右臉時，你應該把左臉也轉過來讓他打。這話聽起來有些不可思議，但是卻被很多成功人士奉為圭臬。在很多人看來，這是一種懦弱的表現，但是真正智慧的人明白並不會以一時的威風來顯示自己的勇敢。

威名赫赫的華盛頓總統年輕的時候，曾發生過這樣一件事情：

身為上校的華盛頓命令部下駐防亞歷山大市。當時正值弗吉尼亞州議會選舉議員，一個名叫威廉・佩恩的人反對華盛頓所支持的候選人。因此，華盛頓和此人之間就選舉問題展開了激烈的爭論，華盛頓說了一些冒犯的話。脾氣暴躁的佩恩火冒三丈，一拳將華盛頓打倒在地。華盛頓的部下急忙跑過來，想

162

要教訓一下佩恩，卻被華盛頓阻止了，並被命令馬上回到營地。

第二天一早，華盛頓就派人給佩恩送了一張便條，約他到一家小酒館見面。佩恩料想必定是兩個人之間的決鬥。於是在趕到酒館前，做了一番精心的準備。佩恩虎視眈眈地來到酒館，卻被眼前的景象嚇了一跳，等待他的不是一把手槍，而是美酒。

看見他進來，華盛頓站起身來，伸出手迎接他。華盛頓說：「佩恩先生，人非聖賢，孰能無過。昨天確實是我不對，我不可以那樣說，不過你已然採取行動挽回了面子。如果你認為到此可以了結的話，請握住我的手，讓我們交個朋友。」

佩恩沒有想到縱橫沙場的華盛頓上校，居然會以這樣的方式來結束他們之間的爭吵。不禁為自己前一天的行為感到深深的自責，更被華盛頓的人格魅力深深打動。

從此以後，佩恩成了華盛頓的一個狂熱崇拜者和支持者。

當你受到別人的傷害或挑釁的時候，不要急於採取行動，退讓一步，事態將不會突然惡化。在頭腦保持冷靜的狀況下，往往才能找到最佳的解決方案。不要為逞一時的威風而損害自己的利益，或者落得兩敗俱傷的結果。

如果對方本質並不壞；或者對方並非惡意傷害你，只是由於誤會或其他原因造成了你的損失；再或者你和對方有直接的利益關係，有求於人的時候，都不如暫時採取退避的方法，以德報怨，讓對方自己感到內疚，誤會就自動化解了，從而使自己得到更多的利益。

9・學會分解敵人力量

> 在面對強大的敵人時，最好的方法就是掩藏自己的真實意圖，削減敵人的戒心，逐步分化敵人的力量。

政治上的鬥爭最講究的是韜略之計。義大利著名政治思想家馬基維利曾有一句名言：一個君主應該具有雙重性格——獅子一樣的兇猛，狐狸一般的狡猾；而聰明的君主則知道什麼時候當獅子，什麼時候當狐狸。在面對強大的敵人時，最好的方法就是掩藏自己的真實意圖，削減敵人的戒心，逐步分化敵人的力量。

順治七年十二月（西元一六五〇年）紫禁城中，孝莊皇太后接過一份急報，不由面現喜色，繼而又開始了沉思。攝政王多爾袞在喀喇城獵所去世了。

因為多爾袞掌權多達七年之久，他的大權終於可以歸還皇室了，當借此機會迅速讓順治帝親政，掌握大清統治權。然而，孝莊皇太后清楚地知道，多爾袞攝政期間已網羅了一批以正白、鑲白旗為骨幹

選擇以退讓的方式，來解決別人對你的傷害，不是懦弱的表現，而是一個真正智慧的人冷靜思考後的結果。簡單粗暴地解決問題只能使自己的利益蒙受損失，或者給自己帶來不必要的麻煩。

的大臣，這對年僅十四歲的順治帝來說是個很大的威脅。而其中最當堤防的，是英親王阿濟格。阿濟格是多爾袞的同母兄弟，城府很深，還長孝莊皇太后十歲。皇太極在位時，曾盡力瓦解多爾袞與阿濟格、多鐸三兄弟的關係，使多爾袞一向對阿濟格深加防範。但孝莊也得到密報，稱多爾袞在臨死前曾擯棄前嫌，召阿濟格到床前密談後事，內容外人一概莫知。

隨即，她命人密切注視阿濟格的行動。其後又發現，阿濟格不斷遊說諸王，勸說他們迅速擁立一個攝政王，還密令兒子多爾博調兵到獵所，欲謀求攝政王地位的野心已顯露無遺。形勢驟然緊迫起來。

孝莊皇太后認為，讓順治帝親政眼下已是刻不容緩。而若要讓順治順利掌權，就必須得設法分化瓦解多爾袞的兩白旗集團；而分化這一集團的關鍵，就在於阿濟格。一旦挫敗阿濟格，兩白旗集團群龍無首，即可進行各個擊破。

如何行動呢？孝莊思慮再三，決定以退為進，以追悼多爾袞作為爭取兩白旗大臣的手段，從而孤立阿濟格。於是，事實上統治了清王朝七年之久的睿親王多爾袞就此被推上了神壇。

在多爾袞去世的消息抵京並擴散開來後，孝莊立即讓順治發布全體臣民易服舉喪的詔令；多爾袞的靈車回京，按照孝莊的籌劃，順治與眾大臣身著縞素前去迎柩，進行哭祭；第二日下達多爾袞「合依帝禮」的詔令，說多爾袞當「太宗文皇帝（皇太極）升遐之時，諸王大臣擁戴皇父攝政王，堅持推讓，扶立朕躬，又平定中原，統一天下，至德豐功，千古無兩」，給了他極高的讚譽；幾天後對多爾袞的追尊達到了頂峰——追尊攝政王為成宗義皇帝，繼而又下詔將其牌位立於太廟，享受皇帝的殊榮。

這種種舉措隨即消除了兩白旗大臣的疑慮。他們立即拒絕了阿濟格的拉攏，還將阿濟格的種種陰謀活動向朝廷彙報。兩白旗集團的骨幹額克親、羅什、博爾惠等人則在護送攝政王靈柩回京途中，一舉將

心懷叵測的阿濟格父子抓下，解至京中。隨後，在議政王大臣會議上，阿濟格被判處籍沒家產，終身幽禁。就這樣，順治親政的最大威脅阿濟格，就此被清除了。龍首既失，兩白旗集團再難成氣候，被孝莊皇太后各個擊破，或被處死，或遭革職，頃刻間潰不成軍，順治的障礙終於被掃除。

阿濟格固然閱歷豐富，但他遇到了一位更具謀略的對手——孝莊。在刻不容緩的形勢下，孝莊冷靜地審視全局，把握脈絡，經過認真的分析，沒有採取正面出擊的方式，而是採取了暫且退讓的策略掃清了障礙。她的對手並不僅是阿濟格，而是整個兩白旗集團。倘若直接打擊阿濟格，覆巢之下難有完卵，為自身利益考慮，兩白旗集團會全體連成一氣，生出同仇敵愾之心。那時，必然會成兩敗俱傷之局，縱穩操勝券，也非上上之選。而人心可用，兩白旗集團中人仍多持觀望態度，若能將這部分人先拉攏過來，使置於前臺的阿濟格孤立，將之分化瓦解，再分而擊之，則能取得最理想的效果。於是，在尊崇多爾袞措施的麻痺下，阿濟格被孤立出來，從而孝莊皇太后兵不血刃地清除，最後保證了全局的勝利。

智慧品人生

一隻像狐狸一樣狡猾的獅子，是不會追著獵物狂奔的，而是藏起來伺機突襲。以退為進、欲擒故縱，隱藏自己的意圖，消除敵人的戒備，在迂迴中前進，才是韜略之計，才是英雄所為。

10・蘑菇管理法

歷經「蘑菇管理」可以讓你更瞭解現實，適應現實，它能讓每一個初出茅廬的年輕人，在社會這個大環境中快速成長。

很多初入職場的人，都會有一種由於現實與理想的差距而導致心理落差，覺得自己沒有被重視，很多才華沒有得到發揮。然而工作並不是一個人的表演，而是一個有機的整體，每個人只是這個團隊中的一員。這個團隊不可能給你提供展示全部能力的舞臺，你所需要做的只是對團隊有利的事情，而不是炫耀自己。

在現代管理術上有一種叫做「蘑菇管理」（Mushroom management）的管理方法，是許多組織對待初出茅廬者的一種管理方式。初學者常被置於陰暗的角落（不受重視的部門或打雜跑腿的工作），澆上一頭大糞（無端的批評、指責、代人受過），任其自生自滅（得不到必要的指導和提攜）。相信很多人都有這樣一段「蘑菇」的經歷，但這不一定是什麼壞事，尤其是當一切都剛剛開始的時候，當上幾天「蘑菇」，能夠消除我們很多不切實際的幻想，讓我們更加接近現實，看問題也更加實際。

一個剛剛大學畢業的年輕人來到一家外資企業上班。他的工作有點像祕書，但大家都叫他「助理」。從大學裡的一個學生會幹部到做別人的「助理」，他心裡很難受，突然感覺自己已不再重要了。特別是公司裡的小張、小李等人動不動就喚他去打雜時，巨大的心理落差讓他很惱火，覺得很沒尊嚴，自己又不是奴才，憑什麼被他人指揮著幹這個又做那個。

剛進公司時，阮經理也事先對他這麼說過，但一涉他總是覺得自己的工作就是這些「一地雞毛」。

及具體事情，他的情緒就有點失控。有時咬牙切齒地做完某事，還要笑容可掬地向有關人員彙報：「我

做好了！」有幾次還與同事爭吵起來。從此以後，他的日子更不好過了，孤傲的他逐漸被孤立起來。

這天，經理點名叫他到經理辦公竄整理一下環境，並為他煮一杯咖啡。

他硬著頭皮去了，經理一眼就看出他的不滿，便一針見血地指出：「你覺得很委屈是不是？你有才

華，這點我信，但你必須從起頭做起！」

他心裡一驚：「他竟知道我的心！」他笑了笑，表示感謝。經理叫他先坐下來，聊聊近況。但沒有

椅子呀！他總不能與經理並排坐在雙人沙發上吧？經理到底在開什麼玩笑？

這時，阮經理意有所指地說：「心懷不滿的人，永遠找不到一把舒適的椅子。」難得見到他如此親

切慈祥的面孔，那個年輕人放鬆了許多，心想：原來，他不像一個「剝削者」，更像自己的一個合作夥

伴，只不過，他是長輩，我需要尊重他。

手腳忙亂地弄好一杯咖啡後，他開始整理經理的桌子，其中有一盆黃沙，細細的，柔柔的，泛著一

種陽光般的色澤。他覺得奇怪，這幹什麼用呢？

阮經理似乎看出他的心思，伸手抓了一把沙，握拳，黃沙從指縫間滑落，很美！他神祕一笑：「你

以為只有你心情不好，有脾氣？其實，我跟你一樣，但我已學會控制情緒，工作中總會有不如意的事

情，不是任何事情都會順你的意。你做的事情越多，不如意的事情就越多，而經歷的打擊多了，才更有

韌勁，看問題才能更切合實際……」

原來，那一盆沙，是用來消氣的，是經理一位研究心理學的朋友送的。一旦他想發火，就可以抓抓

沙子，它會舒緩一個人緊張激動的情緒。朋友的這盆禮物，已伴他從青年走向中年，也教他從一個魯莽

少年工讀生，成長為一名穩重、老練、理性的管理者。

無論你是多麼優秀的人才，在剛開始的時候都只能從最簡單的事情做起，「蘑菇」的經歷對於成長中的年輕人，就像蠶繭，是羽化前必須經歷的一步。所以，如何高效率地走過生命中的這一段，從中盡可能吸取經驗，成熟起來，並樹立良好、值得信賴的個人形象，是每個剛步入社會的年輕人必須面對的課題。當我們處於「蘑菇萌發期」的時候，一定不要對自己失去信心，相信自己會變成一個誘人的蘑菇，而不是隨著一堆落葉被腐蝕掉。

智慧品人生

蘑菇管理不失為一個管理初入職場的年輕人的好辦法，只有經歷過被忽視的階段才能以一個平和的心態去面對以後的工作和生活。人的性格完善是需要一個過程的，光有鼓勵是不夠的，坦然面對工作上的「壓迫」，才能遊刃有餘地處理各種事情。

11・面對失敗，也要感恩

不僅僅只有成功的事情才能作為我們的財富，失敗給我們的啟示可能遠遠超過成功的啟迪。

有經歷，不代表有經驗，很多人在自己的工作崗位上做了一輩子，也沒有什麼進步，仍然停留在機

械地重複的水準上。如果說世界上最寶貴的財富是經驗，那麼就有很多常常入寶山而空手回歸的人。不僅僅只有成功的事情才能作為我們的財富，失敗給我們的啟示可能遠遠超過成功的啟迪。

史蒂芬失業了，一切來得那麼突然，讓他猝不及防。一個程式師，在軟體公司做了八年，他一直以為將在這裡做到退休，然後拿著優厚的退休金頤養天年。然而，這一年，公司卻突然倒閉。

史蒂芬的第三個兒子剛剛出生，他在享受為人父的幸福的同時也意識到，重新工作迫在眉睫。作為丈夫和父親，自己存在的最大意義，就是讓妻子和孩子們生活得更幸福。

他開始從零開始，每天的工作就是找工作。一個月過去了，他沒找到工作。除了編寫程式，他一無所長。

終於，他在報上看到一家軟體公司要招聘程式師，待遇不錯。史蒂芬帶著資料，滿懷希望地趕到公司。應聘的人數超乎想像，很明顯，競爭將會異常激烈。經過簡單交談，公司通知他一個星期後參加筆試。

憑著過人的專業知識，史蒂芬輕鬆地通過了筆試。沒過幾天，公司通知他來參加面試。他對自己八年的工作經驗無比自信，堅信面試不會有太大的麻煩。然而，出乎他意料的是，考官並沒有問他具體的技術問題，而是問他關於軟體業未來的發展方向。關於這些問題，史蒂芬從未認真思考過。他只好結結巴巴地說了一些自己的看法，面試官皺著眉頭聽完了陳述，顯然，史蒂芬的回答並不能讓他滿意。不用說，這次面試以失敗告終。

從公司走出來，史蒂芬想起了家中的妻兒，心裡十分難過。但是，從職業角度看，他覺得這家公司對軟體業的理解令人耳目一新。雖然應聘失敗，但他感覺收穫不小。於是，史蒂芬覺得有必要給公司寫

封信，以表感謝之情。回到家，他提起筆寫道：「貴公司花費人力、物力，為我提供了筆試、面試的機會。雖然落聘，但經由應聘使我大長見識，獲益匪淺。感謝你們為之付出的勞動，謝謝！」第二天，他把信放進了郵筒，又踏上了求職之路。

這是一封與眾不同的信，落聘的人沒有不滿，毫無怨言，竟然還給公司寫來感謝信，真是聞所未聞。這封信被層層上遞，最後送到總裁的辦公室。總裁看了信後，一言不發，把它鎖進抽屜。

三個月後，新年來臨，史蒂芬帶著一身的疲倦從人才市場回到家，突然發現桌子上有一張精美的新年賀卡，上面寫著：「尊敬的史蒂芬先生，如果您願意，請和我們共度新年。」賀卡是他上次應聘的公司寄來的。原來，公司出現空缺職位，而他們想到了史蒂芬——那個面試失敗還給公司寫感謝信的人。

這家公司就是後來聞名遐邇的「微軟」。十幾年後，憑著出色的業績，史蒂芬‧辛諾夫斯基（Steven Jay Sinofsky）一直做到了副總裁的位置。

在生活中，我們會遇到或大或小的失敗，有的人因此抱怨上天的不公。其實，失敗是上天送給我們的一份特殊的禮物，只有聰明的人才能發現其中隱藏著成功的玄機。所以，請以感恩的心態面對失敗，感謝它讓你成熟，感謝它讓你變得堅強。當你學會用感恩的心態面對失敗時，你會發現，失敗有很多我們不曾發現的深意。

智慧品人生

做事目標明確是件好事，但是目標明確不等於鼠目寸光。當我們面對一時的失敗，不要急於哀嘆自己的不幸，或者抱怨懷才不遇。靜下心來，細細想想你會發現，失敗才是我們人生寶貴的財富。

12・看清前路再前進

當為了目標而拚命付出的時候，為什麼不試著給自己留一條退路，說不定能讓你更好地遠行。

生活中，我們經常會堅持不懈地做一件事，但是一味地堅持不懈可能會讓一個人付出生命的代價。

為什麼不試著給自己留一條退路，說不定它能讓你更好地遠行。如果一意孤行，非但前進不了，反而欲退不能，或者為時已晚。

從前，有師兄弟二人欲穿越一片沙漠到另一個城鎮去。當他們出發後不久，師兄發現前方的沙漠上空布滿了烏雲，於是就對師弟說：「看來會起風，我們還是先沿路折回，改天再擇個好天氣出發吧！」師弟卻不以然，說：「我們在前進的路上不能退縮，我看還應該繼續前行啊！」於是師兄弟二人便產生了分歧，師兄見天氣不見好轉，勸說無效，就獨自退了回去；師弟則固執己見，選擇繼續前進。

師兄回來後不久，沙漠上空果然狂風大作，沙塵被刮得滿天飛。師弟頓時感到情勢不妙，料想不可再向前進，於是掉頭折回。可是還沒走出多遠，沙漠就像海浪一樣一層一層地捲過來，將他埋沒了，再也沒有出來。

幾天以後，天空放晴，萬里無雲。師兄背起行囊，重新開始了他的沙漠之行。經過幾天的跋涉，終於到達了目的地。雖然一路上艱難險阻，但是無風無雨，甚是順利。

其實，生活就這樣，太多堅持的思想自小就灌輸進我們大腦裡。「只要工夫深，鐵杵磨成針」的信念讓我們往往盲目地前進，從不考慮堅持是否可以前進，甚至讓我們覺得退步，停一下腳就是懦弱的行

13・「退一步」的智慧

氣勢磅礡大智大勇的退，可以扭轉乾坤；小巧騰挪穿插縱橫的退，可以改變命運。

退是一種精神，一種「道」，一種在博弈場上的砝碼，即使用它來衡量一個人的心志也不失為一種好方法。人們常說「退一步海闊天空」，終究是有它現實意義的。氣勢磅礡大智大勇的退，可以扭轉乾坤；小巧騰挪穿插縱橫的退，可以改變命運。急流勇退、退避三舍、佯退實進等都是「退」中有形化的

以退為進，是人生處世的最高哲理。人生追求的是圓滿自在，如果是只知前進不懂後退的人生，那麼它的世界只有一半。因此，懂得「以退為進」的哲理，可以將我們的人生提升到擁有整個世界。

為。於是，很多人就像那位師弟一樣一頭栽進沙漠，卻永遠也不能退回來。

許多人也許會想：如果天空的烏雲只是一個老天開的玩笑，一會兒便放晴，或者說沒有狂風大作，那時我們甚至可以取笑師兄懦弱無能，膽小如鼠，而誇讚師弟大智大勇。師兄做事謹慎，在遇到危險處境時坐觀並非是懦弱的表現，恰恰是敬小慎微的良好做事風格。更何況老天並不是開玩笑，他是在向世人暗示，告誡我們要懂得如何拿捏堅持不懈與以退為進的分寸。

境界。選擇「退」是一種策略，更需要勇氣和智慧。

春秋時期，楚國攻打晉國。晉國當時的君王晉文公雖然憂心忡忡，但行事卻十分謹慎。他看到楚軍來勢洶湧，又顧忌到自己當年出逃至楚國時，深受楚國的優待，直接交戰則名不正言不順，不合道義，於是下令讓晉軍「退避三舍」。在當時，以每天行軍三十里為一舍，退避三舍就意謂著後退九十里。如此一來，晉軍將士自然憤懣不已。晉國大臣狐偃就順勢讓人向軍士們廣為宣傳，說這是文公為了報答楚王的恩惠，實現之前文公落難之時對幫助他的楚王所許下的諾言。而實際上，此舉乃激將之法，意在鼓動晉軍士氣，樹立文公的威望。而從軍事學角度看，晉軍的後退是在使楚軍疲憊，避其鋒芒。因此，晉文公「退避三舍」以退為進的策略，實在是一箭雙雕的高明戰術。楚軍以為晉軍後退是懦戰的懦弱表現，一直追到城濮才駐紮下來。而當時的晉軍早已有了秦、齊兩個軍事大國的扶助，可以說是有備無患，又加之巧妙靈活的戰術運用，先誘敵深入，再分別擊垮實力較弱的左右兩翼，迫使其中軍大將逃離戰場，進而取得了勝利。這就是歷史上著名的「城濮之戰」。從此晉國在我國歷史上留下以少勝多的戰術佳話。

水無常形，兵無常勢，許許多多「以退為進」的事例告訴我們，因「退」而成功者居多。一個企業、一個團體、一個人往往因為「退」而獲得更多的機會，其天地自寬。

當然，「退」既是一門哲學，也是一門藝術。有人說，既然「進」是我們的目的，「退」是我們的手段，那麼就不擇手段好了。這樣做肯定不可取。有的人做事，往往有極端傾向，要麼不退，要麼就是全身而退，不分青紅皂白，結果該把握的沒有把握住，浪費了許多大好機會，更有甚者會弄巧成拙，豈不貽笑大方？

所以，在我們變化多端難以預料的生活旅途上，一旦碰到較大起伏而又苦於找不到合適出路的時

候，就應該採取「以退為進」的策略，因為這種實用的「彈性手段」不僅可以讓你擺脫困境，更能為你的成就錦上添花，當然還要考慮到「以退為進」的恰當方法，時刻不銘記長遠大計，因為所有的「戰略性撤退」都是為將來更大的發展作鋪墊。

商場如戰場，處於不利地位時，不宜貿然行動。佯退實進，變不利為有利，才是成大事之道。一味地冒進只是一名愚勇的猛將，運籌帷幄、謹慎行事才是王者之道。

14・「變」則通，通則明

變即不變的道理。世界上，無論什麼事，總是會以某種形式變化的。根本不存在既定不變的規則和標準。

有人認為，生活就是接受一個又一個的挑戰，有的人在挑戰中激烈地爭逐，並感受到了勝利的快感。所以，這些人認為面對挑戰，拚個你死我活才是英雄的風格；而有些人卻有著自己的想法，他們認為到達勝利的路有多條，並相信：「條條大路通羅馬」的箴言。

有這樣一個故事：在美國政府選舉一位議員時，最後剩下Ａ、Ｂ兩個候選人要進行一次演講來一決

勝負，並由此決定誰是下一任的新議員。當 A 先生滔滔不絕地發表自己的長篇大論時，B 先生坐在觀

眾席上卻顯得十分安然，面帶微笑地聽著 A 先生的精彩演講。演講完畢後，B 先生對 A 先生的精彩表

現報以熱烈的掌聲，並第一個帶頭站起來，號召觀眾們為 A 先生鼓掌。

輪到 B 先生上場了，他鎮定地走上講台，面對觀眾，表情從容。他對全場的所有觀眾只簡單地說

了一句話，這句話說得既簡單又樸實，「我為我們國家有 A 先生這樣出色的政治家而感到自豪！我會努

力以他為榜樣。」話音落時，全場頓時鴉雀無聲，很快，全場響起了一片雷鳴般的掌聲。

最後，B 先生登上了議員的寶座。

B 先生面對激烈的競爭，並沒有對準矛頭，迎面而上，而是巧妙地避開了。這樣避開並不是膽子或

面子的問題，而是技巧。B 先生的巧妙迴避鋒芒，不得不讓人稱快。如此巧妙，比起針鋒相對，更會讓

人感覺到一種無形的力量。迴避從某種意義上說是一種退，這種巧妙的退，顯得比迎面而擊更有力量。

智慧品人生

有時，退的巧妙運用無疑又是一種人格的提升、生命的昇華。因為退，代表著謙讓、和善。因此，

我們不但要贏，更要贏得漂亮，贏得有風度。柔能克剛，退亦能進。

15·大局著眼，小處著手

一個能從小處著眼，做事務實的人，更容易贏得別人的信任和取得成功的機會。

每個人在找工作的時候，都要面臨一個推銷自己的問題。很多剛剛走出大學校門的人，花大心思去做自己的履歷，甚至不惜重金聘請專業人士「製作」，偽造假的工作證明。這些對於釋出職缺的公司，只能看得雲裡霧裡，不知所云。在標榜自己的時候，吹得天花亂墜，反而會讓別人對你的為人和品質產生懷疑。不如從小處著眼，做一個務實的人，讓別人覺得你是值得相信的，這樣才能贏得更多的機會。

倫敦的一條街上住著三個裁縫師。一天，其中一個裁縫師掛出一塊招牌，上面寫著：「倫敦最佳裁縫店」。

另一個裁縫師見了，也在當天亮出一塊招牌，上面寫著：「英國最佳裁縫店」。

第三個裁縫師想了幾天，終於也掛出一塊招牌，上面寫著：「本街最佳裁縫店」。

而事情最後的結果是，前面兩家裁縫店的生意變得冷清許多，而最後那家「本街最佳裁縫店」，卻獲得了人們的歡迎。由此看來，這位裁縫師不僅沒有將自己「貶值」，但他更為接近事實和現實的招牌卻恰恰是光顧這條街的人們最需要的。

從經營上來講，前面兩位裁縫師如此標榜自己本無可厚非，但他們卻忘記了最為重要的那部分——務實精神。「務實精神」在經營者的手中是把利器，而要想將這把利器發揮得淋漓盡致，則更需深刻領悟「以退為進」的處世哲學。

一個人若想擁有某件東西或達到某個目標，表面上不能表現得太「露骨」，要盡量表現自己對此事的「漠不關心」甚至刻意「貶低身價」，而實則暗中緊緊關注並施之以正確手段，這不同於「見縫插針」，而是一種「精準的敏銳」。

孔子學說被後世稱為「入世」，老子學說則被稱為「出世」。「入世」可以理解為一種「進」，相反「出世」則是「退」。而在孔子被尊稱為聖人之前，也並非一帆風順。當孔子周遊列國遊說其學說之時，嘔心瀝血卻經常碰得灰頭土臉，用孔子自己的話說就是「惶惶若喪家之犬」，足可見其困苦而不得志的鬱悶。後來孔子拜求老子，老子曰：「子所言者，其人與骨皆已朽，獨其言在耳。且君子得其時則駕，不得其時則蓬累而行。吾聞之，良賈深藏若虛，君子盛德，容貌若愚。去子之驕氣與淫志，是皆無益於子之身。吾所以告子者，若是而已。」老子的意思就是：人易走，勢難去，正是因為此人深藏鋒芒，內斂並蓄，他的想法行為才定會被人所敬仰並效仿。而如果用一個字來表達，便是「退」。此時崇尚「進」的孔子則稱老子為聖人的大師，足可見這種見解的分量。前有「入世」，後有「出世」，方可進退自如，渾然自得，豈不將人生經營得「何其美哉」？

人生在世總要進取，無論是龐大的社會工廠還是服務其中的渺小個人，都要面對每天層出不窮的欲望。既然欲望是人的本能，推動了歷史的前進，那麼選擇哪一種調節方式，則是每個人都要面對的問題。然而，正是由於人與人之間在素質、客觀條件、機遇等方面不盡相同，才造成了立世時各種各樣的困擾。面對困擾，有的人選擇了「進」，固然正確，但如果沒有掌握好度與量，結果可能就成了「不見棺材不落淚」，碰壁不前，舉步維艱。這時，何不選擇「退」呢？「退」，即使不會得到什麼也足以自保，說不定還會「置之死地而後生」。

178

智慧品人生

無論是如何邁出走向社會的第一步，面對人生的出世與入世，都要注意一個進退的選擇。做人做事不可太急功近利，在整體的進取中，不妨有一點中庸的後退，阻力會減小不少。聰明人應該懂得如何利用「退」的智慧。

第七章

人在谷底心在天空

人生如波濤洶湧的海水，總有潮起潮落。

處在浪尖的時候，要有跌入谷底的準備；跌入谷底時，也要有搏擊高空的勇氣。

相信自己，處在低谷只是暫時的狀態，只是為搏擊更高的天空在積蓄力量。

1・信念決定成敗

信念，是一個人搏擊高空的翅膀！千萬不要因為身處低谷就自我貶低，忽略了自己直衝雲霄的潛力。

人生如海潮，有潮起就有潮落。處在高處時，要有跌入谷底的準備；處在谷底時，也要有搏擊高空的勇氣和信念。困難和挫折經常讓人自我懷疑：是不是自己能力不夠？或許，這只是你一時的念頭，但是不可忽略的是，不經意間，它已經成了你繼續前進、走向成功的絆腳石。心態決定成敗！

美國一家報紙報導過這樣一件事：有一個名叫麥克・湯普森的人，性格殘暴，酗酒如命，吸毒成癮。由於殺了一名他看不順眼的酒吧侍者，被判終身監禁。在他入獄時，他有兩個只相差一歲的兒子。更為相似的是，他跟他的父親一樣因殺人被判終身監禁；小兒子卻不一樣，他性格溫和，熱愛生活，既不酗酒也不吸毒。而且他已結婚，並有了三個很可愛的孩子，過著美滿幸福的生活；事業上，他擁有一家屬於自己的公司，是一名功成名就的企業家。

後來一位心理學家得知了這件事，對他們兄弟兩人天壤之別的命運產生了興趣，便訪問了他們。當問及造成他們現在生活狀況的原因時，他們的回答竟然是相同的：「有這樣的父親，我還能有別的辦法嗎？」心理學家發現，在他們成長的過程中，大兒子和小兒子都覺得有這樣的父親是恥辱的事情。大兒子覺得很自卑，從小沒有交什麼朋友，後來還養成了酗酒的惡習，進而發展為吸毒，最後只能靠盜竊和勒索為生；而小兒子一直想著自己的父親不如別人的父親，自己一定要爭氣，做一個優秀的人，讓其他

人刮目相看。而且，從自己的父親身上，他認識到了酗酒和吸毒是致命的惡習，一定要遠離，暴躁也是一個害人的性格，所以他從小就養成了穩重的性格。這也是他以後能做成大事業的重要原因。是一味地沉溺在痛苦和失落中不能自拔，還是以此為鑒、完善自己。困難時別忘了及時調整自己的心態，始終保持積極向上的態度並堅定自己成功的信念。有的時候，人活著就是對信念的支持。

美國作家歐·亨利（O. Henry）在他的小說《最後一片常春藤葉》（The Last Leaf）裡講了個故事。

病房裡，一個生命垂危的病人從房間裡看見窗外的一棵樹，樹葉在秋風中一片片地掉落下來。病人望著眼前的蕭蕭落葉，身體也隨之每況愈下，一天不如一天。她說：「當樹葉全部掉光時，我也就要死了。」

一位老畫家得知後，用彩筆畫了一片葉脈青翠的樹葉掛在樹枝上。

最後一片葉子始終沒掉下來。只因為這片永不掉落的綠葉，給病人增強了活下去的信念，最後竟奇跡般地活了下來。

其實，很多事情，並不是我們不能做、做不到，而是我們缺乏做事的精神動力，缺少樂觀積極的心態和對美好未來的堅定信念。別讓消極、悲觀的心態影響自己，要學會給自己的心灑點陽光。相信自己——我能行！

智慧品人生

不要因為處於人生的低谷，就放棄追趕成功的信念。應始終相信人生如潮，此刻我處在谷底，但是一定能有搏擊高空的一天。

2．以逸待勞，養精蓄銳

與其硬拼，不如退一步儲備力量，伺機而動，伺時而發，表現得不是更像一個有謀略、有眼光的人嗎？

誰說直衝就是勇士的表現，退卻就一定是懦夫的標誌？有勇有謀才是一個智者真正出色的地方。

有一次，秦王嬴政送大將軍王翦出征，送出很遠後，還要再送愛將一程。王翦趕忙再次攔住君主。

「大王，您不要再送了。千里送行終有一別，何況，宮中大臣們都在等著您。」

「好，老愛卿，這次重振我大秦國威的希望，就寄託在你身上了。上次朕沒有聽你的話，讓李信出戰，結果戰敗而歸，讓我秦國顏面掃地。老愛卿能識大體，顧大局，體諒朕的難處，朕很高興，很感激。」

「大王，您說到哪裡去了，為大王開疆拓土，蕩平天下，是臣的本分。大王，請回吧。」

「老愛卿，那我們就此作別，預祝愛卿馬到成功。」

「多謝大王。」王翦與秦王長揖而別，統率著六十萬大軍直入楚地。

深入楚地後，部下問王翦：「將軍，我們是否要即刻組織進攻。」

「不，傳我的令，全軍進入陣地後的首要任務是構築營壘，然後好好休養。」大軍於是就地紮營，高築營壘，精修工事。不久，楚國調集了所有的軍隊前來對陣。一日數次地派兵到秦軍營前叫陣挑戰。

可是，秦軍高懸免戰牌數月，就是不予理睬。在秦軍營內，士兵們除了例行的操練外，就是吃喝玩睡。王翦還特地讓軍需部門從後方調運了大批牛羊到軍中，宰殺給官兵們享用。不久，秦軍士兵便被養

得像一頭健壯的公牛了。

王翦閉門不戰的消息終於傳到京城，於是有人到秦王面前告王翦膽怯畏敵。「不要瞎猜想，王老將軍自有破敵良策。」秦王對王翦充滿了信心。果然，不久之後前線的捷報就傳來了。秦軍與楚軍交戰大獲全勝，秦軍還殺死了楚國名將項燕。

原來，王翦使用的是以逸待勞之計。秦軍閉門休戰，養兵休整，以緩解長途跋涉的疲憊，養精蓄銳。而楚軍長時間暴露在秦軍營壘之外，日子一久，一個個精疲力竭，疲憊不堪，不用說交戰，就是不交戰也已堅持不下去了。

楚軍將領被拖得無可奈何，只得率軍撤退，這正是王翦所期待的。一見楚軍後撤，王翦即令秦軍全線進攻。健壯驍勇的秦兵銳不可當，楚軍頃刻間被衝得四散，一潰千里。

就這樣，王翦率領的秦國大軍，輕而易舉地打敗了楚國的軍隊，取得了全勝。

做任何事情都一樣，不能急於求成。退避不一定就是懦弱，而可能是蓄積力量，伺機而動，伺時而發。在最佳的狀態下，抓住最佳時機，一舉取勝，豈不比不看形勢，一味勇拼要明智得多？

智慧品人生

等待時機，展現最佳的狀態，以最完美的方式做好事情，才是智慧之舉。

3・萬丈高樓起於平地

無論做什麼事情一定要從基礎的做起，沒有基礎的東西，是空中樓閣，海市蜃樓。萬丈高樓起於平地，夯實基礎，讓成功穩操勝券。

「不積跬步，無以至千里；不積小流，無以成江海」。一些人常忽略小事情，但做任何事情都需要有基礎累積。萬丈高樓起於平地，夯實基礎，讓成功穩操勝券。

那是發生在十九世紀初的一件事情。一天早晨，英國一家釀酒廠的老闆帶著他的兩個兒子，來到著名科學家道爾頓家裡，懇求道爾頓教這兩個孩子學習科學知識。

道爾頓是位嚴格的老師。剛開始時，他並沒有給孩子們講授物理和化學的原理，而是講了許多數學知識。「講這些枯燥的數學有什麼用？若能講講那些有趣的電學實驗該多好！」其中，年齡較小、機智活潑的孩子——詹姆斯・焦耳有些不耐煩了。他不明白為什麼道爾頓不教他們物理知識，而是一直講數學。

好不容易盼到了放假，焦耳和哥哥一起去旅遊。活潑開朗、好奇心強的焦耳做了一些自己很感興趣的「小實驗」。第一次，他找來一匹跛馬，讓哥哥牽著，自己卻悄悄躲在後面，用伏打電池將電流通到馬身上，以試驗動物對電流的反應。結果，跛馬受到電擊狂跳起來，差一點出了事。

第二次，他們划船來到青山環繞的湖上。焦耳決定試試這裡的回聲有多大。他在槍口裡塞入大量的火藥，然後扣動扳機。誰知槍聲大作，「呼」地一聲，噴出一股長長的火焰，燒光了焦耳的眉毛，還把哥哥嚇得差點掉進水裡。

後來，他們又興致勃勃地爬上一座高山。只見遠處濃雲低垂，隱約能看到閃電，然後才聽到隆隆的

雷聲。這是怎麼回事？焦耳用懷錶認真記錄下從閃電開始到聽到雷聲的時間。

開學後，焦耳把自己做的實驗都告訴了老師。道爾頓笑了，說：「這些實驗中，只有最後一次你做對了。」他諄諄告誡焦耳，「人們只要掌握了光的速度和聲的速度，就可以從看到閃電到聽到雷聲的時間，推算出閃電發生在多遠的地方。科學研究不光是靠觀察和推斷就能做好的，還需要縝密的邏輯推理和精準的計算。」

焦耳聽了很驚異：「難道枯燥的數學中會藏著這麼多學問？」道爾頓舉了許多例子開導他，真正的科學實驗是不能只觀察現象的，它必須有精密的測量，並用數學知識從測量的資料中總結出規律。

焦耳頓開茅塞，從此，他開始注重理論學習和精密的測量。經過不懈努力，他終於成為世界聞名的物理學家。

如果說數學是物理學研究的基礎，那麼成功的基礎又是什麼呢？可能只是一個愛追問的小習慣，可能是堅持不懈的精神，也可能是創造性思維的培養。無論做什麼事情一定要從基礎做起，沒有基礎的東西，只是空中樓閣、海市蜃樓。任何事情的成功都離不開堅實的基礎，沒有基礎，是經不起推敲和考驗的，更別說成功了。

智慧品人生

做事情的時候有個大忌，就是急於求成，忽略了基礎的累積，往往造成欲速則不達的結局。不要總想著一蹴而就，靜下心來從小事做起，紮紮實實地走好每一步。

4・「裝死」不等於怯懦

人才是世界上最聰明的動物，善於從動物身上總結規律，並將這一原理巧妙運用到生活中。動物的佯裝死亡經過人類的演繹，則成了在關鍵時刻避免危機的武器。

小時候曾玩過一種爬在椿樹上的小蟲子，俗稱「猴子」。這些小蟲子很聰明，當牠被人捏在手裡的時候，身體會立刻縮成一團，只留最堅硬的外殼在外面。當你以為牠已經死了，對牠失去興趣時，牠就會死而復活，並趁人不備的時候溜掉，又爬回樹上。然而，人才是世界上最聰明的動物。人善於從動物身上總結規律，並將這一原理巧妙運用到生活中。

西漢武帝元光六年（西元前一二九年），漢驍騎將軍李廣居然成了匈奴的階下囚。李廣心急如焚：這次匈奴大舉進犯上谷（今中國河北懷來一帶），來勢凶猛。漢營準備不足，吃了敗仗，自己被俘不說，看著一個個情同手足的士兵倒在血泊之中，心中真不是滋味。

匈奴騎兵們洋洋得意地瞥著他。他們知道，匈奴主單于早聞李廣是員猛將，在雙方大動干戈前就下過命令：「捉到李廣，要活著給我送來。」

李廣在戰鬥中身負重傷，左右肩各被砍了一刀，左臂還被射了一箭，傷口血流如注，臉色慘白。

匈奴騎兵撇著嘴譏笑他：「李廣，你可是大名遠揚的飛將軍啊！我們大王要請你喝酒，不吃敬酒就吃罰酒！」李廣緊咬牙關，閉上雙眼，不接話。

匈奴騎兵找來了一個用繩子編織的大網兜，把受傷的李廣放進兜裡，架在兩匹馬中間，拖著走。

匈奴騎兵耀武揚威地走了十多里路。一路上，不停地嘲笑李廣。這位一代名將不言不語，緊閉雙眼，佯

裝死亡，各種念頭卻在腦中飛速轉動：找準機會，快速逃脫。匈奴騎兵斜視著李廣，發現他早已合上眼皮，便漸漸放鬆了對李廣的監視。

又走了一段路，李廣偷眼斜視，見身旁有一名匈奴騎兵胯下騎著一匹好馬，馬上心生一計：何不施個奪馬脫身之計？

李廣趁顛簸的勁兒突然躍起身子，飛身撲到旁邊那匈奴騎兵身上。說時遲，那時快，李廣順手奪過馬背上匈奴騎兵手中的弓箭。匈奴騎兵尚未反應過來，又重重挨了李廣一拳，翻跌馬蹄之下。

就在匈奴騎兵一片騷動時，李廣一夾馬背，那馬噌地躍出老遠，筆直地向南跑去，一口氣跑出好幾十里。幾百名匈奴騎兵醒過神來，緊追不捨。李廣一邊猛夾馬背狂奔，一邊抽出那奪下的弓箭。弓似滿月，箭似流星，領頭的匈奴將被擊中眉心，即時斃於馬下。

匈奴騎兵有些遲疑，放慢了速度：李廣有了弓箭，他可是有名的神箭飛將軍啊。每個人心裡清楚要小心點，別送掉了性命。就這樣，李廣甩掉了匈奴騎兵，死裡逃生。

一代飛將軍李廣不只有「不教胡馬度陰山」的勇猛一面，也會遇到危急並有成為階下囚的時候。大丈夫當能屈能伸，面對危險情況，不妨學學蟲子的裝死，學學飛將軍李廣的能屈能伸，用靈活的方法度過難關。

智慧品人生

「裝死」不是怯懦，而是能屈能伸的大智慧。當你處於弱勢，不要硬拼，保全自己的實力，伺機而出，才是上上之策。

5・成功沒有想像的難

只要有做的決心，成功早晚會到來，別把成功想得遙不可及。

在很多人的意識裡，成功是懸梁刺股的勤奮，是誓死拼搏的鬥志。其實不然，別將成功想像得那麼艱難。想要成功，你只需要堅持你想做的，盡力做好你要做的。當遇到困難時，全力克服；遇到難題時，盡力解決便可以了。

從前有一戶人家的菜園擺著一塊大石頭，寬約有五十公分，高有十公分。到菜園的人，不小心就會被它絆倒，不是跌倒就是擦傷。兒子問：「爸爸，那塊討厭的石頭，為什麼不把它挖走？」爸爸回答說：「你說那塊石頭啊？從你爺爺時代一直放到現在了，它的體積那麼大，不知道要挖到什麼時候，與其費力挖石頭，不如走路小心一點，還可以訓練你的反應能力。」

就這樣，這塊大石頭又留到了下一代。當時的兒子娶了媳婦生了孩子也當了爸爸。有一天他媳婦氣憤地說：「大牛，菜園那塊大石頭，我越看越不順眼，改天請人搬走好了。」大牛回答說：「算了吧！那顆大石頭很重的，可以搬走的話在我小時候就搬走了，哪會讓它留到現在啊？」媳婦心底非常不是滋味，因為那塊大石頭不知道讓她跌倒多少次了。

一天早上，媳婦帶著鋤頭和一桶水，將整桶水倒在大石頭的四周。十幾分鐘以後，媳婦用鋤頭把大石頭四周的泥土刨鬆。媳婦早有心理準備要挖一天或幾天，但誰都沒想到她只花幾分鐘就把石頭挖出來了，看看大小，這塊石頭沒有想像的那麼大，人們被石頭巨大的外表矇騙了。

有什麼樣的心態，就會面對什麼樣的世界。任何困難都是紙老虎，生活並沒有我們想像的那樣艱辛。不要因為你苦悶的心情而埋沒了整個美好的世界。

一九六五年，一位韓國學生到劍橋大學主修心理學。喝下午茶時，他常到學校的咖啡廳聽一些成功人士聊天。這些成功人士包括諾貝爾獎獲得者，某些領域的學術權威和一些創造了經濟神話的人。這些人幽默風趣、舉重若輕，把自己的成功都看得非常自然和順理成章。

時間長了，他發現，在國內時，他被一些成功人士欺騙了。那些人為了讓正在創業的人知難而退，普遍把自己的創業艱辛誇大了，也就是說，他們用自己的成功經歷嚇唬那些還沒有成功的人。

作為心理系的學生，他認為很有必要對韓國成功人士的心態加以研究。一九七○年，他以《成功並不像你想像的那麼難》為題寫了畢業論文。指導教授閱讀後，大為驚喜，認為這是個新發現，這種現象雖然在東方甚至在世界各地普遍存在，但此前還沒有人敢大膽地提出來並加以研究。

驚喜之餘，指導教授寫信給當時正坐在韓國政壇第一把交椅上的人，於信中說：「我不敢說這篇文章對你有多大的幫助，但我敢肯定它比你的任何一個政令都更能產生震動。」後來該文果然一直伴隨著韓國的經濟起飛。

該文鼓舞了許多人，因為它從一個新的角度告訴人們，成功與「勞其筋骨，餓其體膚」「三更燈火五更雞」「懸梁刺股」沒有必然的聯繫。只要你對某一事業感興趣，長久地堅持下去就會成功，因為上帝賦予你的時間和智慧能夠助你圓滿做完一件事情。

後來，這位青年也獲得了成功，他成了韓國某知名汽車公司的總裁，用自己的親身經歷證明了他觀點的正確。

如果你還在為自己何時成功、如何才能成功而苦惱，那麼請停止吧！試著去做，只要堅持自己的立場，只要腳踏實地，成功自然會來敲門。成功沒有訣竅，成功更不可怕。

試著搬走壓在你心頭的頑石，你會發現成功並不像我們想像的那樣困難。有時候不是我們的能力不夠，也不是我們的毅力不夠，而是我們被自己心中的頑石壓住了。成功，需要的是足夠的信心和堅持成功的信念。

6・扮豬吃虎的妙招

面對強勁的對手，在其面前，盡量把自己的「大智」收斂，「若愚」到像豬一樣。因為，裝笨說不定是更好的取勝妙招。

三十六計中有一計為「扮豬吃虎」，即是說獵人要捉老虎，在無法力擒的時候，就裝扮成一隻豬，並學豬叫，把老虎引出來，待老虎走近時，出其不意，猝然向牠襲擊。突擊的結果是，虎縱然不死也會帶傷。

以此策略施於強勁的對手，一樣可以奏效。在其面前，盡量把自己的「大智」收斂，「若愚」到像

豬一樣，表面上百依百順，臉上微笑，嘴邊抹油，裝出一副為奴為婢的卑躬樣子，使他對自己不起疑心，一旦時機成熟，再採取相應的措施。在中國史上，袁世凱窺取政權之後，妄圖稱帝的野心暫時不露，蔡鍔此時對他還抱有很大的幻想。當時，就連梁啟超也被袁世凱蒙蔽了，擔任起了司法總長。

棄筆從戎的蔡鍔當時被推舉為雲南軍政府都督。由於雲南地處邊陲，蔡鍔感到難以施展抱負，便給梁啟超寫信，希望調出雲南。而袁世凱對擁有很強軍事實力的蔡鍔始終存有戒心，蔡鍔有此念頭，正中袁世凱的下懷，所以發布命令將其調到北京。

蔡鍔到京後，袁世凱只委任蔡鍔一大堆虛銜，並暗中對其嚴加監視。同時，袁世凱企圖登基稱帝的陰謀正在緊鑼密鼓地進行，這使蔡鍔的幻想澈底粉碎。蔡鍔多次悄悄乘火車到天津，與梁啟超等人祕密集會，商量抵制袁世凱稱帝活動。他們設定的方案是：一旦袁世凱公開稱帝，雲南立刻宣布獨立，然後依靠雲貴及廣西的力量攻下四川、廣東，爭取三、四個月後在湖北會師，「定鼎中原」。

此後，蔡鍔積極準備，同時製造種種假象迷惑袁世凱。他把自己裝扮成一個浪蕩之徒，打麻將、喝花酒、逛妓院，與雲吉班的妓女小鳳仙整日廝混。蔡鍔家在棉花胡同，妻子、母親都在身邊，對他日後逃出北京十分不利。於是他有意利用和小鳳仙的關係，製造家庭不和的輿論，甚至請袁世凱的親信為自己找房子，聲稱要「金屋藏嬌」。同時，他還經常公開和妻子吵架，妻子趁勢帶著母親回了湖南，這就解除了蔡鍔的後顧之憂。袁世凱得知情況後，覺得蔡鍔墮落成性，不足為慮，戲稱他為「風流將軍」。

在袁世凱放鬆警戒的情況下，蔡鍔在其留日時的同學曾鯤化的幫助下，著手準備逃出北京。一九一五年十一月十一日，蔡鍔和小鳳仙到中央公園的今雨軒飲茶，跟蹤他的密探裝成遊客，就坐在不遠處的茶桌上。少頃，蔡鍔假裝去上廁所，密探見其衣物全留在原地，料他不會走遠。豈知蔡鍔直奔府右街曾

鯤化家中，男扮女裝，由曾家的廚師和馬夫用轎子抬到崇文門火車站，登上直達天津的專車。

蔡鍔到天津後不久便乘運煤船東渡日本，經上海、香港、河內，沿途躲過數次暗殺，歷盡艱險，於十二月十九日返回了自己的大本營雲南。當袁世凱得知消息後，不由得仰天長嘆：我一生騙人，不料竟被蔡松坡騙過了！

就在蔡鍔到達雲南當天，袁世凱下令成立登基大典籌備處。二十五日，雲南成立軍政府，正式宣布獨立。一九一六年一月一日，袁世凱登基。蔡鍔親率第一軍主力入川作戰，戰績輝煌。在梁啟超的積極周旋下，各省紛紛豎旗倒袁。三月二十二日，袁世凱被迫宣布取消帝制，並於六月六日暴死。

蔡鍔利用偽裝，掩藏起真實意圖，從而巧妙地逃出了北京，不僅保全了自己，還有效地打擊了袁世凱的稱帝企圖。必要的時候，偽裝的迂迴戰術是放鬆對手警戒心的良方妙藥，可見戰術戰略在競爭中是多麼重要。

智慧品人生

面對危險的境地，以退為進保全自己的實力才是最好的選擇。假裝出來的「退」是為了麻痺對手。

保存好實力，才可以東山再起。當退時退，才是英雄所為。當退則退，當進方進，進退自如，成功才更自如。

7・重複做最簡單的事

成功，有的時候需要有耐得住寂寞的努力。

成功貴在持之以恆，將一件事情重複做，量的累積一定會引起質的變化。

蘇軾云：「古之成大事者，不唯有超世之才，亦必有不拔之志。」成功，有的時候需要有耐得住寂寞的努力。

所做之事不一定驚天動地，但只要一步一個腳印，踏實地做，也能取得成功。

古希臘大哲學家蘇格拉底有很多學生。一次，學生們問他：「怎樣才能有像您一樣的智慧呢？」蘇格拉底笑笑說：「今天我只教你們一個最簡單也最容易做的事情。每人把胳膊盡量往前甩，然後再盡量往後甩。」蘇格拉底邊說邊示範一遍。「從今天開始，每天做三百下。大家能做到嗎？」

學生們都笑了，這麼簡單的事有什麼做不到的？過了一個月，蘇格拉底問學生們：「每天甩手三百下，哪些同學堅持了？」有九成的同學驕傲地舉起了手。

又過了一個月，蘇格拉底又問，這回，堅持下來的學生只剩下八成。

一年過後，蘇格拉底再一次問大家：「請告訴我，最簡單的甩手運動，有哪幾位同學堅持了？」這時，整個教室裡只有一人舉起了手。這個學生就是後來成為古希臘另一位大哲學家的柏拉圖。

世間最容易的事是堅持，最難的事也是堅持。成功在於堅持，這是一個並不神祕的祕訣。成功的人也許並不比別人更聰明，也不是有更好的機遇，關鍵在於他們能夠堅持。耐得住人生的寂寞，默默地堅持，最終方能成就大事。

有一位著名的推銷大師，即將告別他的推銷生涯。應行業協會和社會各界的邀請，他將舉行一場告

195

別職業生涯的演說。

那天，會場座無虛席，人們熱切地等待著那位當代最偉大的推銷大師做精彩的演講。大幕徐徐拉開，舞台的正中央吊著一顆巨大的鐵球。為了這顆鐵球，台上搭起了高大的鐵架。

推銷大師在人們熱烈的掌聲中走了出來，站在鐵架的一邊。他穿著一身紅色的運動服，腳下穿一雙白色膠鞋。

人們驚奇地望著他，不知道他要做出什麼舉動。

這時兩位工作人員抬著一個大鐵錘放在推銷大師的面前。主持人這時對觀眾講：「請兩位身體強壯的人到台上來。」好多年輕人站起來，但轉眼間已有兩名動作快的跑到台上。推銷大師這時開口和他們講規則，請他們用這個大鐵錘，去敲打那個吊著的鐵球，直到把它盪起來。

一個年輕人搶著拿起鐵錘，拉開架勢，掄起大錘，全力向那吊著的鐵球砸去，但那鐵球動也沒動。他就用大鐵錘接二連三地砸向鐵球，很快他就氣喘吁吁了。

另一個人也不示弱，接過大鐵錘把鐵球打得叮噹響，可是鐵球仍舊一動不動。

台下逐漸沒了吶喊聲，觀眾好像認定那是沒用的，就等著推銷大師做出解釋。

會場恢復了平靜，推銷大師從上衣口袋裡掏出一個小錘，然後認真地面對著那個巨大的鐵球，用小錘對著鐵球「咚」地敲了一下，然後停頓一下，再用小錘「咚」地敲了一下。人們奇怪地看著，推銷大師就那樣敲一下，然後停頓一下，一直持續地做著。

十分鐘過去了，二十分鐘過去了，會場早已開始騷動，有的人乾脆叫罵起來，人們用各種聲音和動作發洩著他們的不滿。推銷大師仍然一小錘一小錘不停地敲著鐵球，好像根本沒有聽見人們在喊叫什

196

麼。人們開始憤然離去，會場上出現了大塊大塊的空地。留下來的人好像也喊累了，會場漸漸地安靜下來。

大概在推銷大師敲了四十分鐘的時候，坐在前面的一個女人突然尖叫一聲：「球動了！」剎那間，會場立即鴉雀無聲，人們聚精會神地看著那顆鐵球。那球已慢慢地擺動了起來，不仔細看很難察覺。

推銷大師仍舊一錘一錘地敲著，鐵球在一錘一錘的敲打中越盪越高。最終，它拉動著那個鐵架子「嘎嘎」作響，它的巨大威力強烈地震撼著在場的每一個人。

場上，突然爆發出一陣熱烈的掌聲。在人們的掌聲中，推銷大師終於開口了：「這就是我演講的全部，成功不過就是把簡單的事情重複做，就這樣而已，那些離去的人永遠也不會懂得這個道理。」

一個簡單的動作在重複了無數次後，終於見到了效果。我們苦苦掙扎在人生路上，不正是這樣嗎？

耐住性子，將簡單的工作重複做，有一天一定會有奇跡般的效果出現。

智慧品人生

移山填海不一定非要有天生的神力，而是應有愚公移山的鍥而不捨的精神。生命中不缺少超凡的才華和自視甚高的高傲，缺少的是耐得住寂寞的奮鬥。

8・學會退一步，才能擁抱更多

人生的抉擇更像一場足球比賽，戰術的改變決定的可能是比賽的輸贏。

有人曾經說：「人生猶如登山，當你征服了一個高度時，你便擁有了更廣闊的視野，就有了更遠大的理想和志向，同時也有了新的目標。」這句話說得很好，但需要補充一點：不斷征服新的高度固然好，但如果能夠學會在適當的時候後退一步，說不定面前的道路會更寬廣，會擁抱到更多收穫，你便有了更多，乃至更好的選擇。

小梅兩年前從大學畢業後便到台北找工作。她在各人力銀行不停地投履歷、參加面試後，終於找到了一份祕書的工作。她工作一直很努力，深得老闆的肯定，在公司的人緣也不錯。

剛開始，小梅很滿意這種朝九晚五的上班生活。週末沒事的時候可以遊走在台北的大街小巷，每天的日子也算過得有聲有色。

半年後，小梅開始有點迷茫，在參加完大學同學的聚會後，她更加肯定了這種迷茫源於對現有生活的不滿，但想想覺得在工作上老闆很賞識自己，還說要把自己培養成公司的骨幹，還有什麼不滿意的呢？再說自己只是畢業於一般的私立大學，雖然學的是電腦專業，但在學校並沒有學到什麼，又能做些什麼工作呢？雖不滿意，但是目前總能養活自己，不至於流落街頭啊！

小梅想再次走進學校，多學點知識，她把想法告訴了周圍的一些朋友，才發現大家都有跟自己一樣的念頭，但誰都不願去冒風險。最近這幾年大學畢業找不到工作的大學生滿街都是，再去念書還得交一

筆昂貴的學費，自己可不能再向家裡要錢了。小梅滿懷憂愁地想著。

時間一天天過去，城市快速發展的腳步不會因為小梅的煩惱而停留片刻。

在一年後的第二次大學同學聚會上，小梅告訴她的朋友，半年前她謝絕了公司老闆的挽留，從公司辭職。她一邊攻讀碩士在職專班，一邊在某家數一數二的證券集團工作，目前還被派到旗下一個銀行工作。她已經做好了今後的職業規畫，準備將來作理財規劃諮詢師，完成自己職業生涯的完美轉折。

聚會上小梅說話時露出了幸福表情，眼神發亮，手舞足蹈，志得意滿。可是很少有人知道，她光彩的背後充滿艱辛。當初小梅剛辭職的時候，交完了學費，積蓄已所剩無幾，由於專業的轉變，她不得不投入全部精力進行專業學習，有一段時間生活過得很拮据，但她精神上很富有。

就這樣，小梅朝著她的完美生活奔去了。如果當初小梅沒有「退」進學校給自己「充電」，如果當時小梅捨不得那份能勉強養活自己的工作，沒有再次的失業，或許現在她還在辦公室裡想著每天的柴米油鹽呢！

人生的際遇很奇妙，人生的抉擇更像一場足球比賽，戰術的改變或許會改變全局！關鍵在於，我們是否有勇氣拋下現有，讓自己退一步。其實，人有時候需要學會退一步，才能擁抱更多！

智慧品人生

人的一生，會遇到各種各樣的困難和問題，但並不是每一次都需要我們有迎難而上的衝勁，偶爾的迂迴也許會讓我們發現異樣的精彩。

9 · 保持沉著冷靜的心態

困難面前，不要驚慌，困難有時並非我們想像得那麼艱難，就看我們是否能夠沉著面對。

作為困難的局外人，每個人都會說出自己的想法和解決措施，言語輕鬆甚至頗為自信。但是真的身處困境時，你還能冷靜如常、應對自如嗎？

西元一九○年（東漢獻帝初平元年）冬天，吳郡富春人孫堅（孫權的父親）準備出兵攻打專權的董卓，替天行道。

兵馬未動，糧草先行。孫堅籌劃派長史公仇稱去押運糧草。時值隆冬，天寒地凍，外出押運糧草真是太辛苦了。為此，孫堅特意在魯陽（今河南魯山）城東門外拉起帳幕，擺下酒席，歡送公仇稱。

誰知，正在這時，董卓的步兵騎兵幾萬人突然開到魯陽城前，把魯陽城從周邊圍了個水泄不通，擺出一副馬上要攻城並志在必得的模樣，軍情十萬火急。

大敵當前，眾官員驚慌失措，惶恐地看著孫堅；孫堅似乎沒看到大家的焦急之色，依舊跟將領們對飲談笑。他還特意走到公仇稱面前，舉起酒杯微笑祝賀：「長史，如今冰凍三尺天，我敬你三杯，就算我敬的暖肚酒，祝君一路平安！」孫堅若無其事、談笑自如。

他一邊暢飲，一邊暗暗吩咐將領：「整好隊伍，不要亂動！」董卓的人馬越聚越多，孫堅這時才擱下酒杯，停止飲酒。他緩緩站直身子，揮手示意部隊有秩序地列隊返回城內。

董卓的官兵看到這一幕情景，心中倒沒底了：大敵當前，這孫堅還說說笑笑，隊伍不亂，天下哪有

這種事？準有埋伏。他們沒敢攻打城池，竟如潮水般沿原路退回去了。

事後，一起跟孫堅飲酒的將領們問：「孫將軍，您真是胸藏百萬雄兵！我們快嚇破膽了！」孫堅笑了：「剛才，我沒急著站起來跑回城裡，全為了穩定士兵情緒。這關鍵時刻，士兵的眼睛全盯著將帥，我一慌，士兵肯定要大亂，就會爭相逃跑、互相踐踏、堵塞道路。這樣的話，你們各位也沒法退到城裡，哪能再有機會喝酒呢？來，再擺酒宴，我們大家還得為長史敬杯酒。」

「對！對！再敬一杯送行酒！」眾將官齊聲高喊。孫堅開懷大笑，談笑風生：「剛才給董卓手下不知趣的兵將掃了我們的酒興，現在補上！」

孫堅面對危機，仍舊談笑風生，假如他自己先亂了陣腳，想必早已被董卓的軍隊打個落花流水了。

可見，沉著、冷靜是多麼重要。

碰到麻煩，慌亂是面對，冷靜也是面對，那麼倒不如選擇冷靜應對，這樣才能更好地找到解決問題的辦法。

智慧品人生

遇到困難切不可自亂陣腳，只要不失去應對的勇氣，沉著冷靜，總會有解決的辦法。即使註定是失敗的結果，也不妨想一下，怎樣才能把損失減到最小，怎樣才能有一絲獲勝的希望。

10 · 停下來欣賞生命的美

人生之路，就是不斷地行走，不斷地駐足。

行走的時候，竭盡全力，追尋夢想；駐足的時候，盡情釋放，欣賞生命的美麗。

人，為什麼活著？你曾在心底問過自己這個問題嗎？我們的人生目標是什麼？實現了目標為的又是什麼？關於人生的話題，我們一直在思考。有人說人生需要拼搏，但是拼搏的結果是什麼呢？是戰勝別人，還是累垮自己呢？

有個好萊塢的歌王，曾經反省他的生活，並感慨地說：「當我年輕的時候，急急忙忙地爬到山頂上，就像參加賽跑的馬，帶著眼罩拚命往前跑，除了終點的白線之外，什麼都看不見。我的祖母看見我這樣忙，很擔心地說：『孩子，別走得太快，否則你會錯過路上的好風景！』我根本不聽她的話，心想：一個人，既然知道要怎麼走，為什麼還要停下來浪費時間呢？

我繼續往前跑，一年年過去了，我有了地位，也有了名譽、財富和一個溫暖的家。可是，我並不像別人那樣快樂，我不明白我做錯了什麼？

直到有一次，我和一個歌舞團在城外表演，我是主角，表演結束時，觀眾的掌聲久久不停。這一次的表演很成功，我們都很高興。可是這時候，有人遞給我一份電報，是我的妻子發來的，說我們的第四個孩子出生了。這時我才明白，我的生命中缺少什麼。

突然，我覺得很難過，每一個孩子出生我都不在家，妻子獨自承擔養育孩子的責任。我從來沒看過孩子們走第一步路的樣子，他們天真地哭、笑，我都沒見過，只有從他們的母親那裡知道一些情況。當

時我想起了祖母對我說的話……

的確，我和朋友也疏遠了，我好久沒摸書本，也好久沒機會看看花園裡的樹木了。我曾經答應和妻子一起去度假，卻總因為忙碌而取消。我現在才體會到這些平凡生活中的風景是多麼可貴。

這位歌王的反思，給了人們深深地啟發。我們的生活到底是為了什麼呢？終日忙忙碌碌，取得各種各樣的成績，這樣我們的人生就完滿了嗎？

一位哲學家說：「單憑思想而不勞動，當然不能生活，但一生像機器一樣不停地轉，那更加沒有意義。」我們不必把每天的時間安排得緊緊的，總要留下點空閒來欣賞一下四周的好風景，作一作自己的主人，這才是重要的事。

想走的時候就走，想停的時候就停，隨心所欲地去發現生活中的樂趣，將會擁有很多值得珍惜的東西。既然我們有機會來到這多姿多采的世界，就應該像一個旅行家，不只要跋山涉水，走完我們的旅程，更要懂得欣賞、流連嬉戲。

行走在人生的旅途中，當你累了，請停下腳步歇一歇，好讓靈魂跟上生活前進的腳步。

智慧品人生

終日忙忙碌碌地生活，只能成為生活的過客，並不能從生命中得到樂趣。生活的主人應該是時不時停下來享受美好生活的人。人生之路，應該是走走停停的，而不是馬不停蹄地奔波。

第八章

以退為進
是一種勇於承擔的表現

即使面對困境、身處谷底也要有搏擊高空的勇氣，

信念決定你的成敗，

相信自己，

身處劣勢，是為了積蓄力量一舉攻頂。

1・忽略困難，大膽往前走

當你要通過獨木橋時，請放鬆心情，不要思考險惡、困難等一切可怕的東西，目視前方，大膽往前走，因為讓你害怕的只有你自己的心。

每個人心中都會對某事某物有所害怕。害怕是險峻大山，是激流險灘？不，很多時候，害怕僅僅是我們心中的畏懼而已。

一天，幾個學生向美國著名的心理學家弗洛姆請教：心態對一個人會產生什麼樣的影響？

弗洛姆微微一笑，什麼也沒說，然後把他們帶到一間黑暗的房子裡。在他的引導下，學生們很快就穿過了這間伸手不見五指的神祕房間。接著，弗洛姆打開房間裡的一盞燈，在昏暗的燈光下，學生們才看清楚房間的布置，也不禁嚇出了一身冷汗。原來，這間房子裡有一個很深很大的水池，池子裡蠕動著各種毒蛇，包括一條大蟒蛇和三條眼鏡蛇，有好幾隻毒蛇正高高地昂著頭，朝他們「吱吱」地吐著芯子。就在這蛇池的上方，搭著一個很窄的木橋，他們剛才就是從這個木橋上走過來的。弗洛姆看著他們，問：「現在，你們還願意再走過這座橋嗎？」大家你看看我，我看看你，都不做聲。

過了片刻，終於有三個學生猶猶豫豫地站了出來。其中一個學生一上去，異常小心地挪動著雙腳，速度比第一次慢了好多；另一個學生戰戰兢兢地踩在小木橋上，身子不由自主地顫抖著，才走到一半，就挺不住了；第三個學生乾脆彎下身來，趴在小橋上慢慢地爬了過去。

「啪！」弗洛姆又打開了房內另外幾盞燈，強烈的燈光一下子把整個房間照耀得如同白晝。學生們揉揉眼睛再仔細看，才發現在小木橋的下方裝著一道安全網，只是因為網線的顏色極暗淡，他們剛才都

206

沒有看出來。

弗洛姆大聲地問：「你們當中還有誰願意現在就通過這個小橋？」

學生們沒有作聲，弗洛姆於是問道：「你們為什麼不願意呢？」

「這張安全網的品質可靠嗎？」學生心有餘悸地反問。

弗洛姆笑了：「我可以解答你們的疑問了，這座橋本來不難走，可是橋下的毒蛇對你們造成了心理害怕，於是，你們就失去了平靜的心態，亂了方寸，慌了手腳，表現出各種程度的膽怯，可見，心態對人的行為會造成多麼大的影響啊！」

生活中、工作中，在面對各種挑戰時，也許失敗的原因不是因為勢單力薄、智慧低下，也不是沒有把整個局勢分析透徹，而是把困難看得太清楚，分析得太透徹，考慮得太詳盡了，才被困難嚇倒了，倒是那些沒把困難完全看清楚的人，更能夠勇往直前。黑暗中更能闖出一條路來。

如果我們在通過人生的獨木橋時，能夠忘記背景，忽略險惡，專心走好自己腳下的路，也許能更快地到達目的地。放鬆心情，別把困難看得那麼難以跨越！

智慧品人生

生活中的很多困難其實都是來自人們內心的恐懼與慌張，與其戰戰兢兢地走人生的獨木橋，不如從容自若信步走來。

2・試著掌握退一步的策略

智慧之人，做事能屈能伸，智慧之人，做事能進能退。

退，是換個角度思考問題的一種方法；退一步的背後，是進更多步的策略。

一個人要想建功立業，必須要懂得以退為進。引擎利用後退的力量，會引發更大的動能；空氣一經壓縮，會具爆破的威力；軍人作戰，有時候要迂迴前進，才能勝利。世間很多事情不同，但是通常卻可以用相同的戰略。不知道你是否在工作中或者生活中採用過「退」的策略呢？

有一首詩描寫農夫插秧：「手把青秧插滿田，低頭便見水中天；身心清淨方為道，退步原來是向前。」這首詩非常形象，農夫插秧倒退著走蘊含了深刻的道理。有的人為了功名富貴，總是不顧一切地向前爭取。有的時候前面是險坑，跌下去會粉身碎骨；有的時候前面是一道牆，撞上去會鼻青臉腫。如果這時懂得以退為進，轉個彎、繞個路，世界還是一樣會有其他更寬廣的空間，這正如古人所云：「退一步，海闊天空。」

所以，一個人在世界上要想為人處世，必須要能謙恭禮讓；一個人要想建功立業，必須要懂得以退為進。

佛法講的「回頭是岸」，就是以退為進的含意。古時的先賢聖傑，從官場利祿之中歸隱，是為了待世機緣；有些能人異士隱居山林，是為了等待聖明仁君。有的人非常重視「韜光養晦」，有的人等待「應世機緣」，高瞻遠矚之士都會懂得「進步哪有退步高」的道理。

春秋時候，楚王的三子季箚，因為賢能，父王要傳位於他，而他謙讓說：「上有長兄，應該由長兄

繼位。」長兄去世以後，因其賢能，國中大臣又再舉他為王，他說：「還有次兄。」次兄去世以後，全國人民又一致推舉，希望他能出來領導全國。他說：「父死子繼，應該由先王之子繼任王位。」仍然退而不就，後來他在歷史上留下賢能之名。可見退讓不是沒有未來，退讓之後往往在另一方面更有所得。

三國時代，劉玄德知道太子劉禪無能，要諸葛孔明取而代之，諸葛亮因謙讓，而在歷史上留下忠臣之名。周公輔佐成王，他雖是長輩，一直以臣下身分侍成王，所以能留下周公的聖名美譽。此皆證明，退讓不是犧牲，所謂「失之東隅，收之桑榆」，有時以退為進，更能成功。

以退為進，是人生處世的智慧。人生追求的是圓滿自在，只知前進不懂後退的人，他的世界只有一半。因此，懂得「以退為進」的道理，才可以將人生提升到某一種高度之上。

智慧品人生

以退為進有時成全了自己，也成全了他人。那麼對於我們又何嘗不是進步呢？生活的內涵是豐富多彩的，在這一方面的退卻，也許會收穫另一方面的成功。

3・苦難中將帶來纍纍碩果

生活中的各種苦難就是這樣，能給我們帶來很多不愉快，但也能給我們帶來生活的啟迪。

人生的道路沒有一帆風順，困難總是如影隨形。我們沒有辦法擺脫，所以對待它的最好辦法就是敢於面對，並學會領悟困難背後所帶來的價值。「陽光總在風雨後」的道理每個人都懂，但當真的面對「風雨」的時候，你是否依然記得這句話？勇敢去面對困難吧，那是你在人生路上又一次成長、收穫的財富！

有個寓言：一天，上帝召集所有的動物一起吃飯。吃完飯，上帝取出一雙翅膀，說誰喜歡這個禮物，就可以放在自己的背上。動物們皆認為這麼笨重的東西壓在背上不累死才怪。只有一隻小鳥心想，這看似累贅的東西是上帝送給我們的，或許是一種恩賜。牠將翅膀背在了背上。過了一會兒，牠試著輕輕地揮動翅膀，沒想到不但感覺不到沉重，反而還輕盈地飛上了天。許多動物目睹此景，懊悔極了。

大家認為會增加負擔的東西，反而使小鳥輕盈地飛了起來。正如許多表面上看似挫折、困難的事情，反而給了我們另一種收穫或是更上一層樓的動力。困難，挫折，在某種意義上，並非一件壞事。

一家直銷公司裡有一位五十多歲的婦人被稱為「超級業務員」，年薪高達千萬。為什麼她能將工作做得如此出色呢？她自己常常對別人說：「因為我的挫折感早就在年輕的時候用光了！」

年輕時候的她，經歷了太多的苦難。她小時候由於家裡生活很拮据，父母只得把她送給別人家收養。在養父母的家中，她從未感到過家的溫暖，常常被養父打罵。十五歲那年，好賭成性的養父，居然

210

決定賣掉這個楚楚可憐的小女孩。那個時候她已經有自己獨立的意識，她不想自己的命運就這樣被殘忍的養父掌控。於是她偷偷地逃跑，輾轉到了外地。在那裡，女孩做過各種各樣的工作，打過零工，織過毛衣，擺過水果攤，賣過魚，開過小吃店……生活得十分艱辛。她拚命地賺錢，但也賠了很多錢，遇到過各種各樣的麻煩和困難。但是她沒有放棄，一直在努力地拚命工作。經過不斷累積經驗之後。漸漸地，她的事業有了起色，最後取得了傲人的成績。

因此，朋友，請不要畏懼困難，困難過後，收穫的中將是纍纍碩果。

生活中的各種苦難就是這樣，雖然能給我們帶來很多不愉快，但也能給我們帶來生活的啟迪。正如那位成功的女推銷員，她一次次的失敗經歷，鍛煉出了她超乎常人的韌勁，所以她能在推銷這個既需要智慧，更需要耐力的工作中取得傲人的成績。

智慧品人生

人生中總會有各種各樣的苦難經歷，但是苦難並不像我們想像的那麼可怕，而且從某種意義上講，那只是人們成功之路上的一個台階，是人們超越自己的一段路途。欣然面對苦難與失意，才能創造出更美麗的人生。

4‧磨刀不誤砍柴工

俗話：「磨刀不誤砍柴工」，當你付出努力仍然沒有回報時，是否曾檢討過自己努力的方法是不是出了差錯？做事，最忌諱的就是不講方法地蠻幹。

在我們的生活和工作中，常常會面對「事與願違」的無奈。不是所有的努力都能得到預期的回報。

有句話叫「謀事在人，成事在天」，所以很多人認為，努力沒有得到回報是因為上天的不公平。這種想法很有意思。為什麼不停下來自我檢討呢？看看自己努力的方式是否正確，是不是存在不講究方法地蠻幹呢？

從前，有一個年輕人到山上砍樹，剛去砍樹的時候，他每天都是非常努力地工作。別人休息的時候，他也不休息，仍在努力地砍樹，不到天黑，絕不甘休。他想趁著年輕多幹一些，希望有朝一日能夠成功，為以後的生活累積一些積蓄。可是來了半個多月，他竟然沒有一次能夠贏過那些老前輩，明明他們都在休息，為什麼還會輸給他們呢？

年輕人百思不解，以為自己不夠努力，下定決心要更賣力才行。結果呢？隔天的成績反而比前幾天還差，這使得年輕人更加的迷惑了。為什麼呢？他一直也想不明白。這個時候，有一個老前輩叫這個年輕人過去泡茶喝，年輕人心想：我的成績那麼差，哪還有什麼時間喝茶休息呀！便大聲回答：「謝謝！我沒有時間，我得抓緊時間多幹些活兒。」

老前輩笑著搖頭說：「你知道為什麼你那麼努力，卻還沒有我們這些老頭子的成績好嗎？」

「為什麼？」小夥子好奇地問著。

「傻小子！一直砍樹，都不磨刀，你能砍得多快？成績不好，遲早要放棄的，真是精力過剩。」原來，老前輩們不是單純地坐下來泡茶、聊天、休息，同時他們也在磨刀，難怪他們很快就能砍很多樹，原來他們有一把鋒利的刀斧。

老前輩拍拍年輕人的肩膀說道：「年輕人要努力，但是別忘了要想辦法省力，千萬可別用蠻力呀！」老前輩讓年輕人看了他剛磨好的刀斧，年輕人頓時覺得眼前一亮，原來成績不是光靠努力就能得來的，還需要去休息，並在休息時把刀斧磨鋒利。

拚命地工作不一定就能取得成功。阻礙你前進的不一定是你前面的高山大河，還有可能是你自己沒有繫好的鞋帶。不要急著大踏步地前進，要先看清自己的腳下有沒有什麼牽絆。下面的故事，可能會給我們更多的啟示。

一家動物園管理員發現袋鼠從籠子裡跑出來了，於是開會討論，一致認為是籠子的高度過低造成的。所以他們決定將籠子的高度由原來的十公尺加高到二十公尺。結果第二天他們發現袋鼠還是跑到外面來，所以他們又決定再將高度加高到三十公尺。沒想到隔天居然又看到袋鼠跑到了外面，於是管理員們大為緊張，決定一不做二不休，將籠子的高度加高到一百公尺。

一天長頸鹿和幾隻袋鼠閒聊，「你們看，這些人會不會再繼續加高你們的籠子？」長頸鹿問。

「很難說。」袋鼠說，「如果他們再忘記關門的話。」

不關上門，即使把籠子加得再高也不可能把袋鼠關住，再多的努力都將是徒勞。學會審視，不要急於行動，瞭解清楚問題的根本所在，會避免很多徒勞的工作。急著匆匆趕路，不如先停下來，看看自己有沒有走錯路。

急著砍樹不如停下來把刀斧打磨得更鋒利；不斷地加高籠子，不如低下頭看看沒有關上的籠子門。

做事離不開思考，不要盲目地努力。懂得思考的人，才會讓成功來得更快速。

5・勇者的三條路

真正的勇敢，是面對危急情況仍保持清醒，有智有謀地應對。

生活中的勇者總是受到人們的推崇，所以大家都想成為生活中的勇者。但什麼才是真正的勇敢呢？

對於勇敢，不同的人總是會有不同的理解。

經常可以在電視裡看到有動物互相殘殺的激烈場面。如獅子為捕獲羚羊常常騰躍而起，疾如閃電，一番拚殺，將羚羊置於死地；而羚羊也不願坐以待斃，為躲避捕殺，總是竭盡全力，奮勇向前，雖不一定能逃出魔掌，但也死得悲壯。於是，有人認為：為了生存，動物的第一反應便是勇敢地追逐或逃竄。

人也一樣，因此，勇敢是一種本能的迸發與衝動。

在報紙上見過這樣一個報導。有一位軍人，在回家探親途中赤手空拳與車匪搏鬥，身受重傷。在他生命垂危之際，仍高昂著頭吶喊：「抓歹徒！」因此，有人認為：勇敢，就是捍衛人格尊嚴的一個支點，有了它，雖然粉身碎骨，但能在人們心中樹立豐碑，成就生活的悲壯。

美國女孩珍妮佛一天開門時，發現一個持刀男子兇狠地站在門前。「糟了，遇到了劫匪！」這一念頭驟然閃現在珍妮佛的腦海裡，但她迅速地鎮靜下來。微笑著說：「朋友，你真會開玩笑，你是來推銷菜刀的吧？我喜歡，我要一把。」接著便讓男子進屋，還熱情地對男子說：「你很像我以前一個熱心的鄰居，見到你我真高興，你要咖啡還是茶？」原來滿臉殺氣的男子此刻竟有些拘謹起來，結巴地說：「謝謝、謝謝！」片刻珍妮佛買下了那把菜刀，男子拿了錢遲疑了一下便走了。在轉身離去的一剎那，男子對珍妮佛說：「小姐，你將改變我的一生……」就這樣一場悲劇被巧妙地避免了。

可以說動物勇敢是本能的勇敢，軍人勇敢是大義凜然的勇敢，而女孩珍妮佛的勇敢則是智慧的勇敢。勇敢的意義不是單一的挺身而出，有時更是沉著冷靜地應對，巧妙地達到自己的目標。

提到勇者讓人第一反應就想起衝鋒陷陣的士兵，或者馳騁沙場的英雄。然而真正的勇者並不一定是衝在最前面的，那些面對危急情況仍保持著清醒，有智有謀的應對者也是勇者。

智慧品人生

大勇，蘊於智。真正的勇敢不是冒進，而是懂得根據事情的具體情況採取適當的措施，才是真正的智慧。

6・拿出你的溫柔和賢慧

真正聰明的女人，在遇到感情問題時，不會和丈夫「刀兵相見」，
而是會拿出溫柔、賢慧、善解人意和睿智的表現來。

戀愛，讓人充滿激情。但是日復一日的婚姻生活卻磨滅了很多夫妻對待感情的熱情。感情出現了危機，女方往往是一哭二鬧三上吊，但這多半起的是反作用。以退為進，將自己溫柔賢慧的一面展現給已經變心的丈夫，迂迴地處理不失為明智之舉。

有個女士叫美嘉，是一家外資公司的翻譯。丈夫是碩士，在外貿局職位升得很快。他們夫妻的工資都不低。結婚七年後，他們買房買車。這些都有了，美嘉才決定要孩子。一年以後，三十三歲的美嘉生下女兒小夏。從此，就做了全職太太，把全部的精力都放在女兒身上。

一次偶然的機會，她在酒吧裡看見丈夫正摟著一個女人談笑風生，一時間傷心欲絕，不知道該如何是好。

回到家裡，女兒小夏在小床上睡得正香。美嘉來到床前的梳妝鏡前看著自己。紅腫的眼，疲憊的神態，過時的衣服緊繃繃地裹在身上，滾圓的身材，臉盆一樣的大臉。她思緒萬千：「這是我嗎？這是以前那個美麗優雅的我嗎？」如今反思，也正是這三年，她忽略了丈夫。丈夫的工作沒有過問過，他回家的時間越來越少，甚至他們也很少過夫妻生活了。這些，自己居然都沒在意。

美嘉經由對丈夫司機的追問，得知丈夫和那個第三者已經在一起三、四個月了，並且還給那個女孩租了一套房子，經常同居。

「如果他不愛我了，那麼我和小夏怎麼辦呢？」她癱坐在床沿，腦袋裡一片空白。忽然，美嘉的眼光落在了床頭零亂的書上。她想起了前兩天看的《聊齋誌異》裡面的一個故事——《恒娘》。

美嘉重新讀了那個故事，含著眼淚辛酸地笑了。是的，她知道該怎麼做了。

第二天上午十點多，美嘉來到了丈夫的辦公室。在祕書的座位上，果然看到了那個第三者。仔細打量了她一下，長相普通，氣質還不錯。她心裡有了底。

美嘉關上房門，單刀直入地告訴丈夫，已經知道了他和那個女孩的事情，請他這一兩個月不要回家。她非常清楚，將欲取之，必先予之，丈夫愛的就是嘗鮮，她就退一步，先成全他。

那一個月美嘉過得非常辛苦。白天送女兒去幼稚園，回家就撿起以前的書本，瘋狂閱讀。她鎖緊大門，不接丈夫的電話。一個月以後，美嘉帶著女兒在公司和丈夫見了面。那天，她特意換上了樸素的衣服，不用裝扮就已經是一副很讓人可憐的樣子。果然，那天丈夫一見到美嘉，眼中就泛起了不忍之色。

當女兒撲到他懷裡甜甜地叫爸爸時，他眼圈都紅了。

他拉著美嘉說：「我跟你們一起回去吧。」美嘉深情地看了他一眼，「你能保證跟她斷嗎？你能保證從此以後一心一意地回歸家庭嗎？」丈夫囁嚅著說：「給我點時間，讓我慢慢和她解釋吧。」美嘉笑了⋯：「那你再考慮考慮吧，看看愛情和家庭，孰輕孰重，考慮好了再回來。」

「新鮮期過了，」同情心也還在，這證明丈夫對自己還有感情，那麼下一步，就是徹底改變自己。同時，還必須得做最壞的打算，如果他真的不回來，就得靠我自己的力量來維持我們母女的生活。」這是美嘉透過丈夫的表現做出的第二步戰略規劃。

美嘉在離家不遠的地方找到了一家翻譯公司，成了兼職譯者。那些工作可以帶回家來做，時間是寬

裕的。然後，又去了一家大型的美容店，進行減肥和塑身。當她敷著面膜，享受著全身按摩的同時，美嘉忽然感覺到，在全心全意為家庭付出的那三年裡，她完全失去了自我。除了母親的身分，她忘記了自己還是個女人，還是個妻子，甚至忘記了自己也可以不用依靠男人，只用自己的雙手便能生活得很好。

慢慢地，美嘉的雙下巴不見了，以前的鵝蛋臉慢慢顯現，腰圍一寸一寸在縮小，腿也越來越細。當她重新穿上年輕時的裙子時，激動得簡直說不出話來。而這段時間裡，丈夫好像良心也有發現，經由司機，美嘉得知他最近很少去那個女人那裡了。更多時候，他一個人待在辦公室。

聖誕夜，照例是丈夫單位和一些外商舉辦聯歡會，員工須帶家屬參加。以前年年都是美嘉陪著他，今年也不會例外。

美嘉淡淡地化了妝，把自己打扮得非常優雅得體，她再一次站在梳妝鏡前，那裡的她，已經不再是那個冬瓜妻子，而是一個熠熠發光的女人。她成了酒會的焦點。當美嘉以流利的口語與老外們交流，挽著丈夫的手臂陪他四處應酬時，丈夫感覺出美嘉魅力不減當年。

酒會結束，丈夫回到了久違的家，真誠地向美嘉表達了歉意，希望挽回婚姻。丈夫想在家留宿，美嘉還是拒絕了，她要再考驗丈夫。直到丈夫無論在思想上，還是行動上，真正回心轉意，她才接納了丈夫，延續他們受挫的婚姻，過上幸福生活。

但如果美嘉用「一哭二鬧三上吊」的方式跟丈夫大打大鬧，結果還會這樣嗎？讓人深思。

智慧品人生

當婚姻出現波折，與其一味地抱怨和難過，不如學著從自身尋找原因，改變自身不足，學會退讓。

盡全力為婚姻做出自己該做的事情。

7・上善若水，柔能克剛

老子哲學的根本是「以出世的心態入世」。道家的「以退為進」的思想是獨特的生存和取勝之道，能體現在現代生活中的各方面。因為這個世界是由衝突和矛盾組成的，有衝突和矛盾，就一定會有前進或者後退，要麼是雙方戰場廝殺，一方落敗，一方凱旋；要麼是一方落荒而逃，一方乘勝追擊；要麼是雙方退讓而握手言和。「以退為進」就是放棄暫時的優勢和勝利，採取後退的曲折方法以達到最終的成功目的。這種情況在日常生活中會經常遇到。

日本著名的行銷大師——原一平，曾是一家保險公司的一名普通行銷員。一天，他去一個菸酒店拜訪客戶。這家菸酒店是他剛剛促成合作的新客戶。由於已成為客戶，又是第二次拜訪，原一平自然比較鬆懈、隨便，頭上的帽子都戴歪了。

原一平一邊說早安，一邊拉開玻璃門，應聲而出的是菸酒店的小老闆，他是大老闆的兒子。雖然是小老闆，但年紀已經不小了。

這位小老闆一見原一平，就生氣地大叫起來：「喂，你這是什麼態度，你懂不懂得禮貌，歪戴著

帽子跟我講話，你這個大混蛋。我是信任明治保險，也信任你，所以才投了保，誰知我所信賴的公司員工，竟然這麼隨便無禮。」

聽完這句話，原一平正好了帽子並深鞠一躬：「唉！我實在慚愧極了，因為你已經投保，把你當成自己人，所以太隨便了，請你原諒我。」

原一平繼續鞠躬道歉說：「我的態度實在太魯莽了，不過我是帶著向您請教的心情來拜訪您，絕沒有輕視您的意思，所以請您原諒我好嗎？千錯萬錯，都是我的錯，請您息怒，跟我握手言和好嗎？」

小老闆突然轉怒為笑：「不要老道歉了，進來店裡吧，其實我大聲責罵你也太過分了。」他握住原一平的雙手，說，「慚愧！慚愧！我也太魯莽無禮了。」

兩人愈談愈投機。小老闆說：「我向你大發脾氣，實在太過分了。我看這樣吧，上次我不是投保了五千元嗎？我看這次就增加到三萬元好了。」

原本可能是一場戰爭卻帶來了一筆新的生意，而就是這一退一進，註定了原一平的成敗。「退」表面上看來是軟弱和無能，但卻是對緊急情況的快速判斷和接受，然後做出的適時有效的反應。

道家主張「無為而治」「不為人先」，要以退為進，養精蓄銳，厚積薄發，後發制人。退是為了更好地進。道家主張以柔克剛，而最能體現柔而不爭精神的莫過於水。老子云：水性至柔，而力至堅，利劍不能斷其身，但它卻能穿石，無堅不摧。「上善若水，水善利萬物而不爭，處眾人之所惡，故幾於道。居善地，心善淵，與善仁，言善信，政善治，事善能，動善時。夫唯不爭，故無尤。」

要想有所作為，克服事業中遇到的困難，就要在適當的時候採取適當的方法，當進處，則義無反顧；當退處，則以柔克剛。

220

老子講柔能克剛。這我們提供了駕馭自己人生很好的辦法。人生，有時候需要我們俯下身，以一種較低的姿態面對。

8 · 給自己創造一個被發現的機會

當你因自己懷揣不遇而終日抱怨，不如去給自己創造一個被發現的機會。機會只留給懂得爭取它們的人。

並不是所有的寶石都能有閃爍光芒的機會。有時，寶石是被包裹在石頭裡的，需要等待別人的開採，但是也並不是所有的寶石都能順利地得到開採的機會。而我們人就不一樣了，與其抱怨自己懷才不遇，不如去給自己創造一個被發現的機會。

一位愛好文學的年輕人，從學校畢業後來到美國西部，他想當一名新聞記者，但人生地不熟，一直沒有找到合適的工作。身上的錢已所剩無幾，他有些失望。難道是自己的專業不夠好才沒有被錄用嗎？他覺得自己就要走投無路了。這時他突然想起了他最崇拜的大作家馬克·吐溫。於是年輕人給他寫了一封信，希望能得到幫助。

馬克·吐溫接到信後，馬上給年輕人回了一封信，信上說：「如果你能按照我的辦法去做，你肯定

能求到一席之地。」馬克‧吐溫還問年輕人，希望到哪家報社工作。

年輕人看後十分高興，馬上回信告之。於是，馬克‧吐溫又告訴他：「你可以先到這家大報社，告訴他們你現在不需要薪水，只是想找到一份工作，好好鍛煉一番，你會在報社好好地幹。一般情況下，報社不會拒絕一個不要薪水的求職人員。你在獲得工作以後，就要努力去做。把採寫到的新聞給他們看，然後發表出來。這樣，你的名字和業績就會慢慢被別人知道，如果你很出色，那麼，其他報社就會有人聘用你。然後你就可以到主管那兒，對他說：『如果報社能夠給我相同的報酬，那麼，我願意留在這裡。』對於報社來說，他們是不會輕易放棄一個有經驗又熟悉業務的工作人員的。」

年輕人讀了馬克‧吐溫的信，心裡想，以自己現在的處境來說，這樣的工作不是進取而是後退。雖然他不一定得不到大報社的錄用，但要找一份有薪水的工作還是沒問題的。年輕人思前想後決定還是照著馬克‧吐溫的辦法去做，先試試看。

他很快在一家大報社工作了，但是沒有工資。最初，他的工作也只是整理文稿和校對等，根本沒有機會寫東西。年輕人開始打退堂鼓了，畢竟他的經濟狀況難以支持無薪的生活。但機會也在這時出現了。由於報社缺人手，他終於有機會出去採編了。他很好地抓住了這次機會，用心寫了一份十分精彩的稿子，主編很滿意。於是他的工作順利地變成了採訪編輯。更令人高興的是，他和其他採編有同樣的薪水。備受鼓舞的年輕人更加努力工作，所發的稿子越來越多，好評也漸漸多起來。

不出幾個月，他就接到了另一家報社的聘書。令人吃驚的是，他所在的報社知道後，主管竟然主動找他，說願意付高出別人很多的薪水來挽留他。

按照馬克‧吐溫的方法，年輕人終於找到了合適的工作，但是比這份工作更重要的是，他學到了做

人的一個基本的方法，放低姿態，以退為進。

沒有播撒，哪有收穫？沒有行動，夢想終歸是夢想。凡事都需要一個過程，更何況是理想的實現，夢想的成功？

9・說話多婉轉一分

在一定的環境下，不如先做一時的退讓，傾聽一下別人的聲音。懂得婉轉的人，更容易讓人接受也更受歡迎。

記者是要與不同的人打交道的職業，需要面對各種各樣的採訪任務，有時如何巧妙地向被採訪者提出問題至關重要。這個時候，有經驗的記者通常會避開要採訪的問題，而是婉轉地先向被採訪者提出其他問題或者從另外的角度，旁敲側擊地提出問題。

義大利著名女記者奧里亞娜・法拉奇（Oriana Fallaci）曾有這樣一次採訪經歷。當年，她去採訪巴基斯坦前總統佐勒菲卡爾・阿里・布托，他被西方評論界稱為最專橫、最殘暴的總統，是一個法西斯分子似的人物。法拉奇在採訪他時，就巧妙地運用了以退為進的方法。她沒有直接問：「總統先生，據說

223

您是一個法西斯分子，您是怎麼認為的呢？」而是將這個問題轉化為：「聽說您是有關墨索里尼、希特勒和拿破崙的書籍的忠實讀者。」就這樣，法拉奇成功地將一個很難問的問題婉轉地問了出來。不知不覺中，布托總統已經開始放鬆自己的言行，侃侃而談自己的「政治主張」，說出了自己的真實想法。就這樣，法拉奇以一個看起來無足輕重的問題，問出了這位總統的政治主張。

而在中國有位記者也遇到過類似情況。他的任務是採訪越南總理阮文紹，據說阮文紹是「越南最腐敗的人」。中國的這位記者，想瞭解他本人對於這一評論的看法。如果直接就問，一定會遭到阮文紹的一口否決，這樣不能問出他對這樣評論的看法，而且採訪都很難進行。精心思考後，這位記者聰明地將問題拆為有著相互聯繫的兩個小問題。他先問到：「聽說您小的時候，家境很貧寒，對嗎？」阮文紹聽後，開始動情地描述起他小時候家庭的困難境地。在上面的問題得到了肯定的答覆之後，這位記者又接著追問：「今天，您富裕至極，在瑞士、倫敦、巴黎和加拿大都有自己的存款和住房，是這樣的嗎？」阮文紹雖然否認，但為了對輿論有個交代，也不得不說自己「並不豐厚」的家產，暴露了「少許的家產」。至於阮文紹是否像外界所說的那麼奢華、腐敗，從他所羅列的少許家產中，讀者已經可以做出自己的評判了。

不僅做記者是這樣，生活中我們在與人交往的時候也經常會遇到這樣的問題。有的話不能直接說出來，不妨換成另外一種更為巧妙地說法。注意你的談話內容，以圓熟的措辭與身邊的人交往，才能更吸引人。

不論你是想給別人提出意見，還是想糾正別人的錯誤，都要婉轉、誠懇、親切，不能太直接、生硬，更不能與人爭論得面紅耳赤，非得駁倒別人。婉轉是有一種溫和的，可以更容易讓人接受的說話方

式。懂得婉轉的人，更容易讓人接受也更受歡迎。

孔子說：「可與言而不與之言，失人；不可與言而與之言，失言。知者不失人，亦不失言。」與人交往中，經常會遇到各種問題，遇到各樣的人，應該時刻注意自己的語言，盡量做到不失言於人。必要時，試著運用圓熟的語言，這才是交往談話的智慧。

10・留得青山在，不怕沒柴燒

每個人都會遇到不如意的時候，只是有智慧的人更懂得退避隱忍，保護自己，等到得力的時機，再反敗為勝。

智者千慮必有一失，即使你有絕世的智慧，也會有不如意的時候，甚至是身處危險的境地。這個時候，我們就應該退避隱忍，等待時機。我國著名的軍事家孫臏曾遭龐涓的陷害，險些失掉性命。

孫臏和龐涓當年都拜鬼谷子先生為師，他們一起研習兵法，情誼深厚，並結拜為兄弟。但是有一年，魏國國君以優厚的待遇招納天下賢士到魏國做將相，龐涓便下山為魏國效力。孫臏則覺得自己才學尚不足以治國平天下，於是留在山上追隨鬼谷子先生研習兵法。臨行前二人約定他日共建功業。

龐涓到了魏國，果然受到魏王的重用，執掌魏國兵權。在他的指揮下，魏國不斷入侵周圍的小國，使得這些小國紛紛來魏國朝貢。這樣一來，龐涓在魏國有了很高的威望，開始自傲。而這期間孫臏還在向鬼谷子先生學習兵法。孫臏原本就比龐涓學得紮實，鬼谷子先生見他為人誠摯，更是將他多年來祕不傳人的孫子兵法教授於他，這樣，孫臏的才能更遠遠地超過了龐涓。

後來魏王聽人的推薦，便恭請孫臏下山，孫臏以為是龐涓向魏王推薦自己，便欣然同意，想與龐涓一起共同建立功業。然而，推薦他的人並不是龐涓，而是別人。龐涓聽說自己走後，鬼谷子先生將孫子兵法教授於孫臏，又見魏王對孫臏很尊重，便擔心孫臏的出現會奪了他的風頭。不久後，他便設計想陷害孫臏，而且還想得到孫臏從鬼谷子先生那學到的孫子兵法。

在龐涓精心策劃後，孫臏則被陷害有叛魏向齊的居心，魏王大怒，便想殺掉孫臏。龐涓又假意向魏王求情。魏王聽從了龐涓的建議，但對孫臏施用了酷刑。

就這樣，孫臏被挖去了兩個膝蓋骨，臉上也被刻下了「私通敵國」四個字。龐涓過來親自為已經成為廢人的孫臏，並把他帶回家，細心地加以照料。

一個月後，孫臏的傷口已基本癒合，但以後只能盤腿坐在床上了。此時，龐涓對孫臏更是關心體貼，一日三餐，極其豐盛。孫臏很過意不去，總想盡自己所能為龐涓做點什麼。開始龐涓什麼也不讓他做，後來經孫臏再三要求，才說：「兄坐於床間，就把鬼谷子先生所傳的孫子兵法及注釋講解寫出來吧，這也是對後世有益的善事，可因此使吾兄揚名於萬代千秋呢！」

孫臏知道龐涓也想全面學習孫子兵法，就高興地答應了。從那天起，孫臏日以繼夜地在木簡上寫起來，日復一日，廢寢忘食，以致人都勞累變了形。

一個服侍孫臏的小童，從龐涓的貼身侍衛那裡打聽到龐涓想等到孫臏寫完兵書就把他殺死。小童把這個消息偷偷地告訴了孫臏，孫臏的心一下涼透了，沒想到自己視為親兄弟的人居然這樣對待自己。傷心之餘，他也意識到了自己的處境。

第二天，正要繼續寫書的孫臏，當著小童及兩個衛士的面，忽然大叫一聲，昏倒在地，大嘔大吐，兩眼翻白，四肢亂顫。過了一會兒，醒過來，卻神態恍惚，無端發怒，瞪起眼睛大罵：「你們為什麼要用毒藥害我？」罵著，推翻了書案桌椅，燭台、文具掉了一地，接著，抓起花費心血好不容易寫成的部分孫子兵法，扔到火盆裡。立時，烈焰升起。孫臏又把身子撲向火，頭髮鬍子都燒著了。

人們慌忙把他救起，他仍神志不清地又哭又罵。那些書簡則已化成灰燼，搶救不及。

龐涓慌忙跑來，只見孫臏滿臉吐出之物，髒不忍睹；又見孫臏趴在地上，忽而磕頭求饒，忽而呵呵大笑，完全一副瘋癲狀態。見龐涓進來，孫臏爬上前，緊揪住他的衣服，連連磕頭：「鬼谷子先生救我！鬼谷子先生救我！」

「我是龐涓，你別認錯了！」

「鬼谷子先生！鬼谷子先生，我要回山！救我回山！」孫臏仍舊揪住龐涓，滿嘴白沫地大叫。

龐涓使勁甩開他髒兮兮的痙攣的手，心裡疑惑。仔細打量孫臏半天，又問侍衛及男童：「誰對他說什麼了沒有？」沒人回答。

龐涓並不傻，他懷疑孫臏是裝瘋，就命人把他拽到豬圈裡。孫臏渾身汙穢不堪，披頭散髮，全然不覺地在豬圈泥水中打滾，直怔怔瞪著兩眼，又哭、又笑……

龐涓派人在夜晚四周無人時，悄悄送食物給孫臏……「我是龐府下人，深知先生冤屈，實在同情您。

請您悄悄點吃東西，別讓龐將軍知道。」

孫臏一把打翻食物，掙獰起面孔，厲聲大罵：「你又要毒死我嗎？」

來人氣極，就撿起豬糞、泥塊給他。孫臏接過來就往嘴裡塞，毫無厭惡的樣子。

龐涓這時才有些相信，從此任從孫臏滿身糞水地到處亂爬，有時睡在街上，有時躺在馬棚、豬圈裡。

也不管白天還是黑夜，孫臏睏了就睡，醒了就又哭又笑、又罵又唱。龐涓終於放下心來，但仍命令：無論孫臏在什麼地方，當天必須向他報告。

這時，真正知道孫臏是裝瘋避禍的只有一個人，就是當初瞭解孫臏的才能與智謀、向魏王推薦孫臏的人，這個人就是墨翟。

他把孫臏的境遇告訴了齊國大將田忌，又講述了孫臏的傑出才能。田忌把情況報告了齊威王，齊威王求賢若渴，要求他無論用什麼方法，也要把孫臏救出來，為齊國效力。

於是，田忌派人到魏國，乘龐涓的疏忽，在一個夜晚，先用一人扮作瘋了的孫臏把真孫臏換出來，脫離龐涓的監視，然後快馬加鞭迅速載著孫臏逃出了魏國。

就這樣，孫臏保全了自己的性命。到了齊國，他絕世的軍事才能才真正得以施展，在幾次作戰中戰勝龐涓。他還結合自身的實戰經驗，發揚了鬼谷子先生所教授的兵法，把孫武的《孫子兵法》發揚光大。

退避隱忍，方可在來日尋找時機，成就自己。孫臏的智慧，讓人敬佩。

智慧品人生

身處險境時，就得退避隱忍一下，甚至裝瘋賣傻，避開災難，以待翻身的時機。留得青山在，不

怕沒柴燒，保全自己是日後成功的基礎。大丈夫能屈能伸，一時的隱忍若能帶來長遠目標的實現，又何足惜？

11・退是成功的資質

人的欲望是無止境的，過分欲望則會貪婪成性，
為人處世的大智慧，就在於如何在退讓中取得進步。

理想就像耀眼的太陽，迎著它固然光芒萬丈，但看久了也會使眼睛刺痛不已。何不閉上雙眼依舊向著太陽，因為此時的你同樣能感受到一片金紅和汩汩暖流，而這暖流卻絲毫沒有因為你閉上雙眼而消減，相反，卻使你能夠集中意志在腦中深深體會這份溫馨。

仕途上，有人希望步步高升；學海中，有人希望博學識廣；商戰中，有人希望日進斗金。人的欲望總是這麼無止境，貪婪奢望已經見慣不怪。其實，為人處世能以退為進往往會取得更大成功。

有這樣一則故事，說明了「彈性」地選擇進退在我們生活中的重要性。

赫爾鮑姆是礦冶專業的高材生，從美國耶魯大學畢業之後，又進德國的佛萊堡大學深造，並拿到了碩士學位。然而，當他來到美國西部的一個大礦找工作時，卻很不順利。

按照預約的時間，赫爾鮑姆走進大礦主的辦公室，準備面試。

他先把文憑遞上，心想對方看了之後一定會感到滿意。但是大礦主對此一點也沒有興趣，斷然拒絕

了他的求職要求。

「先生，正因為您有碩士學位，所以我不能聘用您。」大礦主毫不客氣地說，「我知道，你學了系統的理論，但那些東西並沒有什麼實用價值，我可用不著你這種溫文爾雅的工程師。」

原來，這位大礦主是工人出身，一步一步地從基層被提拔上來的，後來成為大礦的「掌門人」。此人生性耿直，脾氣執拗。由於自己沒有上過大學，因此不喜歡有高學歷的人。尤其對那些張口能講出一大套理論的工程師，更深有抵觸。面對應聘時出現的這種尷尬和無奈，聰明的赫爾鮑姆腦子一轉，很快想出了對策。他毫不惱怒，而是巧妙地轉換話題，以緩解氣氛。

他微笑著說：「礦主先生，我想向您透露一個祕密，但您得事先答應我一個條件——不告訴我父親。」大礦主對此頗感興趣，表示決不洩密。

「說真的，我在德國佛萊堡大學的三年時間一直是在混日子，什麼東西也沒有學到。」他小聲地告訴對方。一聽完這話，大礦主的臉馬上由「陰」轉「晴」，哈哈大笑起來，然後當場拍板：「很好，您被錄用了，明天就可以來上班。」

這樣的「欲揚先抑」的計謀只是小小地施展了一下，卻帶來了意想不到的收穫，足可見「以退為進」的力量。謙恭禮讓並不妨礙成名立業，很多時候要懂得旁敲側擊。年輕人雖然涉世不深，卻應該知曉並運用此類處世的哲理。

前面已是一道高牆，何苦冒進撞個鼻青臉腫呢？輕巧地避過或許更好。「回頭」不是遷就妥協，而是「有所悟，有所行」。歷代聖賢名家，從官場名利中全身而退，是為了厚積後再作拚搏；有些人隱居田園荒舍，像諸葛亮，是為了等待仁君義主的出現。「韜光養晦」「臥薪嘗膽」是「退」的最高境界，有時

以退為進，不失為成功的大智慧。

智慧品人生

人生一本充滿智慧的圖書，應該是思索與閱讀並舉，才能讀懂其中的真諦。盲目地學習不知變通，終將一無所獲。

第九章

放開雙手擁有世界

一個青年問一位禪師：「為什麼我拼命努力，卻什麼也得不到呢？」

禪師只是笑笑，說：「把你的雙手握緊，看看裡面會有什麼？」

青年握緊雙手之後，不解地問：「什麼也沒有呀？」

「你再鬆開雙手，看看有什麼？」

「還是什麼也沒有。」

「不，緊鬆之間，世界已經全在你的手中了！」

1．魚和熊掌，如何取捨

抉擇，往往是殘忍且痛苦的，但又是不得不做的事情，這裡面包含著隱忍的痛，更包含著毅然決然的智慧。為了得到最想要的，需要付出許多代價。你是否已經做好放棄的準備了呢？

孟子云：「魚，我所欲也；熊掌，亦我所欲也。二者不可得兼，舍魚而取熊掌者也。」很多時候，我們不得不面對兩難的選擇，要麼選其一，要麼你將什麼也得不到。抉擇的代價是慘痛的，但是面對現實，又不得不忍受割捨的痛苦。

在歐洲，金鵰是一種很奇怪的動物，牠們築巢於高山懸崖，以尖利的喙和強壯的爪昭示自己是天空的王者。金鵰一窩通常會孵出兩隻幼雛。但在食物不足的時候，小金鵰就會挨餓，金鵰媽媽也只能眼看著孩子餓得嗷嗷叫。這時，兩隻小金鵰就會用力互相擠靠，結果總是相對弱小的那隻被擠下山崖摔死。而金鵰媽媽又總是容忍這種「獸行」。因為牠知道，自己沒有能力去養活兩隻小鵰，如果不捨棄一個，結果只能是兩隻都被餓死。所以牠讓牠們自相殘殺，留下一隻比較強壯的，以此來保證金鵰家族的強大，保持牠們天空之王的地位。

其實，又豈止是金鵰，我們也像金鵰媽媽一樣，有時候需要在手裡緊握的兩件寶貝中做出取捨。只是在考慮個人感情的同時，抉擇或許更需要些理智的思維。

有一次，美國的一家電視台採訪了一位獨臂的探險家。談到自己在探險過程中的經歷，他看著那空蕩蕩的衣袖對觀眾講了他痛失手臂的經過。事情是這樣的：三年前，他獨自一人去非洲的熱帶雨林探險。當時剛剛下過一場大雨，走著走著，腳下一滑，他就摔倒在地上，與此同時，一塊巨大的石頭因為

234

雨後的濕滑掉了下來，壓在他的胳膊上。他被這塊巨大的石頭壓倒在地。他試著用自己的另外一隻手去推石頭，然而那塊大石頭絲毫沒有動，只是被壓在石頭下面的手更疼了而已。

就這樣，他用了各種辦法把石頭移開。而且在原始森林裡任何人都不可能發現他。就在他以為自己只能被困死在這裡的時候，他發現自己還有一把斧頭。這時，他看了看被壓在石頭下的手臂，想了想周圍的環境：天就快黑了，如果還沒有別的辦法，即使不會失血而死，也會遭到其他動物的襲擊，很難再看到第二天的太陽了。他最後看了一次自己的手臂和身體連在一起的樣子，毅然決定用那把斧頭砍掉自己的手臂，感謝上帝給他留了繼續活下去的機會。

講完自己失去手臂的經過之後，接著探險家說道：「在探險的路上，會遇到很多意外，不得不面對各種各樣的抉擇，相對於生命來講，任何東西都是不足珍貴的，哪怕是你自己身體的一部分，一定要明白什麼對於你才是最重要的。」

對於一個探險家來說，在探險的過程中，最重要的就是自己的生命。雖然我們大多數的人都不可能成為探險家，甚至不會有什麼探險的經歷，但是我們依然會面對很多的選擇。靜下心來想想，什麼東西才是你真正追求的，值得追求的。追求就意味著付出，甚至放棄、抉擇，孰輕孰重，你想好了嗎？

智慧品人生

放棄不是一種退讓，而是在選擇的路口上，找到你自己的方向。人生中的各種抉擇都會有取捨，有得到。知道自己最想得到的是什麼，學會放棄你不再需要的東西，是為向前行走減輕負擔。只有退出一條錯誤的路線，才能在正確的路上快速地前進，否則只會南轅北轍。

2 · 簡單中的智慧

對於生活，對於事業，我們不如把問題看得簡單一點，簡單，也是一種智慧。

深思熟慮，詳盡周全，可能這是我們每個人心中做事的衡量標準和安全警示。但是有時候，事情想得太周到，反而會把原本簡單的事情複雜化。這時，我們不妨把問題看得簡單一點，給自己多一點空間。簡單，也是一種智慧。

十四世紀邏輯學家、聖方濟各會修士奧卡姆的威廉（William of Occam）對於哲學上關於「共性」、「本質」之類的討論感到很厭倦。他主張唯名論，只承認確實存在的東西，認為那些空洞無物的普遍性要領都是無用的累贅，應當被無情地「剃除」。他主張「如無必要，勿增實體」，這也就是人們所說的「奧卡姆剃刀原理」（Occam's Razor／Ockham's Razor）。

經過數百年的流傳發展，這一理論不僅僅停留在哲學和邏輯學的範疇之內，還被廣泛地應用到了其他科學研究領域。它還對現代管理理念、處事的人生態度等有很深遠的影響。

這個定律要求我們在處理事情時，要把握事情的主要實質，把握主流，解決最根本的問題。尤其要順應自然，不要把事情人為地複雜化，這樣才能把事情處理好。

還記得，一九九八年中國的長江發生洪災的時候，報紙上報導了這樣一件事：

在一個小村莊，一個農民家的房子在一場大雨後被洪水衝垮了。就在他的妻子、兒子都快被洪水吞沒的時候，這個農民從洪水中救起了他的妻子，而他的孩子卻被淹死了。

事後，人們議論紛紛。有的說他做得對，因為孩子可以再生一個，妻子卻不能死而復活；有的說他

做錯了，因為妻子可以另娶一個，孩子卻不能死而復活。去採訪的記者，也感到疑惑：如果只能救活一人，究竟應該救妻子，還是救孩子？就像很多女孩子總喜歡問自己的男朋友，如果她和男孩的母親一起掉進河裡，男孩是先救母親還是先救女朋友呢？一直以來人們對於這個問題的看法各不相同。愛情和親情，母親與愛人，似乎真的是一對難解決的矛盾。

於是帶著種種疑惑，記者拜訪了那個農民，想知道面對妻子和孩子的生死存亡，他是怎麼作出抉擇的。當那個農民被問到當時是怎麼想的時，他答道：「我什麼也沒想。洪水襲來，妻子就在我身邊，我抓住她就往附近的山坡游。當我返回時，孩子已經被洪水沖走了。」農民的答案讓那些在爭論「救孩子對還是救妻子對」的人們感到震驚。面對危機，原本很簡單的事情，如果要經過一些深思熟慮的複雜思考過程，想必農民失去的就不僅僅是一個小孩了吧？

人生中的很多抉擇就是這樣，很多問題並不像想像中那麼複雜，因為現實往往不會給你那麼長的時間去思索。原本簡單的圖畫，為什麼要塗上複雜的顏料呢？如果此時你還在思前想後的話，恐怕會失去的更多，倒不如當機立斷。

智慧品人生

遇到機會，就要快速出擊，瞻前顧後的結果往往是失去機會。簡簡單單地做好每一件事，剪掉不必要的枝杈，以免讓機會從身邊白白流走。

3・花開堪折直須折

在太多的選擇面前，人們總是抵抗不住「更好」的誘惑，總是認為下一個會更好。

現在社會上有一個很奇怪的現象：已到適婚年齡卻未婚的女性中，很多是高學歷、高收入，並且相貌很好的優秀女孩。而那些普通女孩倒是很快就能找到自己的如意郎君。究竟為什麼會出現這種現象呢？

漂亮女孩周圍總是圍著很多不同凡響的男孩，至少感覺很優秀。既然有這麼優越的條件，漂亮女孩自然提高了要求，她們勾畫出未來的男朋友或老公的形象無疑是完美無缺的，她們不停地選擇，她們期待浪漫的快樂，等待白馬王子的到來。

普通的女孩也會期待心中的白馬王子，但是她們的要求並沒有那麼高，她們可以容忍男朋友有一些缺點，所以反而更容易找到天長地久的愛情。

漂亮女孩，由於擁有更多的選擇餘地，反而更難找到真愛。因為人總是難以控制自己的欲望，當你擁有了「好」的時候，就會期待、渴望「更好」的出現。

欲望面前，我們總是無法自控，可是當你在渴望更好的同時，也正在失去現有的收穫。而將來的美好是否能夠出現，出現了你是不是依舊會渴望更好的還是個未知數。

一天，老師帶著一群小朋友去郊外遠足，沿途有小河、丘陵、農舍，同學們看到牛羊、雞鴨以及一些花花草草，都很興奮，因為這些都是市區難得一見的景色，走著走著，不遠處的一片花海吸引了大家

的目光。

等走到那裡時，同學們發現園內不僅花美，裡面的建築更是古色古香。同學們吵著要老師去按門鈴，也許是孩子們的叫嚷聲太大，驚動了裡面的人，從園內走出一位慈眉善目的老先生，當知道同學們想進去看花時，他滿口答應，大家一聲歡呼，就想往裡跑。老先生連忙制止，叫大家安靜，先聽他把話講完，他說：「你們既然這麼喜歡花，我送你們每人一朵……」同學們又是一陣歡呼。

「但是請大家順著步道一面參觀，一面往前走，遇到自己喜歡的花，就可採下，然後從後門出去，不可再回頭採花。」

孩子們走進花園後，眼睛一亮，一朵一朵的花，五顏六色，美極了！只有三兩個同學立刻摘下了自己看中的花，大部分的同學仍在邊走、邊看、邊尋覓。這也是人之常情，總認為前面一定還有更美的。

快走到出口時，很多同學還是兩手空空。他們好想回頭去採花，但已失去了機會，又不甘心一朵花也沒採到，只好在出口處隨便摘下一朵。

老師看了看同學們手裡的花，也覺察到一些同學眼中的懊惱，於是他告訴孩子們：「掌握機會是人生很大的課題，往往眼前的就是最好的，但總是失之交臂，所以遇到最好的就要當機立斷，不可三心二意。未來的誘惑太大了，總是讓人不想放棄。沒採到心愛的花，只是小小的失望，但是你們上了人生中重要的一課。如果你肯定當前的機遇，就不要再徬徨。『當機立斷，擇取最好的』，就是你們今天遠足最大的收穫。」

智慧品人生

做事慎重不錯，但機遇並不會一直等待你。理智地抗拒未來的誘惑，權衡利弊，並作出取捨，才能得到你最需要的。生命沒有回頭的餘地，不要太貪心，否則將一無所有。

4・忍一時，退一步

忍一時，退一步，會有意想不到的收穫。有時真能看到海闊天空的景象。

作為男人，最不能容忍的莫過於別人對自己的女人動手動腳，這不只是因為愛，更是因為男人的尊嚴。但是有一個人身居天子之位，卻能原諒別人對自己老婆的輕薄，他就是在亂世中建立功勳的人——楚莊王。

西元前六○六年，有一次楚莊王滅了叛黨，回到鄭都，大宴群臣。這個宴會名為「太平宴」。席間絲竹聲響，輕歌曼舞，美酒佳餚，君臣興致很高，從白天一直喝到晚上，還沒盡興。這時，天已經黑了，外面刮著大風，好像要下雨的樣子，可是大廳中燭火通明。

忽地，從舞女中轉出一位風姿綽約的絕色佳人，她是楚莊王最寵愛的許姬。此刻，她奉楚莊王之令為群臣斟酒。她輕盈得像燕子一般，一會兒飛到東，一會兒飛到西。群臣一個個都著了迷，瘋狂的喧鬧聲一下子全沒了。

突然，一陣風襲來，吹滅了所有的蠟燭。許姬正為一人斟酒，有人趁著黑燈瞎火之際，拉住許姬的袖子，去摸她的手。許姬倒也厲害，扯斷衣袖得以掙脫，並且順手把那人帽子上的纓帶揪了下來，快步來到楚莊王前輕輕地告狀，要楚莊王快命人點燭，看看是誰竟敢調戲她。調戲君王的寵姬，無疑是對君王的羞辱，而且是大逆不道的行為，弄不好就要殺頭！

但楚莊王想了想，卻高聲喊道：「切莫點燭！寡人今日要與諸卿開懷暢飲，不用打扮得衣冠齊整的了，大家統統把帽子全摘下來吧！」當莫名其妙的文武官員都把帽子摘下後，楚莊王才叫人點燭。這樣，楚莊王和許姬始終都不知道拉袖子的是誰。

散席後，許姬責怪起楚莊王來。楚莊王笑笑說：「今天是我請文武百官來喝慶功酒的，大家很高興，喝得都差不多了，酒醉出現狂態，這又有什麼奇怪呢？我如果按妳說的把那個人查出來，顯示了妳的貞節，卻讓群臣不歡而散，就會有人說我胸懷和度量太小，那以後誰還會為我拼死效勞呢？」許姬聽了，對楚莊王十分欽佩。

後來，楚國與敵國交戰時，前部主帥的副將唐狡自告奮勇率百餘人充當先鋒，為大軍開路。他攻無不克，戰無不勝，使楚軍進展順利。

勝利回師後，楚莊王論功行賞，要厚賞唐狡。唐狡卻紅著臉說：「大王切莫厚賞，只要不治我的罪，末將已感激不盡了！」楚莊王問：「為什麼呢？」唐狡磕頭答道：「上次『太平宴』上，去拉美人手的便是我呀！蒙大王昔日不殺之恩，末將今日才捨命相報！」楚莊王大喜，便把許姬賜給了他，從此成就一段千古佳話。

身為一國之君，楚莊王卻能忍常人所不能忍。忍一時，退一步，會有意想不到的收穫。得大勢的君

王就應該有這樣的胸懷，要想成就偉業，就得放棄一些東西。

不追究唐狡的罪，不是楚莊王的恥辱。對於楚莊王來講，治罪於唐狡是一件易如反掌的事情。如果那樣，雖然可以出一時的屈辱之氣，但結果會怎樣呢？逞一時之快失去的必將是國家的一個忠誠衛士。如果其間的輕重，楚莊王看得很清楚，更重要的是，這種寬容智慧的做法才是一個真正胸懷大略的智者所為。

智慧品人生

成大事者，明白取捨和退讓。沒必要為得不到利益的事情大費周折。如果退讓、取捨讓你走得更遠，何必在眼前的小事上苦苦糾纏呢？

5・捨棄舊思維

不要把思維放置於一個死胡同，發現路不通的時候，就應該毫不猶豫地轉身選擇另一條路。

生活中有很多事情不是不可能，而是我們缺乏獨到的審視思維。何不換一種思維思考？說不定等待你的將是柳暗花明又一村。

在一所高中，物理老師在給同學們講空氣壓力的時候，留了一道思考題：

網球沒有打氣孔，但長期使用後會慢慢漏氣，失去彈性。如何給癟了的網球充氣呢？下次上課的時

候來討論。

過了兩天，又到了物理課的時間，孩子們七嘴八舌地討論著：

「可不可以用一個注射器，扎到球身上往裡面打氣？」

「但是要怎麼達到足夠高的壓力呢？而且，網球上有個孔，只會讓它洩氣更快！」

剛剛說出的意見立刻被同學們反駁了回去。

「噢，我知道了！」正在全班同學一籌莫展的時候，一個男孩興奮地舉起手來。

「我覺得應該從網球為什麼會漏氣分析入手。網球之所以有彈性是其內部氣體壓力高，外部大氣壓力低，導致氣體從網球內部往外部漏氣，最後網球內外壓力相同時，就沒有足夠的彈性了。這樣，網球就不能用了。我們可以反其道而行，把網球置於一個高氣壓的環境中，讓氣體從外向內進入網球裡，這樣經過一段時間，網球就會慢慢膨脹起來，就可以接著用了。」男孩十分肯定地說出自己的獨特想法。

「講得非常好，就是這樣，同學們知道為什麼他能想出辦法嗎？因為他跳開了為網球充氣的思維屏障，反方向地從網球漏氣的原因開始分析問題。」老師最後總結道。

庚，在被問及他研究問題是否有什麼訣竅的時候，他說：「我做研究的時候，也常常會遇到一些不能再繼續下去的問題或者運算，這時候，我就放下手中的運算，休息一下，再往回看看問題出在哪。因為面對一個僵局，我也無能為力，我只能跳出原來思維的僵局，找到出錯的根本原因，才能繼續我的研究。」

華羅庚的經驗十分值得我們借鑒。不僅僅是科學研究，生活中、工作中的很多事情都需要打破阻礙我們的意識屏障，不要把思維放置於一個死胡同中。發現路不通的時候，就應該毫不猶豫地轉身選擇另

的確，我們常常被思維的屏障圍困，卻不知道還可以運用逆向思維去看問題。中國著名數學家華羅

一條路。不要被常規的意識所蒙蔽，陷入固有思維的泥潭中而不能自拔。

商業競爭中也很需要這樣的捨棄舊思維的做法。例如，大家都在一個領域競爭時，很多企業不得不採取降低成本、降低價錢的措施來應對競爭，而有的企業則是透過提升自己產品的品質，提高價格，做好服務的方式，讓人們願意花更多的錢來買他們的產品，這就是品牌效應。

智慧品人生

走出思維模式束縛，最根本的就是要捨棄原有的思維，大膽地使自己的思維後退。逆向思考和行動，你會發現原來的僵局也可以變得豁然開朗。

6・掌控自己的生命

把持自己，不僅僅是一種主動把握人生的生活態度，更是一種不貪戀他物的人生大智慧。

很多人都喜歡透過一些手段來祈求別人或者神靈的幫助，但是人真的會相信自己的命運是掌握在別人的手中嗎？智慧的人總是能夠自己掌握自己的命運。

心理學上有這樣一個有趣的測試：

假設你是一名殺人犯，你和你的同謀一起殺了一個無辜的人，還沒有被警察發現。擺在你面前有三

種選擇，會有三種不同的結果：第一種，逃跑。逃得遠遠的，你可能一輩子也不會被警察抓到，過著你的隱居生活，但是一旦被警察抓住，你將被判處死刑；第二種，去自首。透過檢舉你的同伴，獲得減免刑罰，被判處十年或者八年的刑期；第三種，你會被你的同伴檢舉。這時，你將被判處死刑。面對這種狀況你會怎樣選擇呢？

一家心理研究機構對此問題進行調查，結果顯示百分之九十七點二六的人會選擇去自首，因為沒有誰會把自己的命運交到別人的手中，聰明的人都會選擇由自己掌握自己的命運。

但是，當我們真的面對生命中的困境時，卻總是喜歡寄希望於別人，或者寄希望於上天。為什麼我們不試試去努力改變自己的命運呢？

除了困境，面對誘惑時也會有許多人把持不住自己，導致貪戀錢財的官員鋃鐺入獄；貪食魚餌的小魚，終成了人家刀俎上的魚肉。把持自己不僅僅是一種主動把握人生的生活態度，更是一種能夠捨棄不屬於自己的東西的大智慧。

戰國時期，魯國的丞相公孫儀特別喜歡吃魚，知道的人都爭相買魚來獻給他，公孫儀卻不接受。他弟弟很不解地問他：「您喜歡吃魚卻不接受別人的魚，這是為什麼？」

公孫儀回答說：「正因為愛吃魚，我才不接受。假如收了別人獻來的魚，一定會有遷就他們的表現，有遷就他們的表現，就會枉法，枉法就會被罷免相位。如果不收別人給的魚，就不會被罷免宰相，因為愛吃魚，我能夠長期自己供給自己魚。」

「吃人的嘴軟，拿人的手短」，道理很簡單，但是很難做到。不僅僅是面對物質上的很容易發現的誘惑我們得保持清醒，更需要注意的是很多時候，比較隱蔽不容易被我們發現的誘惑，更容易使我們迷失

對自己的掌控。

比如，人總是對自己的未來很不確定，面對生活中的各種機遇總是難以取捨。而對於選擇不同機遇能夠獲得的結果，就像一個大大的誘惑吸引著人們，讓人們在不同的機遇之間難以取捨。拖來拖去，左顧右盼，最後只能一事無成。

生命是掌握在自己手中的，掌握自己的命運，需要我們捨棄那些會牽制我們的東西。果斷地作出正確的抉擇，主動掌控自己的生命，才能贏得成功。

7・放不開手的結果

> 如醉心於貪欲中，人生將不能自拔，內心的欲望與執著總是束縛著我們，倒不如放開雙手，給自己一片自由的天地。

世間有很多人，只能看見眼前的蠅頭小利，不懂得從長遠看問題，所以常常顧小失大，得不償失。

在東南亞一帶，猴子很多，牠們常常跑到農家的田地裡去偷吃水果，糟蹋東西，成為當地一害。但是當地人也自有辦法：他們把椰子挖空，然後用繩子綁起來，接在樹上或固定在地上，椰子上留一個小

洞，洞裡放一些食物，動口大小恰好只能讓猴子空手伸進去，而無法握著拳頭伸出來。

於是猴子聞香而來，將牠的手伸進去抓食物，牠性貪，不願鬆開手裡的東西，理所當然地，緊握的拳頭便出不了洞口。當獵人來時，猴子驚慌失措，更是逃不掉。

任何人都沒有抓住猴子不放，只是牠們自己不願意放開手中的東西，所以才會被牽制在椰子上。真正抓獲牠們的不是人類，而是牠們自己愚蠢的欲望，放不開手，只能讓自己被束縛。

看了這個故事，大家一定都在譏笑猴子的愚蠢，為什麼就不懂得放開手呢？並在心中慶幸人類比牠們聰明多了。可是看看我們人類又有什麼荒唐的行徑呢？

這是一則真實的報導：

一天，一個住在北方山區的老農民，趕著自家的小驢車到山裡去收東西，不巧的是，老農不小心打翻了一個馬蜂窩，一群馬蜂傾巢而出，把那個老農和他的驢子螫得全身都是大包。

帶著一身的大包，老農趕著驢車回到了村裡，跟人們訴說他的不幸遭遇。聽他講述的人告訴他說：

「馬蜂有毒，你還不快去醫院給醫生治療，以防萬一。」

「那要花錢耶！」老農捨不得上醫院花錢治療。

回到家後，他看見那頭被螫得渾身是包的驢，心想：以後做農活什麼的樣樣都需要這頭驢，萬一牠被馬蜂螫死了怎麼辦呢？猶豫了一番之後，權衡了驢和幾百塊錢的利弊，他帶著那頭驢到獸醫院治療。

可是他還是捨不得再多花錢給自己治療。

結果不幸的是，驢子因為接受治療活了下來，而那個老農卻因為捨不得再多花錢，失去了性命。因小失大，保卒丟帥，真是不知輕重啊！

8 · 聰明反被聰明誤

與其費盡心思地表現自己，不如踏踏實實地做好本職工作，機關算盡，最後只能是聰明反被聰明誤。

智慧品人生

執著於自己內心的欲望，放任其發展，只能讓自己的眼界被欲望遮蔽。跳出欲望的束縛，站在一個更寬廣的位置去看自己的所作所為，會有更高遠的見解。工作和生活也是一樣，適時地反省一下自己是不是被一時的小利所蒙蔽了。不要為一時的蠅頭小利，迷失人生的方向。

如醉心於貪欲中，人們將不能自拔，內心的欲望與執著總是束縛著我們，倒不如放開雙手，給自己一片自由的天地。

不過是包養幾個女人，置辦幾處房產，揮霍一下而已。這些對於生命來講又何足掛齒呢？不論是人還是動物，心中都會有放不下的貪欲，往往就是那些微不足道的小小貪欲，葬送了人們整個人生。所謂：「當局者迷，旁觀者清。」很多時候，我們身處欲望的包圍中不能自拔，自己卻沒有發現。譬如：一個官員，本可以造福一方百姓，做一個名留青史的好官。可是為了一時的貪欲，貪贓枉法，不僅工作不保，鋃鐺入獄，甚至還有可能搭上性命。但是回頭看看他們用貪汙來的錢財都做了些什麼呢？

成功的領導者總是任人唯賢，但是賢也要看是在哪個方面。凡事應該適度為之，過猶不及。做事太露骨，鋒芒畢露的人不一定能得到管理者的重用，甚至有時會遭到排擠。

從一名管理者的角度來看，他只希望他的下屬能夠扮演好自己的角色，做好自己的事情就足夠了。多餘的才能對於整體的團隊並無什麼益處，有時甚至是一種危險。

楊修是曹操門下掌庫的主簿。此人生得單眉細眼，貌白神清，博學能言，見識過人。但卻恃才傲物，很張狂，尤其善於猜測別人的心思。

一次，曹操命人建一座花園。快竣工了，監造花園的官員請曹操來驗收察看。曹操參觀花園之後，是好是襲是貶一句話也沒有說，只是拿起筆來，在花園大門上寫了一個「活」字，便揚長而去。一見這情形，大家猶如丈二金剛，摸不著頭腦，怎麼也猜不透曹操的意思。楊修卻笑著說道：「門內添『活』字，是個『闊』字，丞相是嫌園門太闊了。」

官員見楊修說得有道理，立即返工重建園門，改造停當後，又請曹操來觀看。曹操一見重建後的園門，不禁大喜，問道：「誰知道了我的意思？」左右答道：「是楊修主簿。」曹操表面上稱讚楊修的聰明，其實內心已開始忌諱楊修了。

又有一回，塞北送來一盒酥餅孝敬曹操，曹操沒有吃，只是在禮盒上親筆寫了三個字：「一合酥」，放在案頭上，便出去了。屋裡其他人有的沒有理會這件事，有的不明白曹丞相的意思，不敢妄動。這時正好楊修進來看見了，便堂而皇之地走向案頭，打開禮盒。把酥餅一人一口地分吃了。曹操進來見大家正在吃他案頭的酥餅，臉色驟變，問：「為何吃掉了酥餅？」楊修上前答道：「我們是按丞相的吩咐吃的。」

「此話怎講？」曹操反問。

楊修從容地應道：「丞相在酥盒上寫著『一人一口酥』，分明是賞給大家吃的，難道我們敢違背丞相的命令嗎？」

曹操見又是這個楊修識破了他的心意，表面上樂哈哈地說：「講得好，吃得對，吃得對！」其實內心已對楊修產生厭惡之情了。

但楊修還以為曹操真的欣賞他，所以不僅沒有絲毫收斂，反而把心智都用在捉摸曹操的言行上，並不分場合地賣弄自己的小聰明，從而也不斷地給自己埋下禍根。

曹操深知把一個像楊修這樣能夠揣測他心意的人留在身邊是一件多麼危險的事情，一直想找機會除掉他。

終於有一次，曹操找到了除掉楊修的理由。

曹操自封為魏王之後，親自引兵與蜀軍作戰，戰事失利，進退不能。曹操數次進攻蜀軍總不能奏效，長期拖下去，不僅耗費錢糧且會挫傷士氣；但要是真的撤兵，無功而歸，又會遭人笑話。是進是退，當時曹操心中猶豫不決。

此時廚子呈進雞湯，曹操看見碗中有雞肋，因而有感於懷，覺得眼下的戰事，有如碗中之雞肋，「食之無味，棄之可惜」。他正沉吟間，夏侯惇入帳稟請夜間號令。曹操隨口說：「雞肋！雞肋！」夏侯惇傳令眾官，都稱「雞肋」。

楊修見傳「雞肋」兩字，便讓隨行軍士各自收拾行裝，準備歸程。有人報知夏侯惇，夏侯惇大驚失色，立即請楊修到帳中問他：「為什麼叫人收拾行裝？」

楊修說：「從今夜的號令，便知道魏王很快就要退兵回去了。」

「你怎麼知道？」夏侯惇又問。

楊修笑道：「食雞肋者，吃著沒有肉，丟了又覺得它味道不錯。魏王的意思是現在進不能勝，退又害怕人笑話，在此沒有好處，不如早歸，明天魏王一定會下令班師回轉的。所以先收拾行裝免得臨行慌亂。」

夏侯惇說：「您可算魏王肚裡的蛔蟲，知道魏王的心思啊！」他不但沒有責怪楊修，反而也命令軍士收拾行裝。於是寨中各位將領，無不準備歸計。

當夜曹操心亂，不能入睡，就手按寶劍，繞著軍寨獨自行走。只見夏侯惇寨內軍士，各自準備行裝。

曹操大驚：我沒有下達撤軍命令，誰竟敢如此大膽，作撤軍的準備？他急忙回帳召夏侯惇入帳，夏侯惇說：「主簿楊修已經知道大王想撤軍的意思。」曹操叫來楊修問他怎麼知道的，楊修就以雞肋的含意對答。曹操一聽大怒，說：「怎敢造謠亂我軍心！」不由分說，叫來刀斧手將楊修推出去斬了，把首級懸在轅門外。

楊修一直喜歡揣測曹操的心思，卻萬萬沒有想到，對於一個能夠看穿自己心思的人，曹操是絕對不會留下的。楊修的失敗告訴我們，職場工作中一個重要的原則是：做事不能顯得太過聰明。與其費盡心思地表現自己，不如踏踏實實地做好本職工作，機關算盡，最後只能是聰明反被聰明誤。

的，但是表現也要有個限度，不能讓上司覺得你是一個不安分的人。

做人做事應該懂得適度而為，不能表現得太過火。作為下屬表現出自己的才華爭取升職的機會是對

9・當斷不斷定受其亂

> 任何事物的輕重都要根據具體情況決定，我們需要有判斷輕重緩急和誰輕誰重的能力。
> 在關鍵時刻，要懂得適當放棄。

做事情總有一個輕重緩急。聰明人懂得如何在關鍵時刻做最重要的事情，而不重要的東西就應該果斷丟掉，捨不得丟棄小的利益，只能失去更多的東西，做本末倒置的蠢事。

佛教經典《百喻經》中講述了這樣一個故事：

從前有一個經商的人，帶了兩個年輕的兒子和一頭駱駝及許多貴重貨物，想到很遠的地方去做生意。他們選了一個春光明媚的早晨出發。父子三人牽著驢子前進，他們看到農夫在田野工作，商人就對兒子說：「世間的萬事，哪一件不是經過千辛萬苦的經營，而後才得到血汗的成果？農夫若無春天辛勞的工作，哪有秋天的收穫？」年輕的兒子說：「爸，我們出門經商，不也像農人的春耕，若不經遙遠的旅途奔走，哪能賺得最優厚的利潤呢？」商人點點頭表示同意兒子的看法。

他們經過田野，穿過森林，開始爬山。可是不幸的是，在爬山的時候，載貨物的驢子忽然倒在山路上死了，這使他們感到無限苦惱。父子三個人只是呆呆地坐在那裡嘆息，不知怎樣處理善後才好。最後，父親說：「先將驢子身上的貨物卸下來再說。」

兩個兒子立刻動手卸下了驢子身上的貨物。貨物卸下後，父親又說：「驢子已經死了，牠的皮還有用處，就將牠的皮剝下吧！」又忙了一陣，三人將驢子的皮剝下來。

父親心想：既然貨物無法運到市場上去賣，只好回家再準備一頭驢子，來運這些貨物。於是吩咐兒子說：「現在我回家，再牽一頭驢子來，你們好好看著這些貨物，特別是這張驢皮，不要弄壞了。」

商人吩咐後，便一個人下山去了。沒想到第二天竟下起大雨，兩個年輕人見下大雨，便想起父親的囑託——照顧驢皮。於是將貨物中最珍貴的白毛氈，覆蓋在驢皮上。大雨下了好幾天，白毛氈被雨水損壞了，驢皮也腐爛了，其他的貨物也統統被損壞了，最後一無所有。

當時兩位年輕人若是理智些，用驢皮蓋住那些貨物，還可能保存一些。而他們卻沒有這樣做，真是很可惜的事情啊！兩個兒子只記得父親的叮囑，卻不懂得分清輕重緩急。雖然驢皮很貴重，但是也抵不過全部貨物的價值。在生活和工作中，我們也總是面對各種不同的取捨問題。很多時候人們就是因為捨不得放棄一些眼前的小利益，而導致自己失去更多。

智慧品人生

做事情要分清輕重緩急，作取捨要看事物的價值。應當捨棄的時候就不要猶豫，當斷不斷定受其亂。關鍵時刻，需要的是果敢和勇氣。

10‧斤斤計較失去更多

在你的思想意識裡，是否緊握著一樣自認為很珍貴的東西？

那這樣東西是否值得你緊握，你因這樣東西又失去了什麼？

以前有人問聖法法師，參佛的意義何在。聖法法師就給那個人講了一個佛經上的故事：從前有一個富翁，他家裡金銀財寶無數，還有很多房屋，可以說富可敵國。但他經商的時候，還是斤斤計較，一點都不肯馬虎，顧客欠他一毛錢，他都要千方百計地討回不可。

有一天，這位富翁突然想起，五年前有一個顧客欠他五毛錢，就花了兩毛錢的車費，到他家裡去追討。因為主人不在家，所以又花兩毛錢車費返回。過了幾天又去追討，主人又不在，一共去了三次才把這五毛錢討回來。這位富翁花了十幾毛錢，又花了那麼多的精神和時間才討回五毛錢，這不是很大的笑話嗎？

聖法法師接著說，社會上小心眼的人很多。譬如人們在日常生活當中，常常為了一件小事而大吵大鬧；為了一張紙或一個茶杯而大打出手；因一句話而拳腳相向，乃至告到法院。

聖法法師用一個生動的故事告訴我們一個很簡單，但經世致用的道理：斤斤計較的結果只能是失去更多的東西。

智慧品人生

「凡事不要太斤斤計較」這個道理很多人都明白，但現實生活中我們常常會被困住了卻不知道。「吾

日三省吾身」，認真審視自己，是否在擁有一樣東西的時候還在拼死爭取另一樣，結果導致自己失去更多。

11・選擇遠方，就只顧風雨兼程

具有成功潛質的人，不會被眼前的蠅頭小利所蠱惑和羈絆；他們會鎖定目標，勇往直前。

成功路上，阻擋我們的往往不是困境，而是我們捨不得放棄的舒適和安逸。有的人淺嘗輒止，獲得一點小小的成功後便感到滿足，因此止步不前，忘記了更高遠的目標。

但能夠成功的人往往是那些懂得放棄眼前的小利，執著地走向更高遠目標的人。具有成功潛質的人，不會被眼前的蠅頭小利所蠱惑和羈絆。而是鎖定目標，執著向前。

享譽國際的著名音樂家——譚盾，年輕時懷著音樂的夢想來到了美國。初到美國之時他不得不面對生存的問題，為了賺錢吃飯，只好靠著在街頭拉小提琴賣藝來賺錢。

事實上，在街頭拉琴賣藝跟擺地攤沒兩樣，都必須爭個好地盤才會有人流，才會賺到錢；而地段差的地方，當然生意就較差。幸運的是，譚盾和一位認識的黑人琴手，一起爭取一個最能賺錢的好地盤，在一家商業銀行的門口，那裡的人流比別的地方多很多。

過了一段時日，譚盾靠賣藝賺到了不少錢，他想是時候提高自己了，於是便和那位黑人琴手道別，

放棄了那塊賺錢的寶地。因為他想進入大學進修，在音樂學府裡拜師學藝，和琴技高超的同學們互相切磋。於是，譚盾將全部時間和精力，投注到提升音樂素養和琴藝之中……

在大學裡，雖然譚盾不像以前在街頭拉琴一樣賺很多錢，但他的眼光早已超越金錢，轉而投向那更遠大的目標和未來。在大學的進修中他過得很充實，也過得很快樂。

十年後，譚盾有一次路過那家商業銀行，發現昔日老友——黑人琴手，仍舊站在那「最賺錢的地盤」拉小提琴，而他的表情一如往昔，臉上露著得意、滿足與陶醉。

當黑人琴手看見譚盾突然出現時，很高興地停下拉琴的手，熱情地說道：「兄弟啊！好久不見！你現在在哪裡拉琴？」

譚盾回答了一個很有名的音樂廳名字，但黑人琴手反問道：「那家音樂廳的門前也是個好地盤，也很好賺錢嗎？」

「還好啦，生意還挺不錯的啦！」譚盾沒有明說，只淡淡地說著。

那個黑人琴手哪裡知道，十年後的譚盾，已經是一位國際知名的音樂家，他經常應邀在著名的音樂廳中登台獻藝，而不是只在音樂廳門口拉琴賣藝。

想想自己，我們會不會也像黑人琴手一樣，一直死守著「最賺錢的地盤」不放，甚至還沾沾自喜、洋洋得意？我們的才華、我們的潛力、我們的前程，會不會因死守著「最賺錢的地盤」而白白斷送了呢？

理想高遠的人，必須懂得即時抽手，丟掉眼前利益，甩開阻礙自己走向更遙遠地方的羈絆。人，必須鼓起勇氣，不斷學習，再去開創生命的另一高峰。不放棄港口安逸生活的船，只能永遠停泊在岸邊，

永遠也見不到大海的波濤洶湧之美。

智慧品人生

生命中有太多的誘惑會困擾我們作出正確的選擇。甘於平凡的人可以選擇守住自己的安樂窩，過幸福的小日子。但如果把目標定在遠方，就要走出家門，迎接生活的風風雨雨。

第十章

以退為進
是一種圓滿人生的智慧

人生的路，充滿曲折，
就像下一盤跳棋一樣，
後退，是為了下一次的前進，
休息，是為了走更長遠的路，
放棄，是當你張開雙手時，
世界已在你手中。

1・放開了雙手才能擁抱世界

> 很多事情都由於人的欲望而停滯不前，在適當的時候學會鬆手，放棄些什麼，才能收穫更多。

相傳，南宋時期有一個青年去找一個高僧指點迷津。他對大師說：「大師，為什麼命運對我這麼不公平，我怎麼什麼也沒有呢？」

「你把手握起來，現在你手裡有什麼呢？」大師微笑著對那個青年人說。

青年緊緊地握緊雙手，看了一下，然後對大師說：「我手裡什麼也沒有。」

「現在請你打開雙手，看看你手中有什麼？」大師說。

「還是什麼也沒有呀？」青年疑惑地問道。

「你再看看，世界不是已經都在你的手中了嗎？」大師說道，「緊握雙手，什麼也抓不到，只有當你放開的時候，你才能真正地擁有，擁有整個世界。」

青年終於明白大師的深意，會心地笑了。

對於自己喜歡的東西，人們總是表現得很吝嗇，總是有著強烈的占有欲，尤其是錢財。很多人終其一生孜孜不倦地為錢財奔命。回首其一生，只能是因為錢財失去了情感，失去了快樂。

「為富不仁」這個成語，大家都知道是貶義的，沒有人希望自己變成一個為富不仁的人。但是當人們真的處於一個很富有的位置，往往會陷入一種自我的境地，認為錢是自己辛苦所得，因此擁有絕對的所有權，從而忽略了自己對社會的責任感。

人們都知道石油大王洛克菲勒是個著名的慈善家，但很少有人知道洛克菲勒也曾被薄薄的一層銀子蒙住了雙眼。

洛克菲勒出身貧寒，創業初期勤勞肯幹，人們都誇他是個好青年。但當他富甲一方後，便變得貪婪冷酷。美國賓夕法尼亞州油田地帶的居民深受其害，對他恨之入骨。如有的居民做了他的木偶像，然後將那木偶像模擬處以絞刑，以解心頭之恨。無數充滿憎恨和詛咒的威脅信被送進他的辦公室，連他的兄弟也不齒他的行徑，而將兒子的墳墓從洛克菲勒家族的墓園中遷出，說：「在洛克菲勒支配的土地內，我的兒子無法安眠！」洛克菲勒的前半生就在眾叛親離中度過。洛克菲勒五十三歲時，疾病纏身，人瘦得像木乃伊。

醫生們向他宣告了一個殘酷的事實：他必須在金錢、煩惱、生命三者中選擇一個。這時他才開始領悟到，是貪婪的惡魔控制了他的身心。他聽從了醫生的勸告，退休回家，開始學打高爾夫球，去劇院觀看喜劇，還常常跟鄰居閒聊。

他開始過上一種與世無爭的平淡生活。後來，洛克菲勒開始考慮如何把巨額財產捐給別人。起初人們並不接受，說那是骯髒的金錢。但透過他的努力，人們慢慢地相信了他的誠意。密歇根湖畔一家學校因資不抵債行將倒閉，他馬上捐出數百萬美元，從而促成了如今的芝加哥大學的誕生；北京著名的協和醫院也是洛克菲勒基金會贊助而建成的；一九三二年中國發生了霍亂，幸虧洛克菲勒基金會資助，才有足夠的疫苗預防而不致成災；此外，洛克菲勒還創辦了不少福利事業，幫助黑人。從這以後，人們開始用另一種眼光來看他。

放棄了部分的錢財，洛克菲不僅僅得到了世人的尊重，更讓自己獲得了快樂幸福的生活。其實不只

是錢財，生活中還有很多東西引誘著我們的欲望，把所有的東西都抓得太緊，只能讓你失去的更多。因此，想要獲得快樂的生活，那就學會張開雙臂，擁抱世界吧！

智慧品人生

放開手之後，你會發現世界都在你的手中。死守著你得到的東西不放，只會讓你失去更多生命的美好。與世界比較，你手中那點兒東西又算得了什麼呢？

2.莫道緣分遠，且惜眼前人

> 世人總覺得最珍貴的是得不到的和已失去的，卻不喜歡關注正擁有的東西。

世人總覺得最珍貴的是「得不到」的和「已失去」的，卻不喜歡關注正擁有的東西，非要等到失去的時候才懂得珍惜。望洋興嘆的你，只能得到一聲嘆息和無盡的哀嘆。也許在你為得不到而傷心苦惱的時候，你已經忽視了已經擁有的幸福。

從前，有一座圓音寺，每天都有許多人上香拜佛，香火很旺。在圓音寺廟前的橫樑上有個蜘蛛結了張網，由於每天都受到香火和虔誠祭拜的薰陶，蛛蛛便有了佛性。經過了一千多年的修煉，蜘蛛佛性增加了不少。

忽然有一天，佛主光臨圓音寺，看見這裡香火甚旺，十分高興。離開寺廟的時候，不輕易間抬頭，

看見了橫樑上的蜘蛛。佛主停下來，問這隻蜘蛛：「你我相見總算是有緣，我來問你個問題，看你修煉

了這一千多年，有什麼真知灼見，怎麼樣？」蜘蛛遇見佛主很是高興，連忙答應了。佛主問道：「世間

什麼才是最珍貴的？」蜘蛛想了想，回答到：「世間最珍貴的是『得不到』和『已失去』。」佛主點了點

頭，離開了。

就這樣又過了一千年的光景，蜘蛛依舊在圓音寺的橫樑上修煉，它的佛性大增。一日，佛主又來到

寺前，對蜘蛛說道：「你可還好，一千年前的那個問題，有什麼更深的認識嗎？」蜘蛛說：「我覺得世

間最珍貴的還是『得不到』和『已失去』。」佛主說：「你再好好想想，我會再來找你的。」

又過了一千年。有一天，刮起了大風，風將一滴甘露吹到了蜘蛛網上。蜘蛛望著甘露，見它晶瑩透

亮，很漂亮，頓生喜愛之意。蜘蛛每天看著甘露很開心，覺得這是三千年來最開心的時刻。突然，又刮

起了一陣大風，將甘露吹走了。蜘蛛一下子覺得失去了什麼，感到很寂寞和難過。這時佛主又來了，問

蜘蛛：「這一千年，你可好好想過這個問題：世間什麼才是最珍貴的？」蜘蛛想到了甘露，對佛主說：

「世間最珍貴的是『得不到』和『已失去』。」佛主說：「好，既然你有這樣的認識，我讓你到人間走一

遭吧。」

就這樣，蜘蛛投胎到了一個官宦家庭，成了一個富家小姐，父母為她取了個名字叫蛛兒。一晃，蛛

兒到了十六歲，已經成了個婀娜多姿的少女，長得十分漂亮，楚楚動人。

這一日，皇帝決定在後花園為新科狀元郎甘鹿舉行慶功宴。慶功宴上來了許多妙齡少女，包括蛛

兒，還有皇帝的小公主長風。狀元郎在席間表演詩詞歌賦，大獻才藝，在場的少女無一不被他傾倒。但

蛛兒一點也不緊張和吃醋，因為她知道，這是佛主賜予她的姻緣。

過了些日子，說來很巧，蛛兒陪同母親上香拜佛的時候，正好甘鹿也陪同母親而來。上完香拜過佛，兩位長者在一邊說上了話。蛛兒和甘鹿便來到走廊上聊天，蛛兒很開心，終於可以和喜歡的人在一起了，但是甘鹿並沒有表現出對她的喜愛。蛛兒對甘鹿說：「你難道不曾記得十六年前，圓音寺內蜘蛛網上的事情了嗎？」甘鹿很詫異，說：「蛛兒姑娘，你漂亮，也很討人喜歡，但你想像力未免豐富了一點吧。」說罷，和母親離開了。

蛛兒回到家，心想，佛既然安排了這場姻緣，為何不讓他記得那件事，甘鹿為何對我沒有一點的感覺？

幾天後，皇帝下詔，命新科狀元甘鹿和長風公主完婚；蛛兒和太子芝草完婚。這一消息對蛛兒如同晴空霹靂，她怎麼也想不通，佛主竟然這樣對她。幾日來，她不吃不喝，窮究急思，靈魂就將出殼，生命危在旦夕。太子芝草知道了，急忙趕來，撲倒在床邊，對奄奄一息的蛛兒說道：「那日，在後花園眾姑娘中，我對你一見鍾情，我苦求父皇，他才答應。如果你死了，那麼我也就不活了。」說著就拿起了寶劍準備自刎。

就在這時，佛主來了，他對快要出殼的蛛兒靈魂說：「蜘蛛，你可曾想過，甘露（甘鹿）是由誰帶到你這裡來的呢？是風（長風公主）帶來的，最後也是風將它帶走的。甘鹿是屬於長風公主的，他不過是你生命中的一段插曲。而太子芝草是當年圓音寺門前的一棵小草，他看了你三千年，愛慕了你三千年，但你卻從沒有低下頭看過它。蜘蛛，我再來問你，世間什麼才是最珍貴的？」蜘蛛知道了這些真相之後，好像一下子大徹大悟了，她對佛主說：「世間最珍貴的不是『得不到』和『已失去』，而是能

把握現在的幸福。」剛說完，佛主就離開了，蛛兒的靈魂也回位了，睜開眼睛，看到正要自刎的太子芝草，她馬上打落寶劍，和太子深深地抱在一起……

世界上最珍貴的東西往往是我們已經擁有卻不懂得珍惜的東西。你還在望著那得不到的甘露，黯然神傷嗎？低頭看一下日夜守候你的靈芝草吧，因為它才是屬於你的，他才能日夜陪伴在你的身邊。

蘇軾有詩云：「且夫天地之間，物各有主。苟非吾之所有，雖一毫而莫取。」不要強求那些原本不屬於自己的東西。人，應該學會放手。

3・當機立斷地選擇放棄

人生是一場大火，我們每個人唯一能做的，就是從這場大火中多搶救一點東西出來。

人的生命有限，因此當你為這短暫的生命歷程做好規劃時，就請全力以赴吧，千萬不要瞻前顧後分散自己的時間和精力。可以說，人的一生如果想取得成功，就要果斷地作出抉擇。許多時候，事情總不能兩全其美，制訂了目標後，就應該捨棄與你事業無關緊要的事情，將精力全部放在目標既定的事情上。

比爾・蓋茲曾身為世界首富，擁有全世界最大的電腦操縱系統軟體公司。一生中做過無數次的抉

擇，包括人生和公司的發展。

然而他作的最重要的抉擇莫過於退學。哈佛大學是很多人夢寐以求的著名的高等學府，而考上哈佛大學的比爾·蓋茲卻在大三時毅然決然地選擇了退學。這不是一般人能夠下的決心和勇氣，即便有這樣的決心和勇氣，沒有非凡的魄力，也很難面對日後生存發展中的挑戰。

早在二十世紀七〇年代初期，還在哈佛大學讀書的蓋茲與夥伴保羅·艾倫（Paul Allen）一起為Altair8800 電腦設計 Altair Basic 解譯器。Altair 是第一台商業上獲得成功的個人電腦，而 Basic 語言是一種易用易學的電腦程式設計語言，蓋茲與艾倫所開發的 Basic 版本就是後來的 Microsoft Basic，也是MS-DOS 作業系統的基礎，而後者就是微軟公司早期成功的關鍵。Microsoft Basic 後來成了 MicrosoftQuick Basic，並逐漸演變成為今天依然流行的 Visual Basic。此時的蓋茲已經在電腦軟體發展領域初露端倪。

二十世紀七〇年代早期，蓋茲寫了一封著名的《致愛好者的公開信》，震驚了電腦界。蓋茲宣稱電腦軟體市場將會是一個巨大的商業市場，電腦愛好者們不應該在沒有獲得原作者同意的情況下隨意複製電腦程式。憑藉著對電腦軟體行業的信心，以及自己足夠的知識和創造能力，蓋茲毅然決定離開校園，一手創辦了世界上最成功的企業之一——微軟公司，並逐漸將軟體產品產業化。

比爾·蓋茲曾經說過這樣一句激動人心的話：「人生是一場大火，我們每個人唯一能做的，就是從這場大火中多搶救一點東西出來。」本著這種人生短暫如火花的信念，他及時地做出了選擇。比爾·蓋茲用他的成功告訴我們……做選擇，要當機立斷。

面對人生這場「突如其來的大火」，你想過要搶救什麼東西嗎？想好了就不要回頭。可能對自己未

266

4・不安於室，勇敢選擇

敢於選擇，敢於放棄，才是成大事者應有的魄力。因循守舊必然得不到發展。

在瞬息萬變的資訊經濟時代，每個人的腳步都是匆忙的。而能否找到正確的方向，走在潮流的最前端，已經成為一個最重要的成功因素。

現任 A8 音樂網首席執行官的劉曉松，就是一個始終能走在潮流最前端的人。如果追問他為什麼總能成為時代的領頭人的話，那麼不難發現，在他一路追求新的方向的同時，他也在一路放棄原來的利益。

一九九二年，劉曉松做了一個世人都覺得愚蠢至極的決定——放棄中國北京的清華大學博士學位，

生命有限，而我們需要選擇的東西太多，誘惑太大，要想有所作為就要先想清楚，什麼才是你的追求。集中全部力量做你最想做的事情，才能做到最好。傷其十指，不如斷其一指，集中力量，做好你自己的事業。

來有規畫的人很多，但是面對種種誘惑，誰能夠果斷地捨棄沒有用的東西，即使那看上去誘惑再大也無動於衷？

下海經商。在中國北京的清華大學機電系讀博士學位的劉曉松被當時正在快速崛起的深圳深深吸引，於是在還未完成博士論文的情況下毅然南下深圳，在一家當時頗具名氣的電腦公司打工。在當時，能讀上博士是件非常不容易的事情，因此他的家人和導師都對他的決定很不理解，甚至告誡他，不是所有輟學生都能成為比爾．蓋茲的。但劉曉松認為，來自現實生活的鍛煉，更能使自己知道要為以後的事業做些什麼準備，做事情總是要付出代價的，他認為放棄學位也是值得的。

兩年的打工生涯，使劉曉松無論在經驗上還是金錢上都有了一定的累積。一九九四年，劉曉松放棄了原來穩定的工作，成立了一家電子公司，開始了自己的創業生涯。當時，該企業主要是做系統和軟體的集成，後來在與一些客戶的合作中也開始為通信企業提供相關的解決方案。劉曉松的業務關注點也逐漸落在通信業上。

當時，騰訊剛剛成立，推出無線互聯網尋呼解決方案。當時，手機在中國國內才剛剛出現不久，但劉曉松敏銳地觀察到，手機最終將取代 CALL 機，在 CALL 機上傳輸文字的事情在手機上也能實現。於是劉曉松毅然決定賣出自己的公司，用其所得投資騰訊。隨後的幾年，騰訊市值暴漲，劉曉松的投資也有了不錯的回報。

在騰訊大賺一筆之後，劉曉松並沒有停下奔走的腳步。二〇〇〇年，劉曉松又選擇了退出騰訊的投資，成立一家電信增值業務服務公司。

當時美國有人發明了一項新技術，只要在海底鋪上幾條光纜，就能解決全世界的通話問題。技術的發展對語音業務產生極大影響，全球電信業投資也因語音業務收入的減少而有所下滑。後來，有業內人士分析認為，電信業未來的主要業務模式應該是「資料＋語音」。一份研究報告更預測，到二〇〇七年，

全球電信資料業務與語音業務的比例將會是一比一。這個數字讓劉曉松非常震撼，他覺得電信增值業務的市場潛力非常巨大，於是他成立了公司，專門提供電信增值服務，做起了服務提供商。

但很快，簡訊增值業務的增長也開始放緩。此時劉曉松的眼睛已經開始搜尋新的財富增長點了。很快他發現音樂是一個新的不錯的增值點。於是他又放棄了簡訊增值業務上的利潤，做起了他的Ａ８音樂網，專門做起了音樂增值服務。他提出了一個「電媒音樂」的概念，希望打造一個平台，透過有線和無線網路的方式，終結音樂盜版的時代，讓大眾只需透過低廉的價格，就可以享受到高品質的音樂。

許多人很不理解為什麼學電機出身對音樂一竅不通的劉曉松會選擇做音樂網站這條路。而劉曉松認為，音樂是增值業務中很重要的一塊，雖然中國目前的音樂行業本身發展得很艱難，但潛力依然是巨大的。他對自己的選擇有絕對的信心。

有人說新一代IT業中，所謂的「財富新貴」是不安分的一代人。但事實證明，不安分並不是一件壞事。敢於選擇，敢於放棄，才是成大事者應有的魄力。因循守舊必然得不到發展。

智慧品人生

如果說捨棄是人生態度上的一種退步，那麼為了新的選擇而放棄，就是一種以退為進的智慧。人生是豐富多彩的，如果你有信心，不妨試試不同的選擇。

5 · 觀念改變命運

與其坐等滅亡，不如挑戰未知世界，
挑戰的結果有一半可能性也是滅亡，但另一半可能性則是希望。

有一部紀錄片，講述的是：在夏日乾旱的非洲大陸上，一群饑渴難耐的鱷魚身陷水源快要斷絕的水塘中，較強壯的鱷魚已經開始弱肉強食，攻擊同類了，眼看物競天擇、強者生存的理論正在上演。

這時，一隻瘦弱勇敢的小鱷魚卻起身離開了快要乾涸的水塘，邁向未知的大地。乾旱持續著，水塘中的水愈來愈混濁、稀少，最強壯的鱷魚已經吃掉了不少同類，剩下的鱷魚看來是難逃被吞食的命運，卻不見有鱷魚離開。也許牠們認為棲身在混水中，等待遲早被吃掉的命運，似乎總比離開水塘，走向完全不知水源在何處的大地要安全得多。水塘終於完全乾涸了，唯一剩下的大鱷魚也耐不住饑渴而死去了，到死仍守著牠用殘暴征服的淺水窪。

可是，那隻勇敢離開的小鱷魚呢？經過多天的跋涉，幸運的牠竟然在乾旱的大地上找到了一處水草豐美的水塘。

原來物競天擇，未必強者生存。小鱷魚有運氣，但牠懂得選擇離開，證明了「改變觀念便能改變命運」的適者生存的哲學。

這部紀錄片，讓我想到多年前在外企工作的朋友的遭遇。她在公司裡屢受某位資深的同事排擠，使她很難有所表現，最後她毅然決定離開公司。從做自由策劃人到成立自己小小的公司，幾年下來的她如今已擁有一家頗具規模的公司，年收入是當初薪水的好幾十倍，而當初排擠她的人卻因公司經營倒閉而

失業了。

朋友告訴我，她一直很感激當初大力壓制她的人，她說那個人給了她一個機會，能讓她到別處去尋找夢想。今天忽然覺得過去的種種競爭毫無意義，彼此都像井底之蛙，就算爭得魚死網破，一方把另一方置於死地，那意義又何在？意義僅僅在於，輸者或者死在井底的角落，而勝者則沾沾自喜地繼續做井底之蛙，自以為抬頭的一片天就是整個世界了。

人生就是這樣，勇於競爭做強者的人未必一定能贏得最後的比賽，反而是能夠自我調整、改變、開創新天地的人更能適應環境而生存下來。但重要的是要心存夢想，如果在某個地方實現不了自己的夢想，那麼就換個地方吧！總有一片土地適合你生長。

只要懂得到別處找夢想，你將擁有更海闊天空的生活。

智慧品人生

培養你的不是導師，而是你的對手。愛你的人不教你生存之道，恨你的人則讓你長了很多本事。看成敗人生豪邁，對人生中無謂的競爭，果斷地放棄吧，放棄後你會發現生命中的海闊天空。

6‧放棄的別樣景致

有時放棄的確是明智的。

放棄可以讓你看到另一片陽光，感受到另一份清涼，體味一份難以尋覓的淡泊寧靜。

一位登山愛好者在攀登雪峰的半途中，突然遇到了十級大風。頓時，白雪漫天飛舞，能見度僅一米左右。此時他不慎失去重心，摔落懸崖，幸好他頗冷靜且較有經驗，一把抓住了事先準備好的安全繩索，僅存一線生機的他死死抓住繩索，暗自哭喊著：「上帝，救救我吧！」

「可以，不過你要相信我所說的一切。」上帝提出條件。

「好！好！請說吧，我相信您。」他驚喜萬分。

上帝說：「你放下繩索，就可得救。」他想，好不容易抓到這根救命繩索，哪能放下呢？他不相信上帝的話，更沒放棄手中的繩索。

第二天早晨，暴風雪停了。營救隊發現了離地面僅兩公尺的凍僵屍體，依然吊在繩索上。

如果天空不懂得放棄烏雲，它就不會總是那麼蔚藍；如果大樹不懂得放棄枯葉，它就不會總是那麼青翠；如果蜜蜂不懂得放棄安逸，它就不會釀出甘甜的蜂蜜……

放棄是一種快樂，一種源於靈魂深處的崇高的快樂。

放棄是一種智慧，一種歷盡鉛華後大徹大悟的智慧。

落葉未曾枯黃便選擇了放棄母親的支撐，悲壯地投入大地的懷抱，於是便有了落紅護春的美譽；曇花放棄了恆久的讚嘆，選擇了瞬間的驚豔，才給人留下了品位不盡的經典。松樹放棄了肥沃的土壤，選

擇了與懸崖相守，最終才有了偉岸奇絕的千古佳話。

上下五千年，唐宋元明清，有多少放棄的智慧豐富了泱泱古國的文化，點染了古國一個又一個朝代的變遷。

「寧曳尾於途」的莊子，告訴我們放棄官場的羈絆，持竿不顧，還原人生的純真，也是一種智慧。「登東皋以舒嘯，臨清流而賦詩」的陶淵明，「行到水窮處，坐看雲起時」的王維……他們在放棄的同時，都尋找到了生命的真諦。他們是成功的、幸福的，他們也必將被歷史所銘記。

那個權傾朝野、富可敵國的和珅，在一次次把手伸向金銀時，良心是否真正地安逸快樂過？不知放棄的他，在紙醉金迷、妻妾成群之時，難道真的可以比一個家無鬥糧卻辛勤勞作的小老百姓幸福快樂嗎？在我看來，富有的和珅永遠也無法收穫李白的快樂。前者不知放棄，貪婪，一生擔驚受怕；後者放棄了世俗的諂媚、官場的黑暗，選擇與祖國的山山水水相伴，活得自在灑脫，從而鑄就了中華文化史的豐碑。

魯迅先生放棄了「從醫救人」的思想，選擇「我以我血薦軒轅」，喚醒了那個風雨飄搖的年代。在任何時候，我們都應牢記放棄的智慧，放棄安逸快樂，將自己的熱血奉獻給祖國，成就一個輝煌的民族、一個強盛的國家。

進退從容，積極樂觀，必然會迎來美好的未來。捨得放棄眼前的利益，將會有更大的收穫；勇敢放棄失敗，將會有更大的成功。暫時的放棄，會讓你享受另一種長遠的優美。

懂得放棄的人，是智慧的人，能夠做到放棄的人，是真正的勇士。別怕放棄，因為你將終會收穫更多。

智慧品人生

人總是無休止地追求，而不知道放棄，對完全沒有實現可能的目標仍然窮追不捨，結果不但會無端地浪費時間和精力，而且會因為達不到預想目標而煩惱不堪，痛苦不已。放棄就是面對生活的真實，敢於割捨，這是一種明智的選擇，更是一種生存的智慧。學會放棄，將有助於你在前行的路上成為更大的贏家。

7 · 別給自己太多選擇

將資源集中於適應市場的企業核心競爭力上，會讓它發揮最大的作用，從而產生更大的效益。

選擇空間越大越好，這幾乎成了人們生活中的共識。但是由美國哥倫比亞大學、史丹佛大學共同進行的研究表明：選項愈多，造成負面結果的幾率越大。科學家們曾經做了一系列實驗，其中一個實驗是：讓一組被測試者在六種巧克力中選擇自己想買的，另外一組讓被測試者在三十種巧克力中選擇。結果，後一組中有更多的人感到所選的巧克力不大好吃，對自己的選擇有點後悔。

另一個實驗是在加州史丹佛大學附近的一個以食品種類繁多而聞名的超市進行。工作人員在超市裡設置了兩個試吃攤，一個有六種口味，另一個有二十四種口味。結果顯示有二十四種口味的攤位吸引的顧客較多：兩百四十二位經過的客人中，百分之六十的人會停下試吃；而兩百六十個經過六種口味的攤

274

位的客人中，停下試吃的只有百分之四十。不過最終的結果卻出乎意料：在有六種口味的攤位前停下的顧客百分之三十都至少買了一瓶果醬，而在有二十四種口味攤位前的試吃者中只有百分之三的人購買了東西。

太多的東西容易讓人猶豫不定，拿不準主意。同理，對於管理者，太多的意見也會混淆視聽。不要以為越多的人給出越多的意見就是好事，其實往往適得其反。由於每個人看問題的角度不同，給出意見的動機也不盡相同，所以太注重聽取別人的意見很容易讓自己難以下決定。在徵求意見之前，我們必須要有一個屬於自己的堅定的信念，要明確最終的目的是什麼，這樣才能在眾多的聲音中保持清醒的頭腦，找出最適合企業發展的金玉良言。

「傷人十指，不如斷人一指」，把資源集中於適應市場的企業的核心競爭力上，將會產生更大的效益。相反，盲目地平均使用資源，盲目地多樣化，反而會一無所得。

智慧品人生

與其在十個不同的地方打十口井，不如在可能有水的地方專心打一口井。誘惑太多了容易分散人的精力，目標實現的前提是放棄外在的誘惑。

8‧大捨有大得

打開胸襟，擴寬智慧，在適當的時候學會放棄，則是締造成功的開始。

一家公司在招聘新職員時，出了這樣的題目：

你開著一輛車，在一個暴風雨的晚上，經過一個車站。有三個人正在車站等公共汽車：一個是快要死的老人，很可憐；一個是醫生，他曾救過你的命，是大恩人，你做夢都想報答他；還有一個女人（男人），她（他）是那種你做夢都想娶（嫁）的人，也許錯過就沒有了。但你的車只能坐一個人，你會如何選擇？請解釋一下你的理由。

在你看下面的話之前先仔細考慮一下。

我不知道這是不是一道性格測試題，因為每一個選擇都有自己的原因。老人快要死了，你首先應該先救他。然而，每個老人最後都只能把死作為他們的終點站，你完全有理由先讓那個醫生上車，因為他救過你，你認為這是個報答他的好機會。

同時有些人認為應先選擇那個夢寐以求的伴侶，因為你可以在將來某個時候去報答醫生，但是你一旦錯過了這個機會，你可能永遠不能遇到一個讓你如此心儀的人。

在兩百個應徵者中，只有一個人被僱用了，他並沒有解釋他的理由，只是寫了以下的話：「給醫生車鑰匙，讓他帶著老人去醫院，而我則留下來陪我的夢中情人一起等公共汽車！」

幾乎每個人都認為以上的回答是最好的，但沒有一個人，一開始就能想到。是否是因為我們從未想

9・好鋼只用在刀刃上

放棄是面對生活的真實，
承認挫折，明智地繞過暗礁，避凶趨吉，讓自己理性地抵達陽光的彼岸。

冒險，甚至犧牲是生存中不可避免的代價。老鷹訓練小鷹的方法讓人震驚，雨燕學會飛翔的本事讓人歎服。雨燕小時候在母燕的照顧下，生活安逸舒適。但是，母燕很清楚，不能讓小雨燕一直過這種沒有任何危機感的生活，如果不讓小雨燕飛出去，自己去覓食，是很難生存下去的。所以，到一定時候，

智慧品人生

同樣的事情，不是我們不用心思考，而是一開始思考問題的切入點不對，我們通常習慣於從一個利己的角度去考慮問題，所以我們找不出解決問題的最好方案。人其實是生活在一種關係裡的，有什麼樣的關係就會有什麼樣的人生。自己傳遞出去的熱情、愛心最終還是會以一種類似的方式傳遞回來的。所以，能為他人雪中送炭，放棄一點私利是值得的，記住生活是公平的。

過要放棄我們手中已經擁有的優勢——車鑰匙？因為百分之九十九的人會把自己的車當成寶貝，當然不會捨棄。有時候，如果我們能放棄一些固執、狹隘優勢的話，我們可能會把事情做得更好。

277

母燕就會採取措施讓小雨燕放棄舒適安逸的生活，一方面控制它的飲食，另一方面把它趕出窩，加強鍛煉。漸漸地，雨燕們就擁有了展翅藍天的能力。雨燕的故事昭示了一個人生哲理：善於放棄、勇於放棄，才能翱翔藍天，獲得成功。

辛棄疾，投奔南宋王朝後，本可以和其他大臣一樣，明哲保身，擁有一個安逸舒適的生活。但是，他不忍心大好河山被踐踏，不忍心無辜百姓受蹂躪，立志收復失地。於是，他不停地上書朝廷，不停地奔走呼喊。因此，中國歷史上，就多了一個真誠的愛國志士，中國的文學史上又多了一位耀眼的名人。

居里夫人，獲得諾貝爾獎之後，毫不猶豫地放棄了名譽地位以及由此帶來的優越安逸的生活，依然專心致志地從事科學研究。工作繁冗沉重，她樂此不疲；生活艱難困窘，她不以為然。就是憑著這份執著與癡迷，她又一次摘取了諾貝爾獎的桂冠。

鄧亞萍，桌球驍將，創造了桌球歷史上一個又一個奇蹟。憑著世界冠軍的名氣，憑著對國家體育事業的貢獻，她有足夠的理由安心享受生活。然而，鄧亞萍果斷告別昨日的榮譽，以驚人的毅力開始了她的求學生涯，並以優異的成績贏得了世人的稱讚，再一次書寫了人生的輝煌！

一個人的精力是有限的，而生活極其廣闊，知識浩如煙海，我們不可能什麼都懂，也不應該什麼都做。客觀地認識自己，評價自己，認清自己的長處和不足，明確自己的目標，善於並勇於放棄，這是走向成功的基礎，是讓自己更為理性地到達人生彼岸的有利條件。

智慧品人生

好鋼用在刀刃上，勇於放棄誘惑，在我們的興趣點上樹立自己的人生理想，然後執著地走下去，人生終將輝煌。

10·有一種智慧叫放棄

客觀地認識自己，評價自己，明確自己的目標，善於並勇於放棄，這是走向成功的基礎，也是成功人生的智慧所在。

在大多數人的心裡，堅強、執著、永不放棄，才是一個強者的真正標誌。殊不知人的時間和精力畢竟有限，不可能在所有方面都有潛力可挖。此時，需要的就是我們懂得放棄的智慧。

懂得放棄，不進行無益的競爭，能使我們避開鋒芒，避免無謂的損失和傷害，進而以退為進，贏得潛心發展的主動權；懂得放棄，不是想放就放，而是學會在適當時機有選擇性地放棄，更要明白，有時放棄並不不是一種懦弱的表現，而是具有高度的取捨智慧。

從某種角度講，放棄也可能成為走向成功的捷徑。「條條道路通羅馬」，此門不開開別門。懂得放棄的人，能夠尋找到對自己才能和前途更有利的新方向。就有可能創造出新的輝煌。而全新的方向，註定能夠締造出全新的輝煌。

法國少年皮爾從小就喜歡舞蹈，他的理想是當一名出色的舞蹈演員。可是，因為家境貧寒，父母根本拿不出多餘的錢來送皮爾上舞蹈學校。皮爾的父母只好將他送到一家縫紉店當學徒，希望他能學一門手藝日後幫助家裡減輕點經濟負擔。皮爾厭惡極了這份工作，工作繁重，且所得報酬還不夠他的生活費和學徒費；更致命的是，這份工作離他的理想十萬八千里，這讓他感到沒有一點兒希望，甚至絕望。就在皮爾準備跳河自殺的當晚，他突然想起了從小就崇拜的有著「芭蕾音樂之父」美譽的布德里，皮爾覺得只有布德里才能明白他這種為藝皮爾想，與其這樣痛苦地活著，還不如早早結束自己的生命。

術獻身的精神。他決定給布德里寫一封信，希望布德里能收下他這個學生。

很快，皮爾收到了布德里的回信。布德里並沒提及收他這個學生的事，也沒有被他要為藝術獻身的精神所感動，而是講了他自己的人生經歷。布德里說他小時候很想當科學家，因為家境貧窮無法送他上學，他只得跟一個街頭藝人跑江湖賣藝……最後，他說，人生在世，現實與理想總是有一定的距離。在理想與現實生活中，首先要選擇生存。只有好好地活下來，才能讓理想之星閃閃發光。一個連自己的生命都不珍惜的人，是不配談藝術的。

布德里的回信讓皮爾猛然醒悟。隨後，他努力學習縫紉技術。從二十三歲那年起，他在巴黎開始了自己的時裝事業。很快，他便建立了自己的公司和服裝品牌。他就是皮爾‧卡登（Pierre Cardin）。

在一次接受記者採訪時，皮爾‧卡登說，其實自己並不具備舞蹈演員的素質，當舞蹈演員只不過是少年輕狂的一個夢而已。

學會放棄，是嘗試擁有的第一步。

巴爾扎克曾經夢想著做一個經營有方的商人，開過印刷廠，做過小生意。儘管他頗有經營頭腦，但無奈時運不濟，屢屢受挫，只得放棄，於是撿起冷落已久的筆，重操舊業。巴爾扎克若不是及時從商海裡「回頭是岸」，恐怕就沒有那個寫出《人間喜劇》等名著而蜚聲世界的文學大師。莎士比亞原是個跑龍套的三流演員，後來他發覺自己在表演上確實沒有天賦，難成大器，也明智地選擇了放棄，改而從事戲劇創作，寫出了《羅密歐與茱麗葉》等不朽的劇作，成為一代戲劇大師！

毫無疑問，我們不應當輕言放棄，因為勝利常常孕育在再堅持一下的努力之中。但是，有些情況是你已經付出了最大的努力，卻未取得理想的結果。這就需要我們認真考慮一下：如果是自己選定的目

11・丟了芝麻，撿到西瓜

捨得放棄，才有爭取更多的機會。

一個父親跟孩子說，某一知名跨國公司正在招聘網路工作者。因為這家公司很有發展潛力，近些年新推出的產品在市場上十分走俏。孩子當然是很想應聘，但在職校培訓馬上接近尾聲，如果這時真的被

智慧品人生

學會放棄是一種人生哲學，更是一種生存智慧。學會放棄，將有助於我們在前行的路上成為更大的贏家。

其實，放棄是面對生活的真實，承認挫折，明智地繞過暗礁，避凶趨吉，讓自己理性地抵達陽光的彼岸。敢於放棄，是一種明智的選擇，是一種境界，是一種更實際、更科學、更合理、更智慧的追求。

標、方向同自己的才能不相匹配，就需要勇敢地選擇放棄，另闢蹊徑，尋找新的生命之光。人生如果總是無休止地追求，而不知道放棄，對完全沒有實現可能的目標仍然窮追不捨，結果不僅是無端地浪費時間和精力，而且會因達不到預想目標而煩惱不堪，痛苦不已，更重要的是，浪費了生命本有的價值。

跨國公司聘用，則一年的職校培訓就必須中斷，連結業證書也拿不到了。孩子猶豫了，父親笑了，說要和孩子做個遊戲。他把剛買的兩個大西瓜一一放在孩子面前，讓他先抱起一個，然後，要他再抱起另一個。孩子瞪圓了眼，心想這太難了。抱一個已經夠沉的了，兩個是沒法抱住的。「那你怎麼把第二個抱住呢？」父親追問。孩子愣住了，還是想不出招來。父親嘆了口氣：「哎，你不能把手上的那個放下來嗎？」孩子似乎緩過神來，是呀，放下一個，不就能抱上另一個了嘛！孩子這麼做了。父親於是提醒：這兩個總得放棄一個，才能獲得另一個，就看你自己怎麼選擇了。孩子頓悟，最終選擇了應聘，放棄了培訓。後來，他如願地成了那家跨國公司的職員。

面對新的機遇，誰都會有試試看的欲望，為什麼有的人能成功，有的人卻一直守著自己的營生庸庸碌碌一輩子呢？關鍵在於，有人有捨棄擁，放手一搏的勇氣，而有些人則不具備。

現在下海經商的人愈來愈多。有一位同學在某事業單位任職，自己也想下海。他的一位同事倒是辭職下海了，還如魚得水，做得不錯，讓人羨慕。那同事對他說：「你不願放棄，卻又想再獲得，未免太天真了吧。」他覺得同事說得有理，但仍舉棋不定。

大學班上有一個女同學，她本來是班上最漂亮、最有氣質的女孩，但至今仍單身。認識她的人說，她追求者眾多，令她眼花繚亂。今天見這個好，明天見那個也不錯，總想選一個各方面都稱心如意的。這想法並不壞，但男人也是人呀，總會有缺點，最終，愛情在她身邊飄然而逝。其實，她曾碰過一個真正愛她、呵護她，甚至寧願為她作出犧牲的男孩。這男孩在時下也不多見了，比較傳統，心眼實在，挺有男子漢味道。女孩當時視他為第一候選人，相處了一段長時間。但同時，女孩還在約會其他男孩，想

12・工作不是生活的全部

工作是生活的必須，但不是生活的全部。保持好的心情和放鬆的心境，反而能夠促進工作更好地開展，也是工作效率提升的制勝法寶。

現代社會，工作壓力大，生活艱辛是很多人的感受和心聲。各種壓力和競爭充斥的生活中，導致很多白領人士身體長期處於非健康狀態，很多家庭面臨各種危機。在重大的生活壓力面前，人們幾乎不計代價地把所有的精力都投入到工作中去。漸漸地，他們忘記了去享受家庭的歡樂，忘記了愛護自己的身

「取」是一種本事，「捨」是一門哲學。沒有能力的人「取不足」，沒有徹悟的人「捨不得」。人生就是一個捨與得的辯證過程，捨得捨得，有捨才有得，捨不得，不捨不得。

好好選擇一番。男孩再愛她，最後也是難以忍受這般折磨。等到女孩有所醒悟時，男孩已出國並且成家，女孩很後悔。也許上天給予她太多，反而讓她失去了最寶貴的東西。

所以，當你想要得到些什麼的時候，必須學著騰出一隻手來，這樣才會接納新的東西。正所謂，捨得，捨得，有捨才有得。

283

體，甚至忘記了如何享受生活，只是一直在機械工作，疲於奔命。但結果就一定讓人滿意嗎？

在某個電視節目中曾經報導過一個真實的故事：高女士，曾是某單位的科員，年輕時是一個極有上進心的女子。在公司，無論做什麼事情，她都會竭盡全力做到第一，上級對她的表現非常滿意，經常在開會時表揚她，並給她比別人更多的獎金。同事們也都羨慕她，說她是一個女強人。

但是她的家庭生活卻不像工作那麼順利。她的丈夫背叛了她，竟和她家的保姆上了床。一氣之下，她與丈夫離了婚。她的親身經歷告訴我們，如果婚姻不美滿的話，對事業也將是一大衝擊。高女士由於太在意事業，而忽略了與丈夫的感情，所以她是感情上的一個失敗者。從此後，她在單位不再是積極分子，因為她覺得再認真再努力地工作，也已經失去了意義。

醒悟之後，她滿臉淚水地訴說著自己的悔意，她說：「直到今天我才明白，不管你工作如何出色，也不能忽略感情和婚姻的地位。它將會直接影響著你的工作，更重要的是，一個女人如果失去了美滿的婚姻，工作再出色又能如何？我現在一點也不怨恨自己丈夫的背叛，只是一直不能原諒自己當初對家庭的忽視。失去了家人的支援與分享，我再也不能安心地投入到工作中，再也找不到生活的意義⋯⋯」

很多工作努力的人，往往結果達不到他們預期的目標。而一些看似很悠閒的人卻能在工作中表現出色。其實，一個好心情，一個良好、愉悅的生活環境，都可以促進工作效率的提高。如果你想成為最佳工作者，試著放下工作，經營一下你的愛情、婚姻、家庭，關心一下你的家人、朋友，這些能給你的工作帶來不一樣的精神動力，是你工作成績優異的內在推動力。不能太激進地工作，顧此失彼，一定要讓自己生活得幸福，這樣才能有好心情投入到工作中。保持一定的休閒生活，不僅能夠增加你精神上的財富，使生活充實起來，而且由於身心健康，充滿熱情，工作效率自然會提高，經濟收入也會增加。不要

忘了工作並不是你生活的全部，放開心胸，放開手腳，給自己一個廣闊的空間，去享受你的生活，生活和工作並重，你會收穫到意想不到的幸福。

生活其實並不像我們認為的那樣枯燥，只是人們總喜歡把自己關在籠子裡。打開牢籠，你看到的是一個廣闊的生活天空，不僅有工作的繁忙，更有生活的溫馨。給自己一個好的狀態，一切都會變得美好。

13．學會放棄，收穫成功

> 懂得適時放棄的人，可以避免許多無謂的犧牲，
> 懂得適時放棄的人，可以為再次努力贏得力量，
> 懂得適時放棄的人，是真正善於為成功鋪平道路的智者。

西方軍隊裡有一條不成文的「規定」：在戰爭中，如果本方傷亡人數超過總兵力的三分之一，指揮官就可以命令士兵們放棄抵抗，撤出戰場，甚至可以向敵人投降。

這與中國的戰爭觀完全不同。在我們看來，這條規定似乎就是貪生怕死的同義詞。按照我們傳統的觀點，真正勇敢的軍隊，寡不敵眾時，也仍然會戰鬥到最後，即使全軍覆沒，也會得到捨生取義的美名。但是，西方軍事家認為，當兵力損失超過總兵力的三分之一時，取勝的希望已經微乎其微。在這種

情況下，與其繼續做無謂的犧牲，不如主動放棄抵抗以保存力量，為爭取將來的勝利創造條件。今天的放棄是為了明天能更好地取得勝利。

第二次世界大戰初期，英法聯軍在歐洲大陸節節敗退，被德軍逼到了敦刻爾克，戰爭形勢危如累卵。在這緊要關頭，英國首相果斷下達了「放棄抵抗，撤回本土」的命令。數十萬將士丟棄武器、輜重，漂洋過海回到本國，迎接他們的不是譏笑和諷刺，而是歡呼和擁抱。一家報紙評論道：「雖然我們失去了坦克和土地，但是我們卻保住了希望的種子。」幾年以後，這支隊伍又打回了歐洲大陸，不但奪回了失地，而且攻進了德國法西斯的腹地。由此可見當年撤退令的明智。正由於英國領導人敢於放棄，他們才取得了長遠的勝利。

面對困難時，我們固然需要勇往直前的魄力，但是，當突破困難的條件不具備時，一味向前就等同於不顧後果的蠻幹，其結果很可能是得不償失。西元二○○○年五月，閻庚華（中國極限運動者）獨自攀登珠穆朗瑪峰，在他攻頂之前，所有人都認為他的做法違背了自然規律，是在拿生命冒險，因為天氣實在太糟了。他卻說：「二十一日，一定要登頂。登不上去，讓攝影機變成槍把我打下來！」結果，嚴寒和風暴吞噬了他年輕的生命，曾經說過的豪言壯語也成了山谷中孤獨的迴響。

因此，當我們受到諸多條件的限制，面對不可逾越的障礙時，暫時的放棄，往往是最好的選擇。

暫時的放棄，不等於逃避。待到時機成熟，就可以東山再起，再造輝煌。日本鐘錶企業「精工舍」（SEIKO）的成功就是一個典型的例子。

「二次大戰」剛剛結束，有「鐘錶王國」之稱的瑞士，由於沒有受到「二次大戰」的破壞影響，其手錶一下子占據了世界鐘錶行業的主要市場。日本「精工舍」用了十年時間奮起直追，雖然它在產品品

質上取得了長足的進步，但仍然無法與瑞士錶分庭抗禮。是繼續追趕，還是另起爐灶？「精工舍」的管理層經過一番深思熟慮，決定放棄與瑞士錶在機械錶製造上的競爭，轉而在新產品的開發上做文章。經過幾年的努力，服部正次帶領他的科研人員成功地研製出了一種比機械錶走時更加準確的新產品——石英電子錶。一九七〇年，石英電子錶開始投放市場，立即引起了鐘錶界乃至整個世界的轟動。到二十世紀七〇年代後期，「精工舍」的手錶銷售量就躍居到了世界首位。一九八〇年，「精工舍」收購了瑞士以製作高級鐘錶著稱的公司，轉而向機械錶王國發起了進攻。不久，以貴金屬材質為主要材料的「SEIKO CREDOR」特選腕錶開始投放市場，馬上得到了消費者的認可，成為人們心目中高品質的象徵。

在風雲變幻的商戰中，「精工舍」透過放棄戰略，取得了最後的成功，是一種多麼睿智聰慧的選擇和做法！

智慧品人生

在人生的道路上，我們常常面臨著取和捨、留與棄的抉擇。一個人不可能擁有全部，有所得就會有所失，這是生活的辯證法。只有學會放棄，懂得放棄，才會走得更遠，攀得更高。

有一種智慧叫以退為進　全集

作　者	李家曄·袁雪潔
發 行 人	林敬彬
主　編	楊安瑜
編　輯	李彥蓉·陳佩君·王艾維
內頁編排	王艾維
封面設計	劉秋筑·王艾維
編輯協力	陳于雯·曾國堯
出　版	大都會文化事業有限公司
發　行	大都會文化事業有限公司
	11051 台北市信義區基隆路一段 432 號 4 樓之 9
	讀者服務專線：（02）27235216
	讀者服務傳真：（02）27235220
	電子郵件信箱：metro@ms21.hinet.net
	網　　　　址：www.metrobook.com.tw
郵政劃撥	14050529　大都會文化事業有限公司
出版日期	2015 年 10 月初版一刷·2016 年 1 月初版三刷
定　價	280 元
Ｉ Ｓ Ｂ Ｎ	978-986-5719-64-7
書　號	Growth-083

Chinese (complex) copyright © 2011 by Metropolitan Culture Enterprise Co., Ltd.
4F-9, Double Hero Bldg., 432, Keelung Rd., Sec. 1, Taipei 11051, Taiwan.
Tel: +886-2-2723-5216 Fax: +886-2-2723-5220
web-site: www.metrobook.com.tw
E-mail: metro@ms21.hinet.net

國家圖書館出版品預行編目 (CIP) 資料

有一種智慧叫以退為進 全集 / 李家曄·袁雪潔 著.
-- 初版 . -- 臺北市：大都會文化, 2015.10
288 面；17×23 公分

ISBN 978-986-5719-64-7（平裝）
1. 人生哲學　2. 修身

191.9　　　　　　　　　　　　　104018683